Wege ins Freie
Junge Migrationsgeschichten

Zehra İpşiroğlu

ZEHRA İPŞİROĞLU

Die in Istanbul geborene Theaterwissenschaftlerin, Germanistin und Autorin studierte in Istanbul, Freiburg und Berlin und habilitierte sich mit einem Thema über das deutschsprachige Theater. Seit 1978 veröffentlichte sie Artikel, Theaterkritiken, Essays und zahlreiche Bücher über modernes Theater, Theater- und Literaturkritik, Literaturdidaktik und Kinder- und Jugendliteratur, unter anderem auch eigene Reportagebücher, sowie literarische Bücher, einen Essay-Roman, Kürzestgeschichten sowie Kinder- und Jugendbücher und literarische Übersetzungen. Mehrere ihrer Bücher bekamen in der Türkei literarische Preise.

Die Filmgeschichte „Murat" über die Probleme der Kinder türkischer Arbeiternehmer, der satirische Kinderroman „Das Nashornspiel" (Nagel und Kimche Verlag),„Eine Andere Türkei, Literatur, Theater und Gesellschaft im Fokus einer Randeuropäerin (Brandes und Apsel Verlag) und das Theaterstück „Dotschland, Dotschland" (Anadolu Verlag) sind auch in deutscher Sprache erschienen.

Bis 1992 arbeitete sie als Professorin in der Fremdsprachenabteilung der Universität Istanbul (Fach: Deutsch), 1992-1998 an der gleichen Universität als Leiterin des von ihr selbst gegründeten Faches für Dramaturgie und Theaterkritik. Seit Oktober 1998 hat sie eine Professur für türkische Literaturwissenschaft an der Universität Duisburg-Essen. Ihre Arbeits-und Forschungsschwerpunkte sind Theater, moderne türkische Literatur, Literaturdidaktik und Kinder-und Jugendliteratur.

Zehra İpşiroğlu

Wege ins Freie
Junge Migrationsgeschichten

ANADOLU

Bibliografische Information der Deutschen Nationalbibliothek
Die Deutsche Nationalbibliothek verzeichnet diese Publikation
in der Deutschen Nationalbibliografie; detaillierte bibliografische
Daten sind im Internet über http://dnb.d-nb.de abrufbar.

Wege ins Freie, Junge Migrationsgeschichten

ISBN 978-3-86121- 370-3
Best.-Nr.: A3703
Basisübersetzung: Müge Merdman, Lina Erkol (Erdal- Und
noch ein weiterer Schritt hinaus aus dem Ghetto)
Überarbeitet von der Autorin
Lektorat: Bernhard Leitz
Umschlagsfoto: Norbert Mecklenburg

Wir danken für die freundliche Unterstützung der Universität
Duisburg-Essen - Fachbereichs Geisteswissenschaften.

© 2009 Schulbuchverlag Anadolu GmbH

Alle Rechte vorbehalten. Das Werk und seine Teile sind urhe-
berrechtlich geschützt. Jede Verwertung in anderen als den ge-
setzlich zugelassenen Fällen bedarf deshalb der vorherigen
schriftlichen Einwilligung des Verlages.

Schulbuchverlag Anadolu GmbH
Postfach 1307
D- 41825 Hückelhoven
Tel.: 02433 4091 • Fax: 02433 41608
www.anadolu-verlag.de
info@anadolu-verlag.de

INHALT

Vorwort 7

Gülay - Eine Welt, die ganz mir gehört 11

Ali - Von der Dunkelheit der Höhle
Zur Helligkeit des Lebens 53

Elif - Frei wie ein Vogel oder: Die Geschichte
eines Mädchens, das Mauern durchdringt 85

Erdal - Und noch ein weiterer Schritt hinaus
aus dem Getto 111

Gülpembe - Nie wieder Gepo 141

Ela - Ich will nicht mehr das Kindchen sein 175

Dudu - Nur zusammen ist man stark 201

Selin - Ich will nicht mehr die „andere" sein 237

Einiges zur Enstehungsgeschichte dieses Buches 267

Vorwort

In diesem Buch geht es um Lebensgeschichten junger Menschen türkischer Herkunft, denen es gelungen ist, ihren eigenen Weg in Deutschland zu finden – trotz der bekannten, mit der Migration verbundenen Schwierigkeiten. An ihren Biografien werden all die Probleme und Konflikte anschaulich sichtbar, die durch die Migration entstehen, wie z.B. die Auseinandersetzung mit einengenden, patriarchalischen und autoritären Traditionen sowie mit Integrationshemmschwellen im Aufnahmeland. Thematisiert werden außerdem die Zuspitzung des Stadt-Land-Gegensatzes – so geht es z. B. um anatolische Dörfler in westeuropäischen Großstädten –, der Generationenkonflikts, das Geschlechterverhältnis, Erfahrungen von Fremdenfeindlichkeit und Diskriminierung, die innere Instabilität und Zerrissenheit sowie das Schwanken zwischen der Sehnsucht nach Heimat, nach Geborgenheit in der Herkunftsgruppe einerseits, sowie nach dem Herausfinden aus der Enge, nach „Welt" andererseits, Suche nach einem individuell-sozialen Lebensraum als Suche nach sich selbst.
Das Basismaterial des Buches bilden die Lebensgeschichten von sechs jungen Frauen und zwei Männern, Geschichten, die vom Herausfinden aus dem einengenden Migrantenmilieu erzählen. Die Erzählungen gehen folgenden Fragen nach: Worin bestanden dabei die Haupthindernisse, wie konnten sie diese überwinden, mit welchen Konflikten mussten sie sich auseinandersetzen, welche Dramen spielten sich in ihrem Leben ab, wie weit ist ihnen diese Emanzipation gelungen, welche persönlichen Begegnungen haben ihnen dabei geholfen, wie stellen sie sich ihre Zukunft vor? Entgegen der ebenso unangemessenen wie verbreiteten Tendenz, diese Menschengruppe nur als Opfer dazustellen und ihre Probleme schnell und verallgemeinernd auf eine angeblich als ganze „rückständige" „islamische", „türkische" Kultur oder auf die „ausländerfeindliche", „rassistische" deutsche

Gesellschaft zurückzuführen, geht es hier gerade darum, solche falschen Verallgemeinerungen durch biografisches Erzählen zu unterlaufen und einige exemplarische Wege der Selbstfindung zu zeigen. So individuell aber die einzelnen Lebens- und Entwicklungsgeschichten auch ausgeprägt sind, so deutlich sind an ihnen dennoch allgemeine Grundmuster erkennbar – gerade das macht sie exemplarisch. Der Prozess der Selbstfindung kann sehr zögernd, mühselig, schmerzvoll ablaufen, da die Bindung an die Familie als Sozialraum der Vertrautheit und als eine Art Lebensversicherung einerseits, andererseits die Angst vor der oft als kalt empfundenen Atmosphäre in Deutschland, vor einer unsicheren beruflichen Zukunft und vor dem Alleinsein ohne den Rückhalt der Geborgenheit sehr stark ausgeprägt sind.

Die Personen in diesem Buch sind zum Zeitpunkt ihres autobiografischen Erzählens zwischen fünfundzwanzig und dreißig Jahre alt. Sie stehen alle noch mehr oder weniger am Anfang des Weges und haben noch viel Zukunft vor sich. Sie haben das Glück, dass sie, trotz aller Schwierigkeiten und Hindernisse, durch schulische und berufliche Ausbildung und durch persönliche Reifungsprozesse individuelle Potenziale entfaltet haben, mit denen sie ihr Leben nun weitgehend selbst gestalten können. Sie sind so weit gekommen dank ihrer eigenen oft erstaunlichen inneren Kraft und Widerstandsfähigkeit und dank der Solidarität und Unterstützung von anderen Menschen wie z.B. Lehrern oder Sozialarbeitern. Das genau ist der Grund, warum ich es wichtig fand, diesen schwierigen, aber erfolgreichen Prozess der Emanzipation junger Menschen mit Migrationsherkunft zu dokumentieren. Wir dürfen es nicht versäumen, über den vielen, ja allzu vielen mehr oder weniger hoffnungslosen Geschichten auch den eindeutig und erfreulicherweise hoffnungsvollen Geschichten zuzuhören. Mehr als je zuvor haben wohl viele, die mitten in oder nahe an einem Umfeld leben, das von zunehmender Gewalt, Hoffnungslosigkeit und Null-Bock-Haltung geprägt ist, ein Bedürfnis nach solchen Geschichten. Das dürfte gerade bei der jungen Generation am meisten der Fall sein.

Mein herzlicher Dank gilt an erster Stelle den Erzählern: meinen jungen Freunden und Studenten, die mich in diesem langwierigem Buch Projekt mit ihrer aktiven Teilnahme und auch mit Kritik unterstützt haben, außerdem Bernhard Deutsch, dem Theaterpädagogen des Theaters an der Ruhr, dem es gelang, aus dem reichhaltigen Material der Lebensgeschichten eine wunderschöne Theateraufführung zu entwickeln, die an mehreren Aufführungsorten viel Anklang gefunden hat, meiner langjährigen Freundin Ingrid Mönch, die mich als eine gute und sachkundige Zuhörerin und Gesprächspartnerin stets ermutigt hat, und vor alem Norbert Mecklenburg, der mir bei der Bearbeitung der deutschen Übersetzung geholfen hat.

Gülay - Eine Welt, die ganz mir gehört
Tradition über alles oder:

Muss alles imme so bleiben?

Kennt ihr die deutsche Version von Aschenputtel? Ein junges Mädchen heiratet so einen Deutschländer und kommt mit dem Traum nach Deutschland, es dort besser zu haben, die Sprache zu lernen, zu studieren und vielleicht sogar Geld zu verdienen. Das wäre ja auch alles möglich, gäbe es da nicht die Schwiegermutter, diese Hexe. So befindet sich die junge Frau schon innerhalb kürzester Zeit in der Rolle Aschenputtels. Die Schwiegermutter und ihre nichtsnutzigen Töchter quälen sie auf jede nur erdenkliche Weise und ihr Mann, der sich als Waschlappen erweist, ist auch nur eine Plage. So weit das Märchen, aber wie soll sich diese junge Frau vom Aschenputteldasein befreien - in einer Zeit, in der keine befreienden Prinzen erscheinen und aus Fröschen selbst mit noch so viel Küsserei nie und nimmer Prinzen werden?

Dies ist eine Theaterszene, gespielt vor Arbeiterinnen in Köln von Türkisch-Studenten, die selber Migrantenkinder sind. Unter den Zuschauerinnen entsteht eine Stille, die einem durch Mark und Bein geht. Die Frauen mit dem Kopftuch in den ersten Reihen weinen: „So ist ja unser Leben!", „ Unsere Geschichte!", „Es gibt doch keinen Ausweg!"

Aber im Land der Träume ist nichts unmöglich So werden auf einmal die Zuschauer zu Schauspielern und die Schauspieler zu Zuschauern.

Die Frauen stehen jetzt kichernd und lachend mitten auf der Bühne. Während eine Frau mit Kopftuch die Rolle der Schwiegermutter übernimmt und Terror walten lässt, wartet die Schwiegertochter vergebens auf die Hilfe ihres Manns, der ein echtes Muttersöhnchen ist. Auf der Suche nach einem Ausweg schlüpfen die Frauen von einer Rolle in die andere. Auf der Bühne herrscht rege Bewegung. Die Rollen verändern sich ständig. Eine nach der anderen spielt die Schwiegermutter, die Schwiegertochter, die Schwägerin, den Ehemann ... ... Dabei verändern sich die Geschichten ständig, aber der Kern des Konflikts bleibt immer derselbe. Selbst auf der Ebene der Fantasie ist es nicht leicht, Lösungen zu finden.

Neben mir eine ältere Frau in einer Pumphose und ihre noch blutjunge Schwiegertochter, beide mit Kopftuch. „Hast du nicht Lust mitzuspielen?", sage ich ermunternd zu der Jüngeren. Mit einem Seitenblick auf ihre Schwiegermutter lächelt sie verlegen.

„Sie kann nicht spielen, das kriegt sie nicht hin" sagt die Schwiegermutter herrisch.

„Dann spiel du!"

Die Miene der Schwiegermutter verfinstert sich. Es ist deutlich, dass ihr mein Vorschlag überhaupt nicht gefällt. Schließlich hält sie mit ihrer Meinung nicht zurück: „Eine Braut muss sich ihrem Schicksal fügen. Alles kommt, wie es sein soll."

Später habe ich erfahren, dass eine ihrer Schwiegertöchter ihren Terror zu Hause nicht mehr ausgehalten habe und abgehauen sei. Die hauchdünne Grenze zwischen Spiel und realem Leben hebt sich auf. In jeder neuen Version dieser Szene gibt es Aggressionen, Gewalt, Angst, Druck und reichlich viele Tränen. Aber es gibt auch Fragen: Bei wem liegt das Problem? Liegt es bei der Schwiegermutter, dem Ehemann, der Schwiegertochter oder auch bei den feudalen Traditionen, die diese Beziehungen verschärfen? Können Traditionen verändert werden? Und wenn ja, wie?

Was bisher immer so war, muss nicht so bleiben

Das „Theater der Unterdrückten" von Augusto Boal, auch „Forumtheater" genannt, das Lösungswege für soziale Probleme sucht, sorgt in Köln für Wunder. Während die Frauen ihre Enttäuschungen, ihr Leid, und ihr Unterdrückung auf der Bühne darstellen und darüber diskutieren, fehlt es neben den Tränen auch nie an Gelächter. Sie lachen und weinen über sich selbst.
„Sagt doch die Wahrheit, gibt es unter uns auch nur eine, die von ihrem Mann nicht geschlagen wird?" fragt eine der Frauen in der Diskussionsrunde nach dem Stück. Daraufhin herrscht Stille ...
„Es ist sehr wichtig über diese Probleme zu reden," sagt eine andere Frau, mit der ich mich nach dem Stück unterhalte. „Das nächste Mal bringen wir unsere Ehemänner mit."
„Hätten doch unsere Eltern, die uns in diese Situation gebracht haben, auch bei so einem Workshop mitgemacht!"
„Vielleicht würden wir uns dann in dieser Gesellschaft nicht so fremd fühlen," sagt eine andere.
Die Sozialarbeiterin Gülay Mumcu sagt, dass diese Frauen hier zum ersten Mal mit einer solchen Offenheit über ihre eigenen Probleme diskutiert hätten. Gülay kennt jede dieser Frauen, die jung geheiratet haben oder verheiratet wurden und dann nach Deutschland gekommen sind. Sie kümmert sich um die Probleme einer jeden und versucht zu helfen, wo sie nur kann. Ihre Beziehung zu ihnen ist sowohl warmherzig, als auch respektvoll und distanziert. Wer ein Problem hat, wendet sich an sie. Selbst wenn sie im Moment keine Lösung findet, versucht sie, trotzdem etwas für sie zu tun.
Auch die Frauen wissen viel über Gülay. Sie wissen, dass sie das jüngste Kind einer großen, ländlichen, tscherkessischen Familie ist, dass sie vor zwölf Jahren nach Deutschland kam, um hier zu studieren, dass sie jahrelang neben dem Studium in einem Café gekellnert hat, und zu guter Letzt ihr Studium auch mit Erfolg abgeschlossen hat. Sie wissen sogar, dass Gülay einen deutschen Freund hat. Selbst die

Konservativen unter ihnen und sogar diejenigen mit Kopftuch, haben Respekt vor ihr. Sie sehen Gülay einerseits als eine der ihren an, andererseits als jemanden, der sie weit überholt hat. Vor allem sehen sie in ihr eine Person, die sich nicht davon abhängig macht, wer was sagt, sondern ihr Leben selber bestimmt.

Gülay ist sehr überrascht darüber, dass diese Frauen das erste Mal ohne Scheu über bisher tabuisierte Themen reden können. Denn sie sind daran gewöhnt, das Bild eines intakten Familienlebens zu präsentieren und problematische Beziehungen zu verschweigen. ... Wenn sie von ihrem Leben erzählen, so klingt das nach den Seifenopern, die sie im Fernsehen sehen, nie nach ihrer wirklichen Welt. Manchmal aber sieht man dennoch hinter solchen rosaroten Wolken die Spuren einer düsteren Welt: ein vor Weinen verquollenes Gesicht, dunkle Ränder unter den Augen ... Aber gleich am nächsten Tag beginnt wieder das Gequatsche im Stil der Seifenopern. Ist das Flucht vor der Wirklichkeit, Angst davor, was die anderen sagen werden, oder gar Scham? Gülay kann es nicht ganz abschätzen. Sie weiß nur, dass sich die Zungen der Frauen zum ersten Mal gelöst haben. Als ob ein Fluch aufgehoben wäre.

Der erste Schritt in die Welt der Medien

Gülay die auch als Journalistin arbeitet, nimmt sich vor, über die Migrantinnen und das Forumtheater eine Radiosendung zu machen. Sie spricht dafür mit den studentischen Schauspielern, den Zuschauerinnen, der Theaterpädagogin und mit mir, der Projektleiterin. Daraus entwickelt sich ein ergreifendes Radio-Feature. Gülay schreibt ab und zu auch Reportagen oder Artikel über Kultur, Kunst und Theater für eine Zeitung. Während ihres Studiums nahm sie an meinen Kursen über kreatives Schreiben und über journalistisches Schreiben teil und war dort immer die Beste. Schreiben macht ihr Spaß, aber für ein Radioprogramm hat sie bisher noch nie gearbeitet. Das Manuskript, das sie jetzt mit so viel Sorgfalt erstellt hat, schickt sie zu einem Jugendwettbewerb ein, den der Sender ausgeschrieben hat-und gewinnt gleich einen Preis. Also wird ihr Feature im Radio ausgestrahlt und ihr wird angeboten, ein Praktikum zu absolvieren. Nachdem sie eine Zeit lang Erfahrungen in diesem Bereich gesammelt und dabei journalistische und technische Feinheiten gelernt hat, arbeitet sie weitere Radiobeiträge aus. Das Besondere an ihnen ist, dass sie Migranten in Deutschland unmittelbar ansprechen will, ohne dabei die Qualität ihrer Arbeit zu vermindern. So hat ihr Leben beruflich eine neue Wendung genommen.

Was bedeutet Glück?

Ich kenne Gülay schon seit Jahren: Eine nicht sehr große, zierliche junge Frau, die selbst in den kältesten Tagen des deutschen Winters mit kurzen Jacken und dünnen Jeans herumläuft; einerseits so stark und widerstandsfähig, dass sie dem Nebel, dem Regen und sogar eisiger Kälte trotzen kann, andererseits sehr sensibel, fast zerbrechlich. Mich beeindruckt am meisten ihre warmherzige Art, auf Menschen zuzugehen. In einer Gesellschaft wie der deutschen, in der so viele Menschen in Kontaktarmut und Einsamkeit geraten, scheint es kaum jemanden zu geben, den sie nicht kennt. Sie kann mit Menschen aus jeder Gesellschaftsschicht problemlos umgehen: von engen Freunden bis hin zu Kollegen, von ihren Altersgenossen bis hin zur älteren Generationen, von Migranten, die weder lesen noch schreiben können, bis hin zu Kindern und Jugendlichen jeder Altersstufe. Mag sie jemanden, so tut sie für ihn ihr Möglichstes. „Ich will nicht nur für mich, sondern auch für andere Gutes tun " sagt Gülay „Das bedeutet für mich Glück."

Die Hilfe, die sie leistet, fängt mit ihrem Job als Sozialarbeiterin an, mit der Beratung und Betreuung, die sie „den Unterdrückten" widmet, denen auch Boals Theater gilt, also Menschen aus der untersten Gesellschaftsschicht. Je mehr sie über die Probleme dieser Menschen erfährt, je mehr sie versucht sie zu verstehen und Lösungen zu finden,

umso mehr erweitert sich ihr eigener Horizont. Aus diesem Grund öffne ihr die Sozialberatung neue Türen, meint sie. Die Arbeit für das Radio und die Zeitungen gebe ihr dagegen die Möglichkeit, ihre Erfahrungen festzuhalten, sie zu vertiefen und anderen zu vermitteln.
Es gibt so viel, worüber man mit ihr reden kann. Theater, Kino, Bücher, soziale Probleme ... Vor allem ihre Findigkeit im sozialen Bereich ist erstaunlich. Bei jeder Begegnung mit ihr lerne ich etwas Neues. Mit ihr wird es nie langweilig. Wie gut, dass wir in derselben Stadt leben.

Worüber habe ich heute gelogen? Oder in zehn Jahren ...

Am meisten interessieren Gülay Kinder und Jugendliche. Da hat sie zum Beispiel eine Gruppe von halbstarken Problemmädchen. Sie geht mit ihnen ins Kino, Theater oder Museum, liest Bücher, unterhält sich mit ihnen, organisiert Ausflüge und kocht mit ihnen. Innerhalb einer sehr kurzen Zeit gelingt es ihr, die sich aus ihrem Umfeld ergebende Lustlosigkeit, Verdrießlichkeit und Anpassungsunfähigkeit der Mädchen weitgehend zu durchbrechen.
Das Schönste dabei ist, dass sie über kurz oder lang immer die Früchte ihrer Arbeit ernten kann. So hat sie in der Gruppe beispielsweise ein Mädchen, das wegen gewaltsamen Aufbrechens von Zigarettenautomaten und Diebstählen in großen Kaufhäusern polizeilich auffällig geworden ist, aus dem Sumpf der Kriminalität herausholen können. Das Mädchen ist sehr unglücklich und hasst alles und strahlt eine solche negative Energie aus, dass man sie aus Angst, sie könne die anderen Jugendlichen negativ beeinflussen, aus dem Kurs ausschließen möchte. Gülay jedoch bittet die Kursleiter um eine weitere Chance für dieses Mädchen und fängt an, sich persönlich besonders um sie zu kümmern. Bei ihr vergisst die Jugendliche erst einmal ihre Fixierung auf den „Hass". Ihr gereiztes und aggressives Verhalten nimmt nach und nach ab. Wer weiß, vielleicht war es nur etwas mehr menschliche Aufmerksamkeit, was ihr gefehlt hat. Bei Gülay bekommt sie das Gefühl, dass nicht „alles scheiße" ist und dass auch sie selbst einen

Wert hat. Das ist eine sehr wichtige Erfahrung, denn bisher hat ihr noch nie jemand dieses Gefühl gegeben. Daraufhin fängt sie langsam an, ihre eigenen Möglichkeiten zu entdecken. Sie lernt, wie man mit einem Computer umgeht, sie hat überhaupt reges Interesse an Technik und ist dafür sogar recht talentiert. Ihre Sicht auf die Welt ändert sich Schritt für Schritt. Vielleicht kann auch sie es schaffen, warum denn nicht?

Heute hat dieses Mädchen, das so nah am Abgrund stand und nur mit Gülays Hilfe wieder sicheren Boden unter den Füßen bekam, eine Informatikausbildung abgeschlossen und arbeitet als Technikerin in einer Firma. Selbstverständlich geschieht solch ein Wandel nicht von heute auf morgen. Manchmal muss sich Gülay mit großer Geduld wochen-, monate- oder gar jahrelang den Mädchen widmen und dabei viel Kraft und Geduld aufbringen.

Ein anderes Mädchen lügt immerzu. Eines Tages gibt Gülay ihr eine Hausaufgabe: „Worüber habe ich heute gelogen?". Sie muss jede Lüge, die sie erzählt, aufschreiben und zu den Treffen mitbringen. Dort wird dann über ihre Lügen diskutiert. Zuerst lacht das Mädchen über diese Aufgabe, sie findet sie lächerlich. Aber sie fängt an, ihre Lügen aufzuschreiben. Je mehr sie aufschreibt, umso mehr denkt sie darüber nach. Warum lügt sie eigentlich so viel? Sind diese Lügen alle notwendig? Vielleicht halst sie sich dadurch noch mehr Ärger und Arbeit auf? Führt das Lügen nicht zu mehr Stress? Wie unangenehm doch schließlich diese Angst ist, beim Lügen erwischt zu werden! Manche ihrer Lügen kommen ihr kindisch, manche wiederum sinnlos und albern vor. Auf welche Lügen kann sie also verzichten? Was wird sie fühlen, wenn sie nicht mehr lügt? Erleichterung vielleicht? Aber es gibt ja auch so viele verschiedene Arten von Lügen, wie zum Beispiel Notlügen, die wir verwenden, um jemanden, der uns nahe steht, nicht zu verletzen. Aber wo kann man die Grenze zu einer Notlüge ziehen? Und wenn wir, nur um es uns leicht zu machen, alle Lügen als Notlügen bezeichnen und uns somit selbst belügen? Ja, wann und warum belügen wir uns eigentlich selbst? Was sind die Gründe dafür? Hat dies nicht auch Folgen? Was für welche? Und wie ist umgekehrt das Gefühl, wenn ich selbst belogen werde? Gibt es überhaupt Menschen, die nie lügen?

Gibt ein solch interessantes Thema nicht jedem zu denken? Die Mädchen sind begeistert von Gülay, die sie zutraulich mit „Abla", d. h. große Schwester, anreden. Vielleicht ist Gülay Abla die einzige, die ihnen aufrichtig das Gefühl vermittelt, einen Wert zu haben.

Aufgrund ihrer lockeren und leichten Art, mit Jugendlichen umzugehen, ist Gülay eine gefragte und bevorzugte Sozialarbeiterin. Einmal, zum Beispiel, sollte sie gemeinsam mit einer ihrer deutschen Freundinnen eine Berufsberatung für Jugendliche machen. Ihre Freundin bereitete sich über Wochen auf diese Beratung vor, las in unzähligen Büchern, erstellte eine Präsentation auf dem Computer und was nicht noch alles ... Aber als sie dann mit der Beratung anfingen, bemerkte Gülay, dass ihre Freundin die Zuhörer nicht packen kann, sie sind nur körperlich anwesend, aber nicht bei der Sache. Manche unterhalten sich untereinander, andere schauen aus dem Fenster hinaus und manch einer gähnt. Als Gülay merkt, dass das so nicht weitergehen kann, greift sie ein: „Stellt euch vor, was sich in zehn Jahren alles in eurem Leben verändert haben wird. Denkt euch das mal aus und schreibt dann einer Freundin oder einem Freund einen Brief und erzählt ihr oder ihm was für einen Beruf ihr habt und was ihr alles an Positivem oder Negativem im Berufsalltag erlebt. Mal schauen, was dabei heraus kommt." Die Jugendlichen fangen an zu schreiben. Es wird schon kurz darauf deutlich wer was machen will, wer welche Ängste und Sorgen hat. Jetzt können Gülay und ihre deutsche Freundin die Fragen der Jugendlichen beantworten, darüber diskutieren, wie berechtigt ihre Sorgen sind, und ihnen Informationen und Anregungen geben, die sie ermutigen können. Jetzt hören alle aufmerksam zu.

Das Schweigen von Kardelen

Die Geschichte von Kardelen ist eine der interessantesten Geschichten von Jugendlichen, mit denen Gülay zu tun hat. Kardelen stammt aus

einer sehr konservativen Migrantenfamilie. In der Schule ist sie erfolgreich, aufgeweckt, intelligent und lebendig. Aber seit sechs Jahren, seit sie sechs Jahre alt geworden ist, sagt sie zuhause nie mehr ein Wort. Kein Psychologe kann das Geheimnis um das Schweigen von Kardelen lüften. Keiner kann diese Mauer durchbrechen.
Kardelen ist vor allem vom Sport und vom Tanzen begeistert. Aber die Eltern erlauben ihr unter keinen Umständen Tanzunterricht. Als ich eine kurze Filmaufnahme Gülays gesehen habe, in der Kardelen fünf Minuten lang vor sich hin tanzt, als ob sie ein fliegender Vogel wäre, war ich sehr begeistert.
Ihre Mutter trägt ein Kopftuch. Um auch Kardelen die entsprechende religiöse Ausrichtung zu geben, hält die ganze Familie sie zum Verrichten des Tagesgebets an oder versucht, wenn religiöses Fasten angesagt ist, sie sogar mit Geld zu bestechen, damit sie mitfastet. Oder man schenkt ihr Kinderhörspiele mit religiösem Inhalt. Aufgrund von Schmeicheleien der Familie wie „Ach wie gut dir das doch steht!", trägt Kardelens große Schwester schon ein Kopftuch. Und Kardelen schwänzt, meistens unter dem Vorwand, dass ihr Fuß schmerze, den Schwimmunterricht in der Schule und zieht hochgeschlossene und langarmige Kleider an. Ihr Vater ist ein recht despotischer Typ.
Kardelen hängt sehr an Gülay Abla, sie hat Vertrauen zu ihr und spricht auch mit ihr nach und nach, erst wenig, dann immer mehr. Mit der Zeit entwickelt sich zwischen den beiden eine enge Freundschaft. Sie unternehmen viel gemeinsam, gehen ins Kino oder ins Theater und unterhalten sich sehr oft miteinander, auch über ihre Probleme. Sowie das Mädchen Schwierigkeiten hat oder sie etwas bedrückt, ruft sie sofort Gülay Abla an.
Einmal brachte Gülay Kardelen mit zu mir zum Tee. Sie ist ein nettes, quirliges Mädchen. Beide haben an diesem Tag eine Sonderaufführung für mich inszeniert und mir verschiedene Tanzkunststücke gezeigt. Es hat Kardelen wohl sehr gefallen, dass ich ihre Aufführung mit Bewunderung verfolgt, ihr Bonbons und Schokolade angeboten und ihr Spielsachen gegeben habe. Denn einige Tage später rief sie mich an

und las mir eine Geschichte vor, die sie selbst geschrieben hatte. Ich war darüber sehr gerührt. Etwas mehr Aufmerksamkeit – wie viel kann sich da ändern!
Die Beziehung zwischen Gülay und Kardelen wird trotz allem ihre Grenzen haben. Es ist auch für Gülay alles andere als leicht, den Motiven für die Schweigemauer, die Kardelen aufgebaut hat, auf den Grund zu kommen. Und selbst wenn sie das schaffen würde, könnte es für sie sehr schwierig werden, eine Lösung für das Problem zu finden. Denn es ist offensichtlich, dass dieses Kind damit eine extreme ‚Antwort' auf seine Schwierigkeiten in der Familie gibt. Gülay hat Kardelen sehr lieb und versucht alles in ihrer Macht stehende zu tun, um ihr zu helfen. Aber trotz ihrer Findigkeit, sind ihre Möglichkeiten sehr begrenzt. Aber sie lässt nicht locker.
Sie muss ihr Bestmögliches tun. Die Mauer wird fallen.

Nudeln gegen Aggressivität

Gülays Findigkeit in zwischenmenschlichen Beziehungen gehört so elementar zu ihr wie das Atmen oder das Sich-Bewegen. In dem mehrstöckigen Haus, in dem sie lebt, gibt es zum Beispiel einen siebzehn-, achtzehnjährigen deutschen Jugendlichen, der den Nachbarn nicht ganz geheuer ist, weil er sich sehr asozial verhält. Er ist ein lang gewachsener Kerl, kräftig wie ein Baumstamm. Nachts ist bei ihm in der Wohnung oft der Teufel los. Geschrei, Getobe, Streitereien ... Die Nachbarn beschweren sich immer wieder über diesen Krach, den er meistens mit seiner Freundin hat. Schon oft wurde seine Freundin mit einem blauen Auge gesehen. Oft schon stand die Polizei vor seiner Tür. In einer Nacht, in der aus seiner Wohnung wieder so ein Krach kommt, entschließt Gülay sich, hoch zu gehen und nach dem Rechten zu sehen: Dies ist nichts, was man mit Polizeigewalt regeln kann. Sie muss einmal mit diesem Jungen reden, genau verstehen, was mit ihm los ist. Vielleicht kann sie ja irgendetwas für ihn tun. Da ihr deutscher Freund Peter sie nicht hat aufhalten können, legt er einen Baseballschläger

bereit, um ihr notfalls beizustehen: Damit wird er dem Riesen eins überziehen, falls irgendetwas passieren sollte.
Der junge Mann öffnet die Tür. Er ist vor Wut knallrot angelaufen und Flammen lodern in seinen Augen. Er staunt nicht schlecht, als er eine zierliche junge Frau vor sich sieht, die ihm mit einem warmherzigen Blick und einem Lächeln im Gesicht gegenübersteht. Die Frau spricht ihn mit einer sanften Stimme an. Hat er richtig gehört: Sie fragt ihn, was ihn denn bedrücken würde. Wer ist diese Frau bloß? Und was will sie von ihm? Das erste Mal in seinem Leben redet jemand anständig mit ihm, bereit ihm zuzuhören. Worin liege denn nun eigentlich das Problem? Ob sie ihm vielleicht irgendwie helfen könne? Helfen? Was denn für eine Hilfe? Er staunt immer mehr – und gibt bereitwillig Antwort: Seine Freundin hat das Essen angebrannt. Dann hat sie einfach die Tür hinter sich zugeknallt und ist abgehauen. Darum ist er schlecht drauf. Arbeitslosigkeit, Geldnot, viele Sorgen und jetzt auch noch das. Aber das ist auch schon alles.
„Was ist schon da dabei," sagt Gülay, beruhigend lächelnd. „Dann kochen wir eben noch einmal gemeinsam. Glaub mir, in einer halben Stunde sind wir mit allem fertig." Doch das sagt sich so leicht, in der Küche sieht es aus wie auf einem Schlachtfeld. Hier und dort aufeinander gestapelte dreckige Teller und Töpfe, Gabeln und Messer. Der Esstisch aus ist übersät mit Speiseresten. Alles ist verstaubt und voller Schmutz ... Ein richtiges Elendsbild. Da fallen ihr die Messer ins Auge, dann die immer noch vor Wut blitzenden Augen des jungen Mannes. Es wäre gelogen, zu behaupten, sie habe keine Angst.
Zuerst bittet sie ihn, die laut hämmernde Technomusik leiser zu machen. Danach machen sie sich gemeinsam daran, die Küche aufzuräumen. Dann geht es ans Kochen. Gleichzeitig unterhält sich Gülay mit dem jungen Mann und fragt ihn, was genau ihn denn immer so hoch gehen lasse, wie er sich denn verhalte, wenn seine Sicherung mal wieder durchbrennt. Als er ihr darüber Auskunft gibt, stellt sie das, was er schildert, theatralisch nach. Tritt hierhin und dorthin, flucht laut. Er sieht ihr zu und seine Wut geht allmählich in Belustigung über. Erst

fängt er an zu kichern, dann lacht er laut los. Mitten in der Nacht kochen sie schließlich unter Gelächter Nudeln mit einer leckeren Tomaten-Thunfisch-Sauce und machen dazu auch noch einen Salat mit Senfsauce. Freundlich verabschieden sie sich voneinander.
Am nächsten Morgen klingelt es an Gülays Tür. Es ist die Freundin des jungen Mannes. In ihrer Hand hält sie einen Blumenstrauß. Sie bedankt sich herzlich bei Gülay. Sie erzählt ihr ein bisschen über ihre Sorgen. Darüber, dass ihr Freund so gereizt sei, weil er arbeitslos ist. Sehr überrascht ist sie, als sie erfährt, dass Gülay keine Psychologin ist.
Nach dieser Nacht gibt es in der Wohnung des Jungen keinen Krach mehr. Als es ihm eines Tages gelingt, selber eine Lasagne zu kochen, ohne dass er irgendetwas in Brand gesetzt oder zertrümmert hat, schnappt er sich eine große Flasche Coca Cola und erscheint mit glänzenden Augen vor Gülays Wohnungstür. Peter, der spät abends nach Hause kommt, traut seinen Augen nicht, als er sieht, wie Gülay und dieser Raufbold gemeinsam am Tisch sitzen, Lasagne essen und sich heiter unterhalten.

Fingerpuppen

Als ich Gülay neulich auf ihrem Handy anrief, ertönten laute Kinderstimmen aus dem Telefon.
„Wir spielen gerade mit Fingerpuppen," sagt Gülay.
„Mit Fingerpuppen?"
„Ich erklär es dir später."
Ihre Erklärung dann bei ihrem Rückruf: Es gibt eine Gruppe von Vorschulkindern, um die Gülay sich kümmern muss. Die Kinder sind eigentlich ganz süß, aber es gibt da auch einzelne, die unerträglich sind ... Da ist vor allem ein vierjähriges Mädchen, das sich unglaublich asozial verhält. Es reißt den anderen Kindern immer die Spielsachen aus der Hand und behauptet, es seien ihre. Aus diesem Grund gibt es immer wieder Geschrei und Streit zwischen den Kindern. Manchmal ziehen sie sich sogar an den Haaren oder zerkratzen sich gegenseitig

das Gesicht.
Klein und Groß, alle haben die Nase voll von diesem Kind. Wenn es einmal einen Tag nicht in den Kindergarten kommt, freuen sich alle. Ihre Mutter erklärt, es gebe nichts, was das Mädchen zur Vernunft bringt, weder Anschreien noch Schläge noch andere Bestrafung. Ganz im Gegenteil, wenn man mit ihr schimpft, wird sie noch viel aggressiver. Letztens habe sie mit ihrem Geschrei die gesamte Nachbarschaft geweckt.
Eines Tages spielen die Kinder gemeinsam mit Handpuppen. In ihr Spiel vertieft, merken sie gar nicht, dass sich das kleine Monster ihnen hinterhältig nähert. Plötzlich reißt es den spielenden Kindern die schönsten Puppen, die Königin und den König, aus der Hand und rennt damit weg. Selbstverständlich bricht daraufhin ein Chaos aus.
Da erfindet Gülay Abla ein neues Spiel: Fingerpuppen.
- Fingerpuppen? In dem Moment, wo dieses aufregende Wort erklingt, hört das Geschrei sofort auf. Los Kinder, holt Farben und lasst uns anfangen! Der Mittelfinger ist der Vater, Gülay malt einen dicken Schnurrbart auf den Mittelfinger. Der Daumen ist ein dickes Kind mit einer Kapuze. Der kleine Finger ist natürlich das kleinste und dünnste Kind der Familie. Und der Zeigefinger? Ist es nicht immer die Mutter, die zeigt, wo es lang geht? Der andere Finger neben dem Vater kann die große Schwester sein, wenn ihr wollt. - Nein, nein, er soll die Tante sein. Viele kleine Finger werden Gülay Abla entgegengestreckt. Sie malt jedem Kind eine Familie auf eine Hand.
Das kleine Monster ist erstaunt ... Wie reizvoll diese Fingerpuppen sind, viel schöner als dieser blöde König und diese blöde Königin, die das schwierige Mädchen immer noch fest in beiden Händen hält. Aber diese Fingerpuppen lassen sich nicht so einfach wegnehmen. Also wär's am besten, Gülay Abla malt ihm auch welche. Es reicht ihr eine Hand. „OK, aber zuerst musst du die Handpuppen zurückgeben, dann spielen wir zusammen mit allen Puppen."
So vertiefen sich die Kinder in ein lustiges Spiel mit den Finger- und Handpuppen. Schau dir mal diese eingebildete Königin an, nur weil sie

keine Kinder hat, will sie, dass alle Fingerpuppen ihre Kinder sind. Aber das geht doch nicht! Jedes Kind hat seine eigene Familie, man kann sie doch nicht von ihren Familien trennen! Aber die Königin will unbedingt ein Kind. Sie weint. Der König ist ratlos. Was sollen wir denn jetzt machen? Am Besten wird es wohl sein, wenn auch das Königspaar Kinder hat. Der Mittelfinger des kleinen Monsters soll der große Bruder sein, Zeige- und Ringfinger die großen Schwestern, der Daumen ein dickes und der kleine Finger ein dünnes Kind, so, jetzt hat das Königspaar fünf Kinder. Was für eine tolle Großfamilie. Lasst uns jetzt die Geburt dieser fünf Kinder feiern. Richten wir eine große Party aus. Und den Kindern von König und Königin bringen wir Geschenke. Die Kinder sind ganz bei der Sache und schreien vor Freude.

Als die Mutter des vormaligen kleinen Monsters früh am Abend kommt, um ihre Tochter abzuholen, traut sie ihren Augen nicht: Ist es ihre Tochter, die da so ruhig spielt? Wie kommt denn das zustande? Die Mutter kann es einfach nicht verstehen. Ist Gülay etwa eine Zauberin? Wie ist es ihr nur gelungen, ihre nicht zu bändigende Tochter in den Griff zu bekommen?

Gülay fand es eigentlich gar nicht so schwierig. Ob man nun einem Kind oder einem Erwachsenen gegenübersteht, wichtig ist, mit seinem Gegenüber gut zu kommunizieren, das bedeutet, zu versuchen, ihn zu verstehen. Was ist sein Problem? Wieso verhält er sich so? Wenn man das einmal begriffen hat, fällt einem die Lösung ganz von alleine ein. Seit diesem Tag ruft die Mutter des Mädchens Gülay jedes Mal an, wenn sie Probleme hat. Das Mädchen rennt dann auch sofort zum Telefon und redet ununterbrochen auf Gülay Abla ein. Selbst wenn sie Gülay mal wochenlang nicht gesehen hat, unterhält sie sich aufgeregt mit ihr.

Gülay möchte den Kindern nicht ein für allemal unbedingt etwas beibringen, so wie es die Eltern meist im Sinn haben, sie möchte lediglich erreichen, dass die Kinder den Moment, den sie erleben, genießen. Eigentlich gelingt es Kindern sehr viel besser als Erwachsenen, Spaß am Leben zu haben. Das liegt in ihrer Natur. Aber meist stellen ihr Umfeld und ihre Lebensbedingungen, ihre Familien und ihre Schulen unüberwindbare Hindernisse dar. Verbote, Regeln, Druck ... Dabei kann man auch ohne all das leben.

„Ich überlege immer, wie man das Leben der Kinder schöner gestalten kann," sagt Gülay. „Wer weiß, vielleicht habe ich ein solches Interesse daran, weil auch mir in meiner Kindheit manches gefehlt hat, was ein Kinderleben leicht und schön macht."

Mitternachtsgäste

Dabei hat Gülay eigentlich eine im ganzen recht schöne Kindheit gehabt, in der türkischen Stadt Adapazarı. Sie ist als das jüngste von insgesamt acht Kindern, vier Mädchen und vier Jungen, in einem liebevollen Umfeld aufgewachsen. Trotzdem denkt sie, wenn sie heute auf diese Zeit zurückblickt, dass ihr als Kind einiges gefehlt hat, dass sie nicht genügend Zuwendung erhalten hat und sich vieles mühselig hat selbst erkämpfen müssen.

„Vielleicht war das größte Problem, dass ich keinen Platz für mich allein hatte", erzählt sie. „In einer so großen Familie, die auch noch sehr oft Gäste hatte und in der es ständig Bewegung gab, kam ich unter den vielen Größeren und Erwachsenen oft zu kurz."

Eines Nachts beispielsweise wurde sie mitten aus dem Schlaf geweckt: „Mädchen, steh auf, los, zieh dich an, wir haben Besuch." Bekannte, die nachts um zwei, drei Uhr am Haus vorbeigingen, klingelten sofort an der Tür, wenn sie das Licht noch brennen sahen. Wie schön, Mitternachtsgäste! In der Küche wird Suppe gekocht, Brot wird geröstet, frischer Tee aufgesetzt und Pastete mit Schafskäse vom Vortag wird im Ofen aufgewärmt bis die oberste Teigschicht wieder kross ist.

Verschlafen geht Gülay zwischen Küche und Essraum hin und her, um ihren älteren Schwestern zu helfen. Sie holt aus der Glasvitrine das gute Porzellangeschirr, das versilberte Besteck und deckt sorgfältig den Tisch. Dann nimmt sie leise zwischen den Erwachsenen Platz und beantwortet brav, mit höflichem Lächeln, alle Fragen, die sie ihr stellen. Dabei ist es schon drei Uhr morgens und sie kippt fast um vor Müdigkeit. Und zu allem Überfluss muss sie am nächsten Tag auch noch eine Arbeit in Geschichte schreiben und müsste darum gut ausschlafen.

Die erste Enttäuschung

Gülay ist in der Schule erfolgreich. Sie hat sehr gute Noten und sie mag sowohl ihre Schule als auch ihre Lehrer. Ihre Lieblingslehrerin ist Aynur, die sich immer um die Kinder kümmert und freundlich zu ihnen ist.
Aber eines Tages erlebt sie die größte Enttauschung ihres Lebens. Es ist der Tag, an dem die Kinder ihre Türkischarbeit zurückbekommen. Aus welchem Grund auch immer, an diesem Tag ist gerade ihre Lieblingslehrerin aus irgendeinem Grund sehr gereizt. Sie zeigt sich absolut nicht zufrieden mit dem Gesamtergebnis der Arbeiten: Da schuftest du als Lehrerin so hart und das kommt dabei heraus?
Genervt sagt sie: „Wem seine Note zu schlecht erscheint, der soll zu mir kommen."
Gülay geht sofort mit ihrem Klassenkameraden Kaya zur Lehrerin, denn Kaya hat ein „ungenügend" bekommen. Was wäre schon dabei, wenn die Lehrerin seine Note etwas verbessern würde? Gülay selbst hat zwar ein „gut" bekommen, aber damit ist sie auch nicht zufrieden. Wie gern hätte sie doch ein „sehr gut"!
„Euch beiden gefallen eure Noten also nicht? In Ordnung, ich weiß, wie ich sie euch schmackhaft mache. Streckt eure Hände aus!"
Die Lehrerin lässt das Lineal, das sie in ihrer Hand hält, mit Wucht zuerst auf Kayas, dann auf Gülays Finger sausen.
Kaya fängt sofort zu weinen an.
„Und? Gefällt euch eure Note jetzt?"

Kaya nickt sofort zustimmend.
„Und was ist mit dir?"
Gülay gibt keinen Ton von sich. Der Schock, den sie erlitten hat, ist tausendmal schlimmer als die Schläge. Das Lineal saust nochmals heftig auf ihre Finger.
Kurz nach diesem Vorfall wechselt die Lehrerin an eine andere Schule. Das Schuljahr geht zu Ende, es gibt Zeugnisse. Gülay bekommt sogar eine Auszeichnung. Aber diesen Vorfall kann sie nicht vergessen, weil sie schwer enttäuscht worden ist. Darum entschließt sie sich, ihrer früheren Lehrerin einen Brief zu schreiben. Der wird ziemlich lang, denn sie erzählt ihr ausführlich, wie ihr jener Vorfall zugesetzt hat, wie tief enttäuscht und verletzt sie war. Sie schreibt, wie sehr sie Aynur als Lehrerin gemocht hat, dass sie sich immer sorgfältig auf ihren Unterricht vorbereitet hat, dass sie den Schmerz, den sie ihr mit dem Lineal zugefügt hat, niemals werde vergessen können. Schon kurz darauf erhält sie einen liebevollen Entschuldigungsbrief. Sie freut sich und ist zugleich traurig. Scheinbar hat sich damit die Angelegenheit erledigt. Aber doch nicht ganz: Denn Gülay ist jetzt zwar nicht mehr auf die Lehrerin sauer, aber weil ihr Vertrauen verletzt wurde, ist etwas in ihr zerbrochen. Leicht können in zwischenmenschlichen Beziehungen Wunden entstehen, die nur sehr schwer wieder heilen. Das begreift sie beim Nachdenken über diesen Briefwechsel mit ihrer Lehrerin.
Während Gülay mir von dieser Erfahrung erzählt, denke ich über ihre Beziehungen zu anderen Menschen nach und vor allem über die Sorgfalt und Sensibilität, die sie bei ihren Freundschaften an den Tag legt. Vielleicht verdankt sie ihre Fähigkeit, Menschen zuzuhören, sie zu verstehen und dabei auch Nichtgesagtes zu verstehen, eben dieser besonderen Sensibilität.

Hilfe, ich werde groß!

Sobald Gülay von der Schule zurück ist, macht sie sofort ihre

Hausaufgaben und stürmt dann auf die Straße. An den Wochenenden und in den Ferien spielt sie von morgens bis abends Fangen, Verstecken, Ball ... Sie hat viele Freundinnen und Freunde. Und wenn draußen auch noch die Sonne scheint, ist es ein Ding der Unmöglichkeit, sie ins Haus zu bekommen.

Die Kinder im Viertel haben am meisten vor Tante Tikitipi Respekt und Angst. Sie ist wie eine Sicherheitsbeamtin des Viertels. Wer in Schwierigkeiten steckt, holt sich bei ihr Rat, wer sich beschweren will, geht ebenfalls zu ihr. Eben ist ein Kellerfenster durch einen sausenden Ball kaputt gegangen, im Hof aufgehängte frische Wäsche liegt im Schlamm - über all das weiß die Tante Bescheid.

Sie schreit dann die Kinder an und manchmal verfolgt sie sie auch mit einem Besenstiel, so als wären sie Hühner. Kurz, Tante Tikitipi ist für die Ordnung im Viertel zuständig.

Gülay wundert sich darüber, dass diese Frau auf der Straße eine Hexe, zuhause jedoch ein Engel ist. Wenn Gülay zum Beispiel an den Festtagen zu ihr hinüber geht, um ihr die Hand zu küssen, wie es üblich ist, dann bietet sie ihr immer Sirup an und schenkt ihr bunte Bonbons und bestickte Taschentücher und was nicht noch alles. Aber auf der Straße lässt sie regelrecht Terror walten.

Einmal als Gülay mit dem Fahrrad unterwegs ist, rennt Tante Tikitipi ihr hinterher und verfolgt sie bis zu den Weizenfeldern: „Schämst du dich denn nicht? Fast schon eine junge Frau und steigt noch auf das Fahrrad wie ein Junge!" Gülay hat eine solche Angst, dass sie auf halbem Weg vom Fahrrad fällt. Sie lässt es einfach liegen und rennt weiter, so schnell sie kann. Allerdings sitzt ihr die Angst so tief in den Knochen, dass sie sich nie wieder traut, Fahrrad zu fahren.

Gülay muss ungefähr zwölf Jahre alt sein, als sie eines Tages beim Ballspielen hört, wie die Erwachsenen über sie herziehen. Ein zwölfjähriges, großes Mädchen spielt doch nicht mehr Ball auf der Straße! Gleich an diesem Tag noch schreibt sie einen Protestbrief, den sie ihrer Mutter aushändigt und in dem steht, dass ein zwölfjähriges Kind doch wohl noch ein Recht auf Spielen hat. Aber ganz beruhigen kann dieser Brief sie nicht. In ihr wächst stetig eine Angst: Sie wird jetzt wohl groß, eine Frau. Groß zu werden ist in ihren Augen eine unvermeidliche Krankheit. Jeden Morgen, wenn sie aufwacht, prüft sie ihren Körper auf Veränderungen: Sind ihre Brüste gewachsen, ist sie größer geworden, oh Gott, hat sich irgendetwas verändert? Für Gülay bedeutet groß zu werden, keinerlei Freiheiten mehr zu haben, vieles einfach nicht mehr machen zu dürfen - viele, viele Verbote eben. Sie hat eine solche Angst vor dem Großwerden ....

Alle Augen sind auf mich gerichtet

Es ist zwar nicht so leicht, in der Provinz aufzuwachsen, aber so schlimm ist es auch nicht. Besonders konservativ ist ihre Familie nicht. Da gibt es z. B. einmal eine tscherkessische Hochzeit in einem der Nachbardörfer. Es ist kein Problem, dass eine gemischte Gruppe aus Jungen und Mädchen gemeinsam dahin geht. Dennoch kann man nicht sagen, dass Gülay ihre Zeit als Teenager genießt. In diesem kleinen Ort muss sie ständig auf ihre Kleidung, ihr Verhalten und ihr Auftreten achten, denn jeder hat ein wachsames Auge auf sie. In ihrem letzten Schuljahr fragt ein Klassenkamerad sie, ob sie mit ihm ausgehen wolle. Er ist ein groß gewachsener, gut aussehender Junge. Darüberhinaus haben sie auch gemeinsame Interessen. Beide lieben Volkstänze und –Musik. Gülay fliegt vor Freude! Sie ist so glücklich ... Aber am Tag darauf sagt einer ihrer älteren Brüder beiläufig: „Du wirst uns nie enttäuschen, wir vertrauen dir." Diese Bemerkung geht ihr so zu Herzen, dass sie die ganze Nacht kein Auge zumacht. Was ihre Mutter, ihr Vater, ihre älteren Brüder und Schwestern alles von ihr erwarten! Mit welch einer Aufopferung sie es Gülay ermöglicht haben, zur Schule zu gehen! Und was macht sie? Da kommen Schuldgefühle auf ...

Am nächsten morgen in der Schule sagt sie ihrem Klassenkameraden entschlossen, „diese Sache" habe keine Chance, und beendet so eine Freundschaft, die gerade erst beginnen sollte. Aber die großen traurigen Augen des Jungen, die sich sogar mit Tränen füllen, wird sie nie vergessen.

Die großen Schwestern und Brüder

Gülay ist die einzige aus ihrer Familie, die einen Hochschulabschluss macht. Die anderen haben entweder nur Mittelschulabschluss oder Abitur. Aus diesem Grund kommt sie sich sehr bevorzugt vor. Denn die Familie hat nicht die Mittel, um allen Kindern ein Studium zu finanzieren.
Gülays älteste Schwester, die zwanzig Jahre älter ist als sie, ist nach Deutschland gegangen und hat dort Arbeit gefunden. Auch ihre Brüder haben alle einen mehr oder weniger guten Beruf.
Derjenige unter ihren Brüdern, der am ehesten Interesse an einem Studium hatte, geriet wegen seiner politischen Aktivitäten in Schwierigkeiten. Er wurde verhaftet, in Untersuchungshaft gefoltert, vor Gericht gestellt und kam danach jahrelang ins Gefängnis ...
Gülay erinnert sich an diese Zeit wie an einen Albtraum. Wie die Polizei immer wieder in ihre Wohnung stürmt. Wie die Bücher ihres politisch links orientierten Bruders eingesammelt werden. Wie oft die Familie, alle zusammen, groß und klein, zu den Gerichtsverhandlungen aufbricht. Die Unterschriftkampagnen ihrer Mutter. Und am schlimmsten, diese Ungewissheit, diese Angst ... In einer Zeit, in der Todesurteile zum Tagesprogramm gehören, weiß niemand wie sehr oder wie tief ihr Bruder in diese Sachen verwickelt ist und was ihm droht.
Schließlich endet diese schlimme Sache glimpflich mit fünf Jahren Haft. Aus juristischer Sicht ist sie damit erledigt, aber wie sieht es auf der menschlichen Ebene aus? Obwohl mittlerweile viele Jahre vergangen sind, wacht Gülays Bruder nachts immer wieder angstvoll schreiend auf. Einen so schweren Schmerz kann man, einmal erlitten, nicht so leicht vergessen.

Die Tscherkessen

Gülay selbst interessiert sich nicht sonderlich für Politik. Sie liest und weiß zwar viel, aber sie lässt sich nicht so mitreißen wie ihr Bruder. Ihre Interessen richten sich auf Tanz, Folklore, Theater, Literatur. In ihrer Heimatstadt ist sie im Verein der Tscherkessen eines der engagiertesten Mitglieder. Im Rahmen von Vereinsaktivitäten inszeniert sie in ihrem letzten Schuljahr ein Stück über Leben und Migration der Tscherkessen. Sie arrangiert sogar die Musik für dieses Stück. Es kommen mindestens eintausend Zuschauer. Es gibt großen Applaus, es wird ein unglaublicher Erfolg ...
Sie liebt das Tanzen. Vor allem die kaukasischen Tänze. Sie hat eine Clique, in der es sowohl Mädchen als auch Jungen gibt, die alle, wie sie selbst auch, tscherkessischer Herkunft sind. Freundschaften mit Nicht-Tscherkessen würde ihre Familie nicht gutheißen.
Was Gülay über das Leben der Tscherkessen erzählt, die sich in der Stadt Adapazarı konzentriert niedergelassen haben, ist erstaunlich. „Meine Familie denkt, dass ich, falls ich heirate, nur einen tscherkessischen Mann nehmen dürfe," erzählt sie lachend, „ihre größte Sorge ist es, ich könnte womöglich einen Fremden heirate. Bei dem, was sie mit „fremd" meinen, kommt ihnen noch nicht mal was anderes in den Sinn als ein nicht-tscherkessischer Türke. Wenn sie wüssten, dass ich heute einen deutschen Freund habe ..."
Gülays Freund Peter, mit dem sie jetzt schon seit Jahren zusammen ist, kennt von ihren Geschwistern nur eine ihrer Schwestern. Ihre Beziehung zu Peter hütet Gülay allen anderen gegenüber als ihr großes Geheimnis. Sie weiß nämlich, dass ihre Familie, allen voran ihre mitlerweile sehr alt gewordene Mutter, diese Tatsache nicht so leicht verdauen könnte. Wer weiß, vielleicht wissen davon doch einzelne ihrer Geschwister und ziehen es nur vor, so zu tun, als ob sie nichts davon wüssten.
Die Tscherkessen, die aus dem Kaukasus stammen und von dort durch Kriege vertrieben worden sind, bleiben wie die Kurden möglichst unter

sich und heiraten untereinander. Gülay ist vor zehn Jahren einmal nach Georgien gereist und hat einen Monat lang ihre dort verbliebenen Verwandten besucht.

Der Rucksack und die Truhe

Während Gülay noch auf das Gymnasium geht, denkt sich der Vater schon einen guten Beruf für sie aus: Vielleicht könnte sie in einer Bank arbeiten oder als Sekretärin. Etwas, was darüber hinausgeht, übersteigt seine Vorstellungskraft. Auch Gülay kann sich noch nicht so ganz vorstellen, was sie machen soll. Sie weiß nur, dass es für sie an der Zeit ist, diesen Provinzort zu verlassen. Sie muss in die Großstadt, sie muss mehr von der Welt entdecken ...
Großstadt bedeutet Freiheit: Erlösung von den neugierigen Blicken, vom Nachbargetuschel, von der permanenten Kontrolle, Befreiung von all dem einengenden Muff, frischen Wind, Aufatmen.
In der Großstadt wird Gülay endlich sich selbst begegnen können, denn bisher weiß sie eigentlich noch nicht einmal, wer sie überhaupt ist, sie kennt sich selbst noch gar nicht. Sie steht noch am Anfang eines langen, langen Weges ...
Einmal während der ersten Jahre, nachdem ich Gülay kennengelernt hatte, haben wir in einem Workshop über kreatives Schreiben ein Spiel gespielt. Ausgehend von Begriffen wie Rucksack, Truhe, Mülltonne wurden Texte geschrieben: In den Rucksack sollte jeder diejenigen Gegenstände packen, die einem von Nutzen sind, in die Truhe wertvolle Gegenstände, die man aufbewahren möchte, und in die Mülltonne sollte alles rein, was man wegwerfen, loswerden wollte ...
Der Text, den Gülay entworfen hatte, verdeutlicht auf eine überwältigende Art und Weise ihre Suche nach Freiheit:

„Sie hatte sich dagegen gewehrt, dass man ihr eine Truhe füllte. Sie hatte sich zwar gewehrt, aber niemand kümmerte sich darum. Ohne dass es jemand mitbekam, musste sie ihren Rucksack nehmen und aus diesem Haus verschwinden.

Wen geht das schon etwas an, dachte sie, wen geht der Inhalt dieser Truhe schon an, die von ihrer Mutter bestickten Deckchen, die Häkelarbeiten ihrer Tante, die Stoffe aus Seide und Satin, die mit Ersparnissen gekauft worden waren, die man vom Einkaufsgeld abgezwackt hatte!
Bestand ihr Hab und Gut nur aus dem Inhalt dieser Truhe, also ihrer Aussteuer? Was war mit ihrer Kindheit, ihren Träumen und Sehnsüchten? Hätte diese Truhe aus Walnussholz auch für all das Platz?
Würde es hier sonst nichts mehr geben, was ihr gehörte, wenn sie wieder zurückkam?
Sie musste ihnen die Stirn bieten, bloß ihren Rucksack nehmen und gehen. Diese Truhe war so übervoll, dass es darin keinen Platz mehr für ihre Kindheit, ihre Träume und ihre Zukunft gab. Ohne zurückzublicken musste sie gehen.
Sie ist gegangen."

Die Suche nach sich selbst in Istanbul und Ankara

Zuerst geht sie nach Istanbul, zu ihrem Onkel. Da ist sie endlich, die große, moderne Stadt, die lang ersehnte Freiheit.
 Ihr Onkel empfängt sie freundlich. Auf den ersten Blick wirken er und seine Familie sehr modern und zivilisiert. Sie wohnen in einer schönen Wohnung in einem Viertel am Stadtrand. Sie bekommt sogar ein eigenes kleines Zimmer. Gülay informiert sich sofort über Studienmöglichkeiten, aber erst einmal muss sie etwas Geld verdienen und auf ihren eigenen Beinen stehen... Sie fängt an, in einer Firma zu arbeiten. Dann die erste Enttäuschung. Hatte sie nicht die große Truhe mit all dem unnötigen Zeug zurückgelassen und war einfach nur mit dem Allernotwendigsten in ihrem Rucksack weggegangen? Doch schon wenige Augenblicke, nachdem sie bei ihrem Onkel eingezogen ist, bemerkt sie: Da steht ganz groß mitten im Wohnzimmer - die Truhe. Und nicht nur das, sie scheint sogar das wichtigste Möbelstück dieses

Haushalts zu sein. Sie quillt über mit all dem alten Muff. Sie ist so schwer, dass man sie nicht vom Fleck bewegen kann. Ihr Rucksack jedoch ist sofort im hintersten Fach des Kleiderschranks verstaut worden.

Wo geht Gülay hin? Was macht sie? Wann kommt sie zurück? Wer hat sie warum angerufen? Ständig steht sie unter Beobachtung. Ob es nun ihre langen, kastanienbraunen Haare sind, die ihr bis auf die Schultern fallen, oder ihre engen zerfransten Hosen oder ihre kurzen Kapuzenjacken, ihr Onkel nimmt alles argwöhnisch unter die Lupe.

Nein, so kann das nicht weiter gehen. Zwei Jahre lang beißt sie die Zähne zusammen, arbeitet Tag und Nacht und verdient Geld. Sie hält gegenüber den Nörgeleien ihres Onkels still und gibt sich auch sonst alle Mühe, unauffällig zu bleiben.

Aber eines Tages nimmt sie wieder ihren Rucksack und geht einfach fort. Dieser erneute Auszug verläuft eigentlich undramatisch. Denn ihre Familie in Adapazarı mischt sich nicht mehr in ihre Entscheidungen ein, und ihr Onkel ist es mittlerweile ziemlich leid, den Wächter der Truhe zu spielen. Er hat sich ja die ganze Zeit so viele Sorgen um sie gemacht, weil er sich für sie verantwortlich fühlte. Auch wenn er es nicht offen zeigt, atmet er jetzt doch erleichtert auf, als Gülay fortgeht.

Sie zieht mit einer Freundin zusammen. Freiheit ... Freiheit ist ein so schönes Gefühl, dass sie die Truhe ganz vergisst, die für sie in den letzten Jahren zu einem Albtraum geworden war. Sie baut sich ein neues Umfeld auf, hat neue Freunde. Mit ihnen zusammen entdeckt sie jede Ecke von Istanbul und kommt nachts immer spät nach Hause. Freiheit bedeutet, so leben wie man will, lesen, Musik hören, mit Freunden ausgehen, zu Hause ein Chaos schaffen. Ihr liebstes Spiel ist es, mit ihrer Freundin Orangen zu essen und die Schalen hier und dort hinzuwerfen. Es mischt sich ja keiner ein, wie schön das doch ist!

Doch das Schönste ist, dass sie tatsächlich zu sich selbst findet. Der Inhalt dieser Truhe hat sie jahrelang fast erstickt. Sie kann sich nicht daran erinnern, jemals frei geatmet zu haben. Sie kennt sich selbst doch noch gar nicht. Wer ist sie denn? Als sie sich von der Truhe befreit, findet sie zu sich selbst. Aber noch steht sie am Anfang des Weges. Es gibt noch so viel, was sie entdecken muss.

Als sich ihr ein Stipendium bietet, geht sie nach Ankara, um an der Bilkent Universität englische Literatur zu studieren. Die Möglichkeiten, die diese Universität eröffnet, sind einzigartig. Und Gülay möchte die bestmögliche Ausbildung erhalten.

An das eine Jahr, das Gülay in Ankara verbracht hat und an ihre Freunde, die sie in dieser Zeit dort kennengelernt hat, erinnert sie sich gern. Inzwischen hat ihre ältere Schwester Sabriye, die vor Jahren nach Deutschland gezogen war, beschlossen, Gülay zu sich zu holen und ihr die Möglichkeit zu geben, in Deutschland zu studieren.. Sabriye hat sich dort mit ihrem Mann ein erstaunlich gutes Leben aufgebaut. Mit ihren langjährigen Ersparnissen haben sich beide in Köln ein ziemlich großes Haus gekauft. Auch ihre Kinder Cem und Edibe, die zusammen mit Gülay in Adapazarı aufgewachsen sind, leben bei ihr in Deutschland. Cem arbeitet mittlerweile in einer Firma, und Edibe ist sogar schon verlobt.

Eigentlich ist Gülay gar nicht besonders interessiert an Deutschland. Sie kann ja noch nicht einmal Deutsch! Aber die Idee überhaupt, in ein anderes Land zu gehen, findet sie sehr aufregend. Nach Istanbul und Ankara ist Köln vielleicht gar nicht einmal so schlecht ...

Die Truhe in Deutschland

Als Gülay jedoch voller Erwartungen nach Deutschland kommt, erwartet die Truhe sie schon, die sie längs vergessen hat. Ja, es ist genau die Truhe, die sie nur allzu gut kennt, nur dass sie noch schwerer geworden ist. Was sie wohl hinein getan haben? Sie lässt sich keinen Millimeter mehr bewegen. Ihre Wächter sind jetzt ihre ältere Schwester und deren Sohn Cem, die sie sehnsuchtsvoll erwarten.

Die Schwester und ihr Mann, die sie vom Flughafen abholen, erstarren, als sie Gülay mit offenen Haaren, der zerfransten und ausgebleichten

Jeans und einer dünnen Jacke mit Kapuze gut gelaunt kommen sehen. Kommt man denn so nach Deutschland? Nicht einmal einen Koffer hat sie mitgenommen! Nur einen schäbigen Rucksack, in den sie Unterwäsche, zwei Jeans, zwei vom vielen Waschen verblichene Pullover und ein Paar Turnschuhe eingepackt hat, mehr nicht. Ach, dieses arme Kind! Die scheint wohl in Ankara etwas verkommen zu sein..Was wohl erst die Nachbarn sagen würden, wenn sie sie so sähen? Nachdem die Schwester ihren ersten Schock überwunden hat, gehen sie zunächst einkaufen. Am nächsten Tag gibt es nämlich eine Hochzeit und dieses Kind, man glaubt es kaum, hat nicht mal was Anständiges anzuziehen. Die Schwester kauft ihr ein eng anliegendes graues Kleid. Grau ist gerade Mode und darüber hinaus eine Farbe, die dezent ist und ernsthaft wirkt. Dazu ein Paar schwarze Lackschuhe mit runden Absätzen. Gut schaut sie jetzt aus! Danach direkt zum Friseur. Die ungepflegten Haare werden geschnitten, glatt gekämmt und in Form gebracht, auch noch ein paar helle Strähnchen dazu. Ja, wunderbar! Und jetzt noch ein wenig Make-up. Als Gülay sich im Spiegel sieht, findet sie, dass sie wie ein aufgetakeltes Landei aussieht. Aber den anderen gefällt es, also traut sie sich nicht, etwas dagegen zu sagen.
Edibe schaut sich ständig die Vorher-Nachher-Rubriken der verschiedenen Zeitschriften an. Schau dir nur dieses arme Mädchen an: Hat Haare wie eine Vogelscheuche und ist bekleidet mit einem Kartoffelsack! Schau dir nur an, wie wenig Geschmack sie hat. Aber später, ja, wie sehr ihr diese rosa Rüschenbluse doch steht, nicht wahr? Siehst du, wie ein wenig Make-up und ein wenig Pflege einen Menschen total verändern. Hätten sie bloß Gülay fotografiert als sie so dort ankam. Dann hätten sie dieses Bild zusammen mit einem neuen Foto, das zeigt, wie sie jetzt aussieht, sofort an die Zeitschrift schicken können. Die würde die beiden Bilder glatt abdrucken.
Gülay blättert die Zeitschriften zwar gleichfalls durch, damit sich Edibe nicht vor den Kopf gestoßen fühlt, aber komischerweise gefallen ihr die Vorher-Fotos immer besser als die Nachher-Fotos. Sie ist der Meinung, dass die Nachher-Fotos künstlich wirken, wie gewollt und

nicht gekonnt. Aber sie sagt nichts.
Nachdem sie Gülay nun endlich etwas herausgeputzt hat, ist die Schwester beruhigt. Wie froh ist sie, dass sie ihre liebe kleine Schwester nach Köln hat holen können. Ihr Herz füllt sich mit Zärtlichkeit und Mitleid: Schaut euch die Kleine an, sie besteht nur noch aus Haut und Knochen, man meint, man könne sie glatt umpusten! Aber wie sollte es denn auch anders gehen, wenn sie so mutterseeelenallein lebt! Das wird sich jetzt Gott sei Dank ändern. Sie nimmt sie liebevoll unter ihre Fittiche.
Bei dem Hochzeitsfest, das am nächsten Tag um zwölf Uhr mittags anfängt und bis zwei Uhr nachts dauert, platzt Gülay regelrecht vor Langeweile. Alles nervt sie. Ihr Kleid, das ihr nicht so recht passen mag, die Augen, die mit abschätzender Neugier auf ihr ruhen, die inhaltlosen Gespräche, das Geklatsche darüber, wer was gemacht haben soll, die laute, schlechte Musik, das überreiche orientalische Essen, das einem schwer im Magen liegt, das eingebildete Gehabe von Edibe, die alten Witze von Cem, die Gülay mal lustig fand, einfach alles ...
Als sie noch Kinder waren und immer gemeinsam zur Schule gingen, mochte Gülay Edibe zwar nicht besonders, weil sie so selbstsüchtig war. Aber Cem mochte sie damals sehr gern. Cem war wie ihr Zwilling, sie waren unzertrennlich ... Aber jetzt ist er ihr, wie er in seinem dunklen Anzug, mit einem gestärkten Hemd, der blau und weiß gepunkteten Krawatte und mit Gel gestylten Haaren da sitzt, total fremd.
Auf einmal bekommt Gülay ein komisches Gefühl von Fremdheit. Was sucht sie hier? Was macht sie hier? Wer sind diese Menschen? Ist sie wirklich in Deutschland? Aber wo ist sie denn sonst?

Adapazarı in Köln

Was ist das bloß für ein merkwürdiges Gefühl, die Freiheit, die man sich durch so viel Mühe selber erkämpft hat, wieder zu verlieren? Als hätte es die Zeit in Istanbul und Ankara gar nicht gegeben. War alles vielleicht nur ein Traum? Vielleicht ist Gülay nie von der Provinz weggekommen? Ein riesengroßes Haus mit Garten etwas außerhalb von Köln. Genau wie das Haus ihrer Familie in Adapazarı. Die Tüllgardinen mit bestickten Spitzen, die Glasvitrine, die mitten an der Wohnzimmerwand steht, der Möbelbezug aus bordeauxfarbenem Samt, alles ist wie in Adapazarı. Und genau wie dort hat Gülay auch hier ein Dachzimmer. Ihre Schwester ist womöglich nur deshalb in ein so großes Haus gezogen, damit sie nach und nach ihre Geschwister nach Deutschland holen kann. Das müsste für sie doch eigentlich sehr schön sein: wenn alle wieder gemeinsam in so einem Haus leben würden, ganz wie damals in ihrer Kindheit. Was die Schwester aber nicht verstehen will, ist dass sich mit der Zeit vieles verändert hat. Auch in dem Haus in Adapazarı ist nichts mehr wie es einmal war. Die Geschwister leben mittlerweile überall verstreut. Der Vater ist gestorben. Ihr aus der Haft entlassener Bruder hat sich mit aller Kraft ein neues Leben aufgebaut. Ein anderer ist nach Istanbul gezogen. Diejenigen, die in Adapazarı geblieben sind, haben sich kleinere Wohnungen gesucht, in denen sie bequemer leben können.

So ähnlich das Haus in Deutschland dem Haus in Adapazarı auch sein mag, die Art und Weise zu leben ist doch sehr anders. Das erste was Gülay in diesem Vorort von Köln auffällt, ist, dass die Menschen ein in sich gekehrtes Leben führen. Nach Feierabend zieht sich jeder in sein Haus zurück. Auf den Straßen, in den Gärten ist kaum mal jemand zu sehen. Dabei ist es gerade Sommer und nachts wird es erst so spät dunkel.

In Adapazarı halten sich in den Sommermonaten die Erwachsenen und Kinder immer im Freien auf. Die Kinder spielen Ball und die Erwachsenen kaufen ihren Kindern bei den Straßenhändlern etwas zum Knabbern. Die Jugendlichen spazieren Arm in Arm durch die Gegend und essen dabei Eis. Kleine Kinder, die den Ballonverkäufer mit seinen kunterbunten Ballons herannahen sehen, scharen sich mit Freudengeschrei um ihn. Überall sprüht es vor Leben und Geselligkeit.

Schon am dritten Tag nach ihrer Ankunft in Deutschland ist es Gülay dermaßen überdrüssig, zu Hause zu hocken, dass sie schnippisch fragt: „Gibt es in Deutschland etwa eine Ausgangssperre?" Aber keiner versteht ihren Witz, sie erntet nur verwunderte Blicke.

An einem Wochenende überrascht die Schwester Gülay mit dem Vorschlag, ihr zusammen mit Edibe und Cem Köln zu zeigen. Aber weder die hell erleuchteten modernen Straßen, noch die noch die aufwendig geschmückten Schaufenster der Geschäfte scheinen Gülay zu beeindrucken. Die Schwester begreift das nicht. Als sie selbst damals nach Deutschland kam, war sie überwältigt. Aber für die kleine Schwester scheint das alles so selbstverständlich zu sein, als wäre sie in einer großen Stadt auf die Welt gekommen. Dabei kommt Gülay jetzt tatsächlich nicht aus der Provinzstadt Adapazarı, sondern aus Istanbul und Ankara. Eine Großstadt ist für sie überhaupt nichts Neues. Wenn sie wie ihre Schwester direkt aus Adapazarı nach Köln gekommen wäre, dann hätte sie diese deutsche Stadt vielleicht auch beeindruckt. Und wer weiß, sie hätte sich dann vielleicht auch in diesem Tscherkessen-Bunker wohl gefühlt. Aber so ist es eben nicht.

Ein neues Leben

Gülay lernt erst einmal Deutsch und schließt auf dem Studienkolleg neue Freundschaften. Langsam baut sie sich wieder ein neues Umfeld auf.

Was sie in dieses neue Leben leicht hineinfinden lässt: Die meisten der neuen Freunde kommen auch aus der Türkei. Eine türkische Gruppe bildet sich, die sich einmal in der Woche trifft: Sie stellen sich gegenseitig Bücher vor, die sie gerade lesen, sie diskutieren über aktuelle Themen oder sie teilen sich einfach ihre Erfahrungen in Deutschland mit. Innerhalb kürzester Zeit baut sich Gülay einen eigenen Freundeskreis auf, zu dem sehr interessante Personen gehören, denn sie studieren in den verschiedensten Fachbereichen, von Architektur, Ingenieurausbildung, Informatik bis zu Philosophie und Kunst.

Aber auch im Haus ihrer Schwester fühlt sich Gülay ganz wohl, denn hier herrscht eine sehr warme und liebevolle Atmosphäre. Wenn sich alle zum Abendessen treffen, erzählt jeder jedem alles Mögliche. Außerdem wird Gülay von ihrer Schwester geradezu verwöhnt, sie braucht nicht den kleinsten Finger zu rühren, denn sie soll ja so schnell wie möglich Deutsch lernen und zu studieren anfangen. Und seitdem dieses erste Gefühl von Fremdheit überwunden ist, versteht sie sich auch mit Cem wieder so gut wie früher. Sie lachen gemeinsam sehr viel und scherzen miteinander, so wie in ihrer Kindheit.

Einiges gefällt ihr an diesem Familienleben allerdings nicht. Da ist z.B. die Fernsehsucht. Sie werden allesamt nicht müde, sich stundenlang die stumpfsinnigsten Programme anzusehen. Gülay hat fast nie Lust darauf und zieht sich dann immer mit einem Buch in ihr Zimmer zurück. Aber sie weiß, dass das nicht mit Wohlwollen aufgenommen wird, weil es als eigenbrötlerisches Verhalten bewertet wird. Ob sich eine Bemerkung ihrer Schwester darauf bezieht, ein geringschätziger Blick von Edibe oder ein Witz von Cem, sie fühlt sich unter Druck gesetzt.

Auch dass ihre Schwester ständig alles über sie wissen möchte, stört und befremdet sie. Wo ist Gülay hingegangen? Was hat sie gemacht? Mit wem trifft sie sich? Gibt es da jemanden, den sie besonders mag? Die Schwester öffnet und liest sogar Briefe, die an Gülay adressiert sind, als wäre so etwas völlig selbstverständlich – was soll man dazu sagen? Es ist so, als hätte sie gar keinen Anspruch auf ein individuelles Privatleben. Selbst ihr Onkel war mit seiner Kontrollsucht nicht so weit gegangen.

Und dann das Problem mit den Gästen: Gerade wenn sie sich an den Wochenenden zurückzieht, um intensiv zu lernen, kommen oft unerwartet Gäste, ganz so wie damals in ihrer Kindheit in Adapazarı. Die Schwester fühlt sich dann immer pudelwohl, sie liebt es sehr, Gäste zu haben. Sie kocht sofort Huhn auf tscherkessische Art, backt Teigwaren, Kuchen oder Kekse und setzt frischen Tee auf, und auch Gülay muss ihr zur Hand gehen. Und wenn die Gäste einmal da sind, gehen sie so schnell nicht wieder. Sie machen es sich immer gemütlicher. Man redet über dies und jenes, lästert über die Nachbarn und liest aus dem Kaffeesatz. Selbstverständlich liest man hierbei immer wieder gute Partien für Gülay heraus. Sie aber kann nur mit großer Anstrengung ihren Frust verbergen. In diesem Haus gibt es einfach kein Zeitbewusstsein. Sie hat keine Lust sich endlos lange mit den Gästen ihrer Schwester zu unterhalten, nur weil sie da sind und Gäste sind. Ist sie nun nach Deutschland gekommen, um mit türkischen Nachbarn zusammen zu hocken und sich Klatschgeschichten anzuhören oder um sich weiterzubilden? Aber solange die Gäste da sind, kann sie sich nicht einfach in ihr Zimmer zurückziehen, mit der Entschuldigung, sie müsse arbeiten. Keiner würde das verstehen und akzeptieren.

Mit Edibe hat sie sich schon seit je nicht gut verstanden. Als sie noch Kinder waren, nutzte Edibe Gülays Gutmütigkeit oft schamlos aus und ließ sie dann dumm dastehen. Erlaubte es z. B. die finanzielle Situation der Familie, zu den großen Feierlichkeiten am 23. April, dem türkischen Kindertag, lediglich ein Kind festlich einzukleiden, so war dieses eine Kind immer Edibe. Jedes Jahr wurde ein weißes Kleid aus Organza für sie genäht, wurden Riemchenschuhe und Spitzensöckchen für sie gekauft. Nie kam Gülay an die Reihe. Also musste sie sich immer damit zufrieden geben, wie die anderen armen Kinder auch, nur den Klassenraum mit rot-weißem Krepppapier und Fähnchen zu schmücken. Und auch jetzt hat sich Edibes Verhalten nicht verändert. Nicht nur, dass sie immer im Mittelpunkt stehen muss, sie versucht Gülay auch ständig mit ihren spitzen Kommentaren zu treffen und klein zu machen.

Einmal sagt Gülay – nur zum Scherz –, sie habe bei einem Test im Studienkolleg eine schlechte Note bekommen. Aber Edibe, die diesen Scherz ernst nimmt, jubelt geradezu auf vor Schadenfreude. Sie kann es einfach nicht verdauen, wenn jemand anderer als sie Erfolg hat. Es ist, als ob sie nur durch Unglück anderer selber Glück erleben könnte. Gülay mag eigentlich nichts an ihr und versucht darum, Abstand zu ihr zu halten. Aber schließlich leben sie eben doch miteinander unter einem Dach.

Cem hingegen ist vollkommen anders. Ihn liebt Gülay, als wäre er ihr eigener Bruder. Aber irgendetwas scheint mit ihm jetzt auch nicht zu stimmen. Wie seine Mutter auch, ist er ständig kontrollierend hinter ihr her. Wo geht sie hin? Was macht sie da? Wann kommt sie wieder zurück? Anfangs hat Gülay sein Verhalten nicht so befremdlich gefunden, denn schon als Kind war er so. Als er etwa acht Jahre alt war, machte er einen Riesenkrach, weil ein Schulfreund es gewagt hatte, Gülay zu küssen. Er hängt sehr an ihr und drückt das nun einmal auf diese Art und Weise aus. Aber jetzt fängt sein Verhalten an, sie zu nerven. Sie sind doch keine Kinder mehr. Aber Cem ist in dieser Beziehung wohl zurückgeblieben. Wenn sie zum Beispiel etwas verspätet nach Hause kommt, schmollt er den ganzen Abend. Ist das zu fassen?

Scham

Dann passiert etwas, das für eine Zeit einen Keil zwischen Gülay und Cem treibt. Wochenlang spricht sie nicht mit ihm.

Abends, wenn die Familie beisammen sitzt, erzählt ja jeder alles. Und da erzählt Gülay einmal, einfach nur so, von einem marokkanischen Jungen, den sie im Sprachkurs kennengelernt hat und der an ihr Interesse zeigt und ihr auf mit Blumen und Herzen bemalten glitzernden Karten Gedichte geschrieben hat. Alle lachen darüber. Ein oder zweimal, als Cem Gülay von der Uni abholt, möchte er unbedingt diesen Marokkaner sehen. Aber es ergibt sich einfach nicht.

Nach einem Jahr schließt Gülay das Studienkolleg erfolgreich ab. Ihre Schwester, Cem und Edibe holen sie nach dem Abschlusstest von der Universität ab. Cem hält einen großen Strauß Blumen in der Hand. Sie wollen gemeinsam irgendwo hingehen und Gülays Erfolg feiern. Alle Studenten, die die Prüfung bestanden haben, kommen mit Freude aus dem Gebäude heraus. Cem fragt Gülay nach dem Marokkaner. Sie zeigt auf einen sympathischen dunklen jungen Mann mit lockigen

Haaren. Und in dem Moment passiert etwas, womit keiner gerechnet hat. Cem drückt den Blumenstrauß Gülay in die Hand, rennt zu dem marokkanischen Jungen und packt ihn am Kragen. Er schreit ihn lauthals an und setzt ihm zu. Der Marokkaner versteht gar nicht was los ist. Da gehen die anderen dazwischen und befreien ihn mit Mühe und Not von Cem. Mit blutrot unterlaufenen Augen und zerzausten Haaren verschwindet der Junge sofort ...

Gülay denkt weder an die Feier, noch an die Blumen ... Es ist als ob unsichtbare Hände sie würgten ... Sie weint ununterbrochen ... Sie fühlt sich sehr, sehr schlecht. Sie schämt sich so, denn sie denkt, sie werde an der Uni niemandem mehr in die Augen schauen können. Tagelang schließt sie sich in ihr Zimmer ein, redet mit niemandem ... Was sie am meisten trifft, ist das offensichtliche Komplott, das Cem mit seiner Mutter und seiner Schwester gegen sie geschmiedet hat. Dadurch fühlt sie sich wie in einer Falle. Cem hätte sich nie im Leben getraut, so etwas zu machen, wenn seine Mutter ihn nicht dazu ermutigt hätte. Und mit dem Marokkaner war doch noch nicht einmal etwas. Nachdem Gülay sich ein bisschen gefasst hat, schreibt sie dem Jungen auf Englisch einen langen Entschuldigungsbrief.

Gefesselt durch Liebe

Dieses Ereignis stellt einen Wendepunkt in Gülays Leben dar. Jetzt nimmt sie verstärkt wahr, dass sie tatsächlich in eine Falle geraten ist. Dass ihre Schwester sie verhätschelt, dass Edibe sich so affektiert benimmt und dass sie und Cem nicht mehr miteinander sprechen – all das stört sie immer mehr.

Es ist an der Zeit, wieder ihren Rucksack zu nehmen und abzuziehen. Aber sie weiß, dass das nicht von heute auf morgen geschehen kann.

Ungefähr ein Jahr lang schaut Gülay zu, dass sie hier und dort arbeiten und so etwas Geld sparen kann. Daneben studiert sie an der Universität. In den Semesterferien im Sommer arbeitet sie mit ihrer Schwester zusammen in einer Verpackungsfabrik. An diese mechanische Arbeit in der Fabrik und an die dort herrschende bedrückende Atmosphäre erinnert sie sich wie an einen Albtraum. Dann arbeitet sie noch beim Paketservice der Post und räumt Regale in einem Supermarkt ein. Diese Jobs sind anstrengend und kräftezehrend. Die Zeit vergeht wie nichts. Jedesmal wenn sie nach Hause kommt, ist sie mit ihren Kräften fast am Ende und völlig lustlos. Jetzt versteht sie, warum sich der Rest der Familie so gern die stumpfsinnigen Fernsehsendungen anschaut. Gülay aber nimmt ihre gesamte Kraft und Selbstdisziplin zusammen, damit sie die Zeit, in der sie nicht arbeitet, für ihr Studium nutzen kann. Es ist nicht einfach, in einer fremden Sprache zu studieren. Um Erfolg zu haben, muss sie zehnmal mehr lernen als die anderen.

Mit der Zeit fühlt sie sich zuhause etwas wohler. Ihre Freunde aus der Universität kommen und gehen bei ihr aus und ein, ohne dass es Probleme gibt. Gülay weiß aber, dass dies einen Teil der Kontrolle ausmacht. Ihre Schwester will schließlich wissen, mit wem sie sich trifft. Cem, der seinen Fehler längst eingesehen hat, strengt sich besonders an, nichts zu machen, was Gülay verärgern könnte.

Nachdem sie in den ersten Jahren ihrer Studienzeit verschiedene Jobs ausprobiert hat, entscheidet sie sich schließlich fürs Kellnern. Das gefällt ihr insofern, als es abwechslungsreich und spannend ist. „Ich bin ja in einem Haushalt aufgewachsen, in dem es immer Gäste gab, und Kellnern ist ganz ähnlich. Es ist, als wäre ich die Hausherrin, die ihre verschiedenen Gäste bewirtet, die kommen und gehen. Auch wenn es anstrengend ist, ist es ein Job, der mir Spaß macht."

Seit einiger Zeit hat sie sich um ein Zimmer im Studentenwohnheim bemüht. Nach Monaten kommt dann endlich die ersehnte Zusage. Sie hat jetzt ein wenig Geld gespart und außerdem hat sie einen festen Freundeskreis, der sie unterstützen kann. Sie kann sich jetzt ein eigenes Leben aufbauen. Aber die umstrickende Warmherzigkeit ihrer Schwester und das rührende Bemühen von Cem, ihr alles recht zu machen, gehen ihr so nahe, dass sie es nicht übers Herz bringt auszusprechen, dass sie ausziehen möchte.

Mit sich selbst ausgefochtene Kämpfe, schlaflose Nächte, Sorgen,

Krisen, Schuldgefühle ... Schließlich verpasst sie wohlwissend die erste Gelegenheit, die sich ihr bietet. Rückblickend weiß sie, dass gerade durch Zuwendung und Liebe der schlimmste Druck entstehen kann. Liebe engt einen ganz fest ein, umzingelt einen, nimmt einem die Luft zum Atmen ...

Gülays Truhe

Eines Tages wird Gülay klar, dass sie so, wie sie einen Rucksack hat, den sie immer bei sich trägt, auch eine Truhe haben muss, die allein ihr gehört. In ihrem Rucksack, stecken Freundlichkeit, Aufmerksamkeit, Offenheit, Neugier und viel, viel Freiheitsbedürfnis. Und in ihrer Truhe muss sie eben all jene wertvollen Sachen aufbewahren können, die sie nicht jeden Moment bei sich tragen kann. Alles was für sie von bleibender Bedeutung ist, was sie grundsätzlich respektiert und liebt und woran sie glaubt, muss da rein. Wenn ihr das gelingt, kann sie vielleicht ihren inneren Kampf überwinden.
Eines Tages nimmt sie ihren ganzen Mut zusammen und öffnet die Truhe. Alles Modrige und Muffige darin zieht sie heraus, die kollektiven Gewohnheiten, die lähmenden Traditionen, die ständige ängstliche Sorgendarum, was sich schickt und was nicht, und wirft das alles einfach weg. Sie lüftet die Truhe ausgiebig, schrubbt sie ab und macht sie blitzblank. Dann legt sie viel Zärtlichkeit, Freundschaft, Liebe, Zuversicht hinein. Da ist sie jetzt, ihre eigene neue Truhe, ihr wertvollster Besitz, der sie ihr Leben lang begleiten wird. Jetzt gewinnt sie Selbstvertrauen. Jetzt fühlt sie sich stark. Jetzt kann sie mit ihrer Schwester und mit Cem sprechen.
Genau zu dieser Zeit bekommt sie eine Lungenentzündung. Nachdem sie lange mit hohem Fieber im Bett gelegen hat, wird sie für drei Monate zur Kur geschickt. Dort bekommt sie das erste Mal in ihrem Leben die Möglichkeit, die Deutschen näher kennenzulernen. Das erste Mal knüpft sie Freundschaft mit einigen von ihnen. Mit der alten Dame, die sich mit Gülay ein Zimmer teilt, und mit ihrer sympathi-

schen jungen Ärztin beginnt dort eine viele Jahre dauernde Freundschaft.
Drei Monate ist sie entfernt von ihrer Familie und das erleichtert ihr ungemein die Entscheidung auszuziehen.

Freiheit

Was ihr diesen Auszug dennoch schwer macht, ist, dass er ihre Schwester sehr verletzt. Sie ist fassungslos. Hat sie Gülay nicht behütet wie ihren Augapfel? Hat sie nicht alles getan, was sie wollte? Irgendetwas hat sie wohl falsch gemacht, aber was, wie, warum?
Gülay versucht es ihr zu erklären, aber die Schwester versteht es nicht und weint ständig. Edibe kann es natürlich nicht lassen und lästert ständig über Gülay . Nie wird Gülay es vergessen können, wie Cem sie mit ihren zwei Koffern zum Wohnheim fährt. Wie er die Koffer vor der Türschwelle absetzt, sie fest umarmt, seine Tränen ...
Als sie ihre neue Bleibe im Studentenwohnheim bezieht, besitzt Gülay nichts außer einigen Kleidungsstücken und Büchern. Ihre Freunde tragen Bettwäsche, Handtücher und ähnliches zusammen, hängen bunte Poster an die Wände, stellen Blumen auf den Schreibtisch. Außerdem bringen sie noch eine große Schwarzwälder Kirschtorte, auf der Kerzen brennen, und eine große Flasche Sekt mit der Aufschrift „Herzlich willkommen in deinem neuen Leben" ...
„Ich werde nie vergessen, was ich in diesem Moment gefühlt habe" sagt Gülay. „Ich war traurig, weil ich meine Familie verletzt hatte. Gleichzeitig fühlte ich mich unglaublich erleichtert. Es war, als würde die Welt mir gehören. Als hätte ich alle Sorgen und alles Leid hinter mir gelassen. Dieses Gefühl war so stark, dass ich meine Traurigkeit vergaß und vor Freude wie in der Luft schwebte."
Aber so leicht ist es nicht, sich an die Freiheit zu gewöhnen. Nachts schreckt sie von Albträumen auf. Wie, wenn Cem plötzlich an ihre Tür hämmert und sie zurückholen will?. Aber niemand von der Familie

kommt. Sie trifft monatelang keinen ihrer Angehörigen. Die ganze Familie gibt sich offenbar so gekränkt, dass sie Gülay noch nicht einmal sehen will. Ihre Schwester wird ihr wohl schon darum nicht so bald verzeihen, weil Edibe ihre Mutter bestimmt gegen sie aufhetzen dürfte.

Als Gülay einige Monate später wieder krank wird, taucht Cem mit einem Blumenstrauß und Kölnischwasser mit Lavendel auf. Er habe durch Freunde von ihrer Krankheit gehört und sich Sorgen gemacht. Er habe nachfragen wollen, ob sie etwas braucht. Aber keiner aus der Familie dürfe erfahren, dass er hierher gekommen sei.

Gülay spricht sehr liebevoll über Cem. Wer weiß, vielleicht findet er bei ihr die Liebe und Nähe, die er von seiner Schwester Edibe nicht bekommt. Die Zeit heilt viele Wunden. Heute hat sich Cem als Ingenieur ein eigenes Leben aufgebaut. Er hat ein sehr nettes Mädchen geheiratet, und sie haben zwei niedliche Kinder. Aber auch für ihn war es nicht leicht, sich von dem Joch seiner Mutter zu befreien, denn das Großfamilienmodell aus Adapazarı will seiner Mutter einfach nicht aus dem Kopf. Entweder versteht sie nicht, dass sich dieses Modell nicht mit der modernen Lebensweise vereinbaren lässt, oder sie will es nicht verstehen.

Mit der Zeit hat sich Gülay jedoch auch mit ihr wieder versöhnt. Heute akzeptieren sie einander so, wie sie sind, und geben sich Mühe, den anderen nicht zu verletzen. Was Edibe angeht, so hat Gülay sie aus ihrem Leben einfach gestrichen. Sie weiß weder, was Edibe macht, noch will sie es wissen.

Die Andere sein

Die Deutschen halten Gülay oft für eine Französin. Wenn sie hören, dass sie aus der Türkei kommt, sind sie dann sehr überrascht: „Du bist ganz anders als die Türken, die wir kennen." - „Du wirkst gar nicht wie eine Türkin." Erst einmal gefallen Gülay solche Kommentare. Sie ist also anders als die anderen Türken, das bedeutet: sie ist etwas

Besonderes.
Aber je öfter sie so etwas zu hören bekommt, desto mehr stört sie sich daran. Was heißt denn: Du bist nicht wie die anderen Türken? Wie wirkt denn eine Türkin? Was für ein Bild haben die denn von Türken im Kopf? Und woher haben sie es?
Nach einer Weile kann sie Derartiges einfach nicht mehr hören. Die allgemeine Aussagen, die über Türken gemacht werden, fangen an, sie zu nerven. Vor allem Sprüche, die sie in ihrer Heimat nie gehört hat, wie zum Beispiel „Du bist doch Türkin, warum trägst du dann kein Kopftuch?" oder „Warum fastest du denn nicht im Ramadan?", sind entsetzlich. Wie viele Vorurteile die meisten Menschen doch haben und wie eindimensional ihr Blick ist! Sie leben zwar seit vierzig Jahren mit Türken zusammen, aber sie wissen gar nichts über sie.
Gülay und ich haben zwei gemeinsame Freunde, die wir sehr mögen: Ayşegül und Can. Wie Gülay sind die beiden zum Studieren nach Deutschland gekommen. Auch sie haben sich hier mit viel Mühe ein neues Leben aufgebaut. Aber im Unterschied zu ihr haben Ayşegül und Can sehr viel mehr mit Deutschen zu tun und stehen auch in besseren Beziehungen zu ihnen. Mit ihren deutschen Nachbarn z. B. verstehen sie sich bestens. Und zwar so gut, dass niemand von ihnen meckert, wenn Ayşegül und Can gelegentlich mal eine Party bei sich geben und die Musik dabei etwas lauter wird. Es gibt kaum einen Nachbarn, der sich nicht freut, wenn er sie trifft, der sie nicht grüßt oder sich nicht gern und lange mit ihnen unterhält. Diese Offenheit und Freundlichkeit der Deutschen verdanken sie allein – Kasper.
„Nachdem Kasper in unser Leben gekommen ist, haben uns die Nachbarn mit anderen Augen gesehen," sagt Ayşegül. „Das wir uns dieser Gesellschaft anpassen konnten und dass wir niemanden befremden, verdanken wir ja nur unserem Hund Kasper." Einmal jedoch habe eine Frau Ayşegül angefaucht, weil Kasper in dem strömenden Regen klatschnass geworden war. Dass aber Ayşegül selber noch nasser war als ihr Hund, hat die Frau gar nicht wahrgenommern. Ist solche Art von Tierliebe nicht etwas merkwürdig?

Gülay hat zwar keinen Hund hat, trotzdem gehört sie zu den wenigen Menschen, die es leicht schaffen, bei anderen das erste Gefühl der Fremdheit zu überwinden, die Wand zu durchbrechen. Aber manchmal fragt sie sich, warum immer sie diejenige sein muss, die sich darum bemüht, während der andere, der oder die Deutsche, dafür nicht einmal den kleinen Finger rührt.

Heute hat Gülay viele türkische und deutsche Bekannte. Ihr Freund und Lebenspartner Peter ist Arzt. Merkwürdig an dieser Beziehung aber ist, dass die beiden so grundverschieden sind. Peter interessiert sich weder für den Rucksack von Gülay, noch für ihre Truhe. Er ist so weit entfernt von der Welt, die sie sich mit größter Not und Mühe aufgebaut hat, von ihrer eigenen, einzigartigen Welt. Jeder der beiden lebt in seiner eigenen Welt und mischt sich nicht in die des anderen ein. So sind sie einander sowohl sehr fern, als auch sehr nahe. Wer weiß, vielleicht braucht Gülay gerade in einer so engen Beziehung eine solche Entfernung. Vielleicht will sie nicht das Risiko eingehen, dass in ihrem mit viel Mühe erkämpften eigenen Lebensraum das endlich gefundene Gleichgewicht irgendwie gestört werden könnte.

Verschiedene Welten

An ihrer Tätigkeit in der Sozialarbeit macht Gülay am meisten Spaß, Migranten oder Flüchtlingen, die von Afrika bis nach Indien, von überallher kommen, bei der Integration zu helfen. Das ist gar nicht so leicht, denn die meisten von ihnen können nicht einmal lesen und schreiben, viele sind fast fanatisch religiös.. So hat sie mit ihnen rund um die Uhr viel zu tun.

„Es ist so spannend, die Welten dieser Menschen zu entdecken, die ja von Somalia bis Brasilien aus den verschiedensten Ländern kommen, " sagt sie. „Sie bringen Fotos von ihrer Heimat, ihren Familien und Kindern mit und erzählen dann halb auf Deutsch, halb mit Händen und Füßen, manchmal sogar tanzend oder singend von ihrem Leben."

In Gülays Kurs lernt man nicht nur Lesen und Schreiben, man tanzt auch, macht Musik, kocht Essen aus den verschiedensten Ländern und lacht sehr viel. Es herrscht immer eine warme und freudige Atmosphäre. Sogar ein islamisch-fundamentalistischer Türke aus der Gruppe, der sich anfangs zierte, Gülay die Hand zu geben, überwindet das schließlich und redet nun auch ganz ungezwungen mit ihr.

Selbstfindung

Die meisten Menschen, die aus der Türkei nach Deutschland emigrieren, fallen, wenn sie hier angekommen sind, erst einmal in ein tiefes Loch. Verlorenheit und Einsamkeit können einen von innen auffressen wie eine immer schlimmer werdende Krankheit.
Gülay aber ist nie in ein solches Loch gefallen. Ganz im Gegenteil, sie sagt sogar, dass sie sich eigentlich erst in Deutschland gefunden hat. „In meiner ganzen Kindheit konnte ich ja nie für mich allein sein, immer waren andere da."
Wie aber kann sie für sich selbst leben, statt für die anderen? Wie wird sie ihren eigenen Weg ganz finden und weitergehen? Zweifellos war es der erste große Schritt, aus der Provinz wegzuziehen. Aber nachdem sie einmal ihren Mut zusammengenommen und diesen Schritt gemacht hatte, trat sie bei ihrem Onkel lange Zeit auf der Stelle. Erst als sie auch von ihm weggegangen war, hat ihre wirkliche Reise angefangen. Den Geschmack der Freiheit hat sie erst seitdem kennengelernt.
Rückblickend denkt sie jedoch, dass ihre Freiheit in Istanbul und Ankara nur eine Teilfreiheit gewesen ist. Wenn man einen Vogel lange in einem Käfig hält, dann wird er, wenn man die Käfigtür offen lässt, nicht sofort wegfliegen können. Die frische Luft, die aus der offenen Tür hereinwehte, tief einzuatmen, war zwar ein schönes Gefühl, aber noch keine Freiheit. Damals war Gülay noch sehr weit davon entfernt, ihre eigene Welt mit ihren eigenen Werten aufzubauen. Damals wusste sie noch überhaupt keine Antworten auf Fragen wie „Wer bin ich?", „Was will ich machen?", „Was sind meine Möglichkeiten?" oder „Was für eine Art von Leben möchte ich haben?" Erst nach dem großen

Schritt wieder zurück, unter die lähmende Obhut ihrer Schwester in Deutschland, hat sie dann endlich die Kraft aufbringen können, die Tür ihres Käfigs aufzubrechen. Jetzt fliegt sie, ganz für sich, ihre eigene Bahn ... Jetzt weiß sie, welchen Weg sie gehen wird, was sie machen will, was sie alles schaffen kann und wo ihre Grenzen liegen.

Gülay betont, dass ihr bei ihrem Selbstfindungsprozess das Studium sehr geholfen hat. So lernte und übte sie kommunikative Fähigkeiten: Übersetzen, Schreiben, Vermitteln. „Mein Türkischstudium hatte ich erst als eine Art Hobby angesehen," sagt sie, „weil ich so gern lese und schreibe. Aber dann habe ich die Entdeckung gemacht, dass dies alles eine fast existentielle Bedeutung für mich hat. Mit jedem Buch, das ich gelesen, jedem Theaterstück, das ich gesehen habe, gingen mir ganz neue Türen auf ..."

In ihren Rucksack, hat sie schon jetzt eine erstaunlich große Welt eingepackt. In einem Gedicht hat sie dazu Folgendes geschrieben:

Wenn du weggehst

Pack Gedichte und Lieder in deinen Rucksack,
damit sich überall Verse und Noten verbreiten, wenn du ihn aufmachst.
Pack Frieden und Freiheit in deinen Rucksack,
damit die Waffen endlich schweigen,
damit Fesseln, Unterdrückung und Gewalt ein Ende haben.
Pack Liebe und Freundschaft in deinen Rucksack,
damit sich Menschen nicht mit Hass sondern mit Liebe begegnen.
Pack nicht Trauer in deinen Rucksack, sondern Hoffnung,
damit Pandoras Schöpfer eine Lehre erteilt wird.
Und die Sonne, vergiss nicht, auch die Sonne in den Rucksack zu packen,
damit die Orte an die du gehst immer hell beleuchtet sind.
Pack Schönheit, Glückseligkeit und Erinnerungen ein,
damit sie dich stets begleiten mögen.

Ali - Von der Dunkelheit der Höhle

Zur Helligkeit des Lebens

„Im Fass seines Ich birgt ein jeder hier sich,
Taucht in seines Ich Gärung bis auf den Grund,
Schließt zu sich hermetisch mit seines Ich Spund
Und dichtet das Holz im Brunnen seines Ich.
Keiner hat Tränen für der andern Wehen."
(Henrik Ibsen, Peer Gynt)

„Ein Mensch ohne Heimat ist wie ein Adler ohne Flügel."
(ein kurdisches Sprichwort)

Das grausame Gesicht der Gewalt

„Rede, du Arsch, rede endlich!"
„Wir wissen schon, wie wir dich zum Reden bringen!"
Der Mann ist mit Füßen und Händen ganz fest an den Stuhl gefesselt. Er hat nur eine Unterhose an, voller vertrockneter Blutflecken, teilweise gerissen und mit schmutzigen Rändern. Seine Beine und Arme sind voller Wunden.
„Du wirst gleich alles auspacken!"
Zwei dunkle Männer stehen neben ihm. Der eine mit dem Schnurbart schließt die Stromkabel an.
„So, jetzt wirst du reden."

Und in dem Moment, in dem Strom durch die Kabel fließt, ist ein schallender, herzzerreißender Schrei zu hören…
Das Gesicht des Mannes verzerrt sich vor Schmerzen. Große Schweißperlen sammeln sich auf seiner Stirn.
Die Kinder schmiegen sich ganz eng aneinander. Alis Herz pocht sehr laut … Neben ihm hört er das Schluchzen seiner Schwester.
Um sie herum herrscht eine tiefe Stille. Alle beobachten die Szene mit immer weiter aufgerissenen Augen.
Niemand bewegt sich … Niemand sagt „Stopp!", niemand …
Ein Schrei, dann noch ein Schrei…
Der Mann auf dem Stuhl zuckt heftig vor Schmerzen. Es sieht aus, als ob er seine Fesseln zerreißen und davon fliegen würde.
Überall ist es still … Niemand bewegt sich….Man hört nur ganz leises Schluchzen und Weinen ….
Nach dem vierten Schrei packt Ali seine Schwester und sie rennen los. Sie schauen weder rechts noch links, rennen nur wie verrückt…
„Das Schlimmste war, dass niemand etwas gesagt hat" sagt Ali. „Alle waren wie gelähmt."
Zu Hause reden sie tagelang nicht von diesem Vorfall. Hatte denn ihre Mutter sie nicht gewarnt, sie sollten sich nicht herumtreiben? Auch untereinander reden sie nicht davon. Ali will es vergessen. Tage oder vielleicht auch Wochen vergehen. Immer noch reden alle über eine politische Theatergruppe, die in ihre Gegend gekommen ist: ein Zelttheater. Ali weiß, was das Wort „politisch" bedeutet. Seine Mutter und sein Vater sind in einer politischen Widerstandsbewegung. Politischer Widerstand bedeutet, gegen die Ungerechtigkeit zu kämpfen.
Aber Theater? Was ist denn ein Theater? Ihre Mutter erklärt es ihnen, auch die schreckliche Szene, die sie beobachtet haben. Aber Ali mag ihr nicht glauben. Hat er denn diesen gequälten Mann nicht mit eigenen Augen gesehen? War das denn nicht echt? Es kann ja auch sein, dass ihre Mutter sie belügt, um sie zu beruhigen. Ali kann sich von dem Einfluss der Szene nicht befreien.

Zwischen Traum und Wirklichkeit

Als Ali, der in der Gewaltkultur eines Slums in der Türkei aufwuchs und erst mit fünfzehn Jahren nach Deutschland kam, mir von diesem kleinen Theatererlebnis erzählte, war ich zutiefst beeindruckt. Wir sprechen über die manchmal hauchdünne Grenze zwischen Traum und Wirklichkeit. Während er noch nach Jahren den Schock in seinen Knochen spürt, den das Theaterstück in ihm ausgelöst hatte, hat sich die Erinnerung an die Gewalt, die er im Slum erlebt hatte, in Nebel aufgelöst. Dies überrascht ihn sehr.

Er hat diese Gewalt schon sehr früh kennengelernt. Als im Istanbuler Armenvorort Ümraniye eines Nachts plötzlich riesige Bulldozer und bewaffnete Männer auftauchten und ihr gecekondu*), ihr über Nacht erbautes Haus, zerstörten[1]. Verschwommen erinnert er sich an einige Szenen…An Menschen, die hin und her rennen… An Rufe... An Schreie… An den Widerstand gegen die Zerstörung der gecekondu. An die Geräusche der Gewehrkugeln, die durch die Luft jagen…Zerstörte Häuser… Verwundete…Tote… Daran, wie seine Mutter ihn ganz fest hält und sein Gesicht an ihre Brust drückt…Damit er diese Gewalt nicht sieht…Damit er sich später nicht daran erinnert…Schreckliche alptraumartige Bilderfetzen, die aus einem Erinnerungsloch aufsteigen..

Wie greifbar und echt war das Theaterstück, das er mit seiner Schwester gesehen hatte. Die Wirklichkeit hingegen erscheint wie ein Traum, als hätte niemand auf sie geschossen, als hätte niemand ihr Haus zerstört …

Waren denn die Ruinen, die in der Morgendämmerung von ihrem Haus übrig blieben, nicht echt? Und die Verwundeten, die Toten, die da lagen, umgeben von Staub und Rauch?

---

*) Gecekondu wörtlich übersetzt ‚Nacht gebaut'. Gecekondus sind über Nacht gebaute illegale Barackenhäuser in den Slumgegenden von Grossstädtten.

„Das Gedächtnis," sage ich, „ist wirklich seltsam, fegt einfach sehr viel weg. Und dann plötzlich, völlig unerwartet, taucht etwas wieder auf."
„Alles ist wie ein Traum," sagt Ali.

Die Höhlenmetapher

Ali stammt aus einer alevitischen Familie kurdischer Herkunft, die aus einem Dorf im Bezirk Malatya floh und als Asylanten nach Deutschland kam. Die Migration, das Verlassen der Heimat und den Umzug in ein neues Lebensgebiet, hat er zweimal durchgemacht. Zweimal musste er alles zurücklassen und ganz von vorne anfangen. Das erste Mal mit fünf Jahren, als sie vom Dorf in die Stadt zogen und das zweite Mal mit fünfzehn, als sie nach Deutschland gingen. Als sie in Ümraniye versuchten, sich ein neues Leben aufzubauen, konnte er nur Kurdisch, aber noch kein Wort Türkisch, und als sie nach Deutschland kamen, noch kein Wort deutsch. Mit jedem Umzug eine neue Sprache, neue Freunde und ein neues Umfeld, neue Hoffnungen …
„Der Gedanke daran, dass wir eines Tages irgendwo Wurzeln schlagen könnten, gab uns viel Mut" erzählt er. „Und endlich haben wir es geschafft."
Nachdem sie in Ümraniye unter unzumutbaren Bedingungen gelitten und in Deutschland jahrelang als Asylanten gelebt haben, ohne zu wissen wie ihre Zukunft aussehen wird, erhalten sie endlich das Recht auf die deutsche Staatsbürgerschaft. Sie haben auch zum ersten Mal eine Vierzimmerwohnung. In ihr wohnt Ali zusammen mit seinem Vater, seiner Mutter und seinen Schwestern.
„Da wir seit Jahren daran gewöhnt waren, in sehr kleinen Wohnungen alle zusammen auf einem Fleck zu leben, kam uns diese Wohnung zunächst wie ein Palast vor. Wenn einer sich in einem Zimmer aufhielt, kamen die anderen gleich dazu. Wir sammelten uns wieder alle in einem engen Zimmer. Wir waren es einfach nicht gewohnt, voneinander getrennt zu leben!"

Als ich Ali an der Universität kennenlernte, fielen mir seine großen Augen auf, die im Widerspruch zu seinem stillen und zurückhaltenden Wesen standen. Augen, die nicht nach innen, sondern nach außen schauen. Lebendige Augen, die freundlich und aufgeschlossen in die Welt blicken. Und tatsächlich hat er eine Menge Freunde, Deutsche und Türken gleichermaßen. Aber trotz seiner Offenheit für die Menschen, ist bei ihm auch eine leichte Distanz ihnen gegenüber zu spüren. Aus diesem Grund war ich nicht sehr überrascht, als er in unserem Workshop zum autobiografischen Schreiben sich selber mit der Höhlenmetapher beschrieb. Trotzdem fragte ich: „Warum die Höhle?"
„Es ist ein versteckter, dunkler Ort" sagte er. „Ein Ort, an dem niemand mich sehen kann. Aber die Tür steht ja jedem offen. Wer will, kann eintreten. Er kann sich mir öffnen. Ich bin ja ein sehr guter Zuhörer und Beobachter. Aber ich selber brauche unbedingt einen Ort, der nur mir gehört, wo ich mich zurückziehen kann. Das ist mir sehr wichtig."
Als ich Ali mit der Zeit nach und nach mehr kennenlernte, wurde mir klar, wie passend dieses Höhlenbild war, um ihn zu beschreiben.

Erste Migration

Alis Eltern, die jahrelang darum ringen mussten, sich ein menschenwürdiges Leben aufzubauen, waren so arm, dass sie in den ersten Jahren ihrer Ehe in einem Stall lebten. Damals war Alis Vater ein Ziegenhirte. Ihre erste Migration nach Istanbul brachte sehr harte Bedingungen mit sich. Ihr Ziel war es, sich in den Slums von Ümraniye ein kleines Haus zu bauen. Aber das war nicht leicht. Denn als sie eines Nachts mit viel Mühe das Haus gebaut hatten und gerade das Dach aufsetzen wollten, kamen die Bulldozer noch vor der Dämmerung und zerstörten es. Die Eltern verschuldeten sich und gaben ihr ganzes Hab und Gut her, um Materialien wie Ziegel, Mörtel und Putz für den Bau des Hauses zu kaufen. Verwandte, Freunde, Bekannte unterstützten sie dabei so gut sie konnten. Insgesamt dreimal wurde ihr Haus zerstört.

Angst, Enttäuschung, Hilflosigkeit, Wut ... Beim vierten Versuch jedoch schafften sie es, das Dach aufzusetzen, bevor die Bulldozer kamen. Am nächsten Tag ging der Vater sehr früh zum Katasteramt. Sie hatten es endlich geschafft. Sie konnten sich jetzt in Ümraniye ein neues Leben aufbauen.

Ein Ereignis beim Bau ihres Hauses bleibt unvergesslich: Alis Mutter gibt ihm Geld und schickt ihn zum Eisenwarenladen, um Nägel zu kaufen. Im Laden lässt Ali dann einfach eine Handvoll Nägel mitgehen und kommt stolz nach Hause. „Hier sind die Nägel und das Geld auch noch dazu" sagt er seiner Mutter fröhlich. Klatsch! Bevor er noch hat zu Ende reden können, bekommt er schon eine schallende Ohrfeige. Seine Mutter kocht vor Wut. Schließlich muss Ali die Nägel zum Eisenwarenladen zurückbringen und sich tausendmal entschuldigen.

Alis Vater findet als fahrender Gemüsehändler Arbeit in Ümraniye. Seine Mutter fängt an, in einer Weinfabrik zu arbeiten. Sie verdienen dennoch so wenig, dass sie kaum die Familie davon ernähren können. Unter diesen schweren Bedingungen verbringt Ali zehn Jahre seines Lebens in Ümraniye. Unabhängig davon, ob es regnet oder nicht, läuft er jeden Tag stundenlang zur Schule hin und zurück. Er findet dort neue Freunde. Ali mag seine Freunde sehr, sie spielen zusammen Ball und trödeln herum. Sie verbringen gemeinsam sehr viel Zeit auch außerhalb der Schule. So gefällt es ihm überhaupt nicht, wenn er in den Sommerferien und manchmal auch im Winter über Sylvester mit seiner Schwester in ihr Heimatdorf geschickt wird. In Gedanken bleibt er dann bei seinen Freunden in Ümraniye. Wie schön wäre es, mit ihnen jetzt Fußball zu spielen, statt sich in diesem Kaff mit harter Arbeit abzuplagen! Den Tag beginnt er dort in aller Frühe, indem er die Hühner füttert. Dann muss er mit den anderen Kindern zusammen eimerweise Wasser vom Brunnen herbeischleppen. Tagsüber muss er entweder zusammen mit seinem Onkel die Ziegen hüten oder mit einem großen Sack in der Hand Mist sammeln. Eigentlich verrichtet er diese Arbeiten nicht ungern. Wenn nur nicht diese riesengroße Angst vor seinem Onkel nicht wäre. Denn wenn der Onkel sich ärgert, knallt er ihm immer gleich eine. Eines Abends schickt er ihn auf die Hügel, um die Ziegen einzeln zusammenzutreiben, obwohl Ali große Angst vor der Dunkelheit hat. Ali muss dann im Dunkeln stundenlang durch Himbeersträucher und Disteln laufen und kommt mit zerkratzten Knien nach Hause.

Alis Verwandter, den er heute immer noch Onkel nennt, ist nur zwei Jahre älter als er. Als z.B. Ali sechs war, war dieser auch erst acht. So ein kräftiger, kleiner Tyrann, der noch dazu heimlich raucht. Und Ali soll das mitmachen, damit er nicht etwa auf die Idee kommt, ihn zu verpetzen. Ali mag nicht rauchen, er kriegt dabei keine Luft, muss räuspern und husten, so fleht er seinen Onkel an, ihn nicht dazu zu zwingen und schwört bei dem großen Allah, dass er niemandem auch nur ein bisschen davon verraten wird. Aber es nützt alles nichts. Der Onkel bleibt hart. Den ganzen Tag verbringen sie damit, die Kippen einzeln aufzusammeln, die aus den Bussen hinausgeworfen werden. Damit drehen sie sich dann ihre eigenen Zigaretten. Während der Onkel fünf Zigaretten hintereinander raucht, schafft Ali mit großer Mühe nur eine. Er muss aber haargenau das tun, was der Onkel von ihm verlangt.

Eine unvergesslich traurige Erinnerung aus dieser Zeit: In einem Winter sind sie wieder im Dorf zu Besuch. Ali hasst es, im Winter in dieses Kaff zu fahren. Das ganze Dorf ist eingeschneit, die Häuser können nicht richtig geheizt werden und die Kinder werden ständig krank. Ali hat noch nicht einmal eine richtige Jacke wie die anderen Kinder im Dorf. Alle haben Schnupfen und Bronchitis. Die Ernährungsbedingungen sind auch sehr schlecht. Da sein Vater in Ümraniye als Gemüsehändler arbeitet, bekommen sie dort immerhin ein bisschen frisches Gemüse und Obst zu essen. Im Dorf gibt es dagegen nur Weizengrütze, und manchmal auch Brot mit Kräuterkäse. Um sich aufzuwärmen, müssen sie ständig Tee mit ganz wenig Zucker trinken. Ali hat hier richtig Heimweh. Er vermisst die gewundenen und dreckigen Straßen von Ümraniye in denen er mit seinen Freunden herumtollen kann, und ihr recht und schlecht gebautes Haus so sehr ... Am meisten aber vermisst er natürlich seine Mutter.

Sobald die Sonne aufgeht, stürmen die Kinder auf die Straße. Dann vergisst Ali wie alle anderen Kinder auf einmal alle Probleme des Dorfwinters. Überall strahlt die Sonne. Wo sie auf den Schnee trifft, strahlen die Fenster der Häuser so sehr, dass man davon geblendet wird. Der Schnee deckt wie eine seidenweiße, sanfte Decke die Armut und das Elend im Dorf zu. Eines der Lieblingsspiele Alis ist es, auf den großen vereisten Wasserpfützen zu rutschen. Mit seiner Schwester zusammen machen sie aus einer kaputten Pfanne ohne Boden einen Schlitten. So spielen sie stundenlang auf dem Eis und im Schnee.

An einem solchen sonnigen Wintertag, während Ali wieder zusammen mit seiner Schwester im Schnee herumspielt, ohne sich daran zu stören, das ihm die zu großen Plastikstiefel ständig von den Füßen rutschen, geht ein alter Mann aus dem Dorf vorüber. Er sieht die Kinder freundlich an. Der ist wohl sehr alt und weise, also weiß er vielleicht ja auch, ob ihre Mutter bald kommt und sie wieder abholt... Wird er sich ärgern, wenn sie ihn fragen? Es ist doch nichts Falsches daran. Also fassen sie Mut und fragen ihn.

Der alte Mann bleibt stehen und schaut die Kinder sehr lange an. Dann antwortet er: „Eure Mutter wird kommen, wenn der Schnee schmilzt."
„Wann wird er denn schmelzen?"
„Woher soll ich das wissen? Das weiß nur der große Allah." Dann fängt er an zu lachen. „Esst doch ein wenig Schnee, esst doch. Wenn ihr ihn esst, wird er ja weniger."

Wenn es schneit, spielt Ali sehr gern „Schneeflockenfangen",. Dabei schließt er die Augen, öffnet den Mund und spürt die Schneeflocken auf seiner Zunge. An diesem Tag jedoch vergisst er dieses Spiel und isst haufenweise Schnee. Zwar liegt überall Schnee und es ist wohl unmöglich, alles aufzuessen. Aber vielleicht hilft es doch. Die beiden Geschwister machen einen Wettbewerb daraus. Mal schauen, wer mehr Schnee hinunterschlingen kann. Zum Schluss werden die beiden allerdings so krank, dass sie tagelang nicht aus dem Bett kriechen können.

Das Schlimmste an diesen langen Dorfbesuchen, bleibt für Ali die Trennung von seinen Freunden. Er hängt zu sehr an ihnen. So gefällt es ihm auch überhaupt nicht, als eines Tages seine Eltern auf die Idee kommen, nach Deutschland auszuwandern. Um keinen Preis will er seine Freunde und sein Umfeld aufgeben, alles nur für eine ungewisse Zukunft. Aber die Familie hat sich entschieden, auszuwandern. Vor allem seine Mutter ...

Über starke Frauen und Frauenrechte

Ali spricht von seiner Mutter mit Liebe und Bewunderung. Sie spielt zweifellos eine wichtige Rolle in seinem Leben. Obwohl sie nur bis zur fünften Klasse zur Schule gehen konnte, ist sie sehr wach und intelligent. Sie ist eine Frau, die weiß, was sie will. Zu Hause hat sie das Sagen, der Vater eher weniger. Vielleicht ist es gerade dieser positive Einfluss der Mutter auf Ali, der ihn von seinen türkischen Freunden so deutlich unterscheidet. Seine alevitische Herkunft spielt hier vermutlich auch eine entscheidende Rolle. Obwohl er in einer Gewaltkultur aufgewachsen ist, hasst er Gewalt zutiefst.
Die patriarchalischen Familienstrukturen haben bekanntermaßen einen sehr starken Einfluss auf Jugendliche mit Migrationshintergrund. Das ist vielleicht auch einer der Gründe dafür, warum sich für geschlechterspezifische Themen, die ich an der Universität öfters anbiete, mehr die Frauen interessieren, als die Männer. Die Männer haben die fixe Idee, der Feminismus verfechte die Überlegenheit der Frau, sei männerfeindlich und führe zu sexuellen Perversionen. Ali denkt da ganz anders. „Ich bin der Meinung, dass viele meiner Freunde bei diesem Thema nicht ehrlich sind. Manche sagen nicht mal offen, was sie wirklich denken. Und untereinander reden sie anders darüber als mit Ihnen. Das ist übrigens fast bei allen Themen so, aber in den Sitzungen über geschlechterspezifische Fragen fiel mir das besonders auf."
Eigentlich ist die Verhaltensweise von Alis türkischen Freunden nicht besonders überraschend. Sehr viele von ihnen wachsen ja unter der Obhut einer Mutter auf, die nicht einmal lesen und schreiben kann, zu Hause wie eine Sklavin arbeitet und fast gar kein Mitspracherecht innerhalb der Familie hat. Den Mittelpunkt der Familie bilden die

Männer, also Väter und Söhne, besonders der erstgeborene Sohn, der der älteste Bruder, der Abi, ist und eine entsprechende Autorität hat. So haben die meisten jungen Männer aus Migrantenfamilien gar nichts gegen diese privilegierte Stellung innerhalb der Familie.

Als ich im Hochschulunterricht auf dieses Problem einging, hatte ich aus den frauenfeindlichen Texten Schopenhauers verblüffende Beispiele parat, um zu zeigen, dass geschlechtsspezifische Diskriminierung in jeder Gesellschaft und Epoche zu finden ist. Ich werde nie vergessen, wie einer der Studenten mich fragte, ob er in seinem Referat nicht die Thesen Schopenhauers zugrunde legen könne, um über die Genderthematik zu arbeiten. Einen Augenblick war ich richtig verblüfft, denn keineswegs wollte er sich lustig darüber machen, er hatte mich ganz naiv gefragt. Auch spekulierten die Studenten darüber, ob ich womöglich Feministin sei. Obwohl ich an ihren Gesichtern ablesen konnte, dass Feminismus für sie etwas ganz Negatives war, sagte ich unbekümmert, nicht nur ich, sondern auch mein Mann sei feministisch, denn wir beide seien für Gleichberechtigung. Da brach ein Gelächter aus. Der einzige, der nicht lachte, war Ali. Ein Student warnte mich ein paar Tage später ganz zaghaft, ich sollte doch so etwas wie „Mein Mann ist Feminist" nicht mehr sagen, denn das bedeute so viel wie „Mein Mann ist schwul".

Diese Beobachtungen und Erfahrungen brachten mich dazu, dass ich den geschlechterspezifischen Themen und Problemen immer beharrlicher nachging. Mit der Zeit gelang es mir einerseits, mit theoretischen Schriften eine Denkbasis zu schaffen, andererseits, dieses Thema auch in meinen Kursen über kreatives Schreiben oder in meinen Theaterworkshops praxisorientiert zu behandeln. Mein Bemühen hat innerhalb kürzester Zeit gefruchtet. Das Interesse an diesem Thema wuchs immer mehr und es folgten viele interessante Arbeiten und Untersuchungen der meist weiblichen Studenten.

Zu den wenigen männlichen Studenten, die sich für dieses Problemfeld interessierten, gehörte Ali. „Obwohl ich so viele Schwestern habe, habe ich vorher nie darüber nachgedacht", sagt er. „Je mehr ich mich mit damit auseinandersetzte, desto mehr änderte ich mich. Ich begann mich in die Lage meiner Schwestern zu versetzen. Zu Beginn war das mehr oder weniger nur ein Spiel. Wie würde mein Leben aussehen, wenn ich anstelle einer meiner Schwestern wäre? So begriff ich langsam, dass ich als Junge privilegiert war. Eigentlich ist meine Familie liberal. Meine Schwestern werden nicht unterdrückt. Trotzdem gibt es einen sehr großen Rollenunterschied zwischen ihnen und mir. Ich unterhalte mich sehr oft auch mit meiner Freundin über dieses Thema. Obwohl sie sehr streng erzogen worden ist, hat sie aus der Rolle hinauswachsen können, die ihr ursprünglich zugeteilt war. Sie steht auf ihren eigenen Beinen. Aber es war alles andere als leicht für sie, diesen Weg zu gehen. Sie musste viele Hindernisse aus dem Weg räumen. Das verdankt sie nur ihrer starken Willenskraft. Viele Mädchen schaffen dies nicht. Sie akzeptieren die Rolle, die ihnen zugeteilt wird, obwohl sie es eigentlich gar nicht möchten. Auch wenn viele von ihnen die Werte ihrer Eltern hinterfragen und kritisieren, wagen sie es nicht, einen Schritt weiterzugehen und sich von ihnen zu emanzipieren."

Ali denkt, manche seiner Freunde haben so viel Angst vor starken, selbstständigen Frauen, weil sie eigentlich vor sich selbst Angst haben, ihnen eben das nötige Selbstvertrauen fehlt. Dies mag wohl ein Grund dafür sein, warum viele Männer die Werte und Muster der vorhergehenden Generationen verinnerlichen und es darum vorziehen, ein einfaches, ungebildetes Mädchen zu heiraten. Sie glauben, dass sie nur dann glücklich werden, wenn sie eine Frau haben, der sie überlegen sind und die sie unterdrücken können.

Ali schrieb seine Abschlussarbeit über Strukturen der Darstellung von Frauen in den Theaterstücken des weltbekannten Schriftstellers Nazim Hikmet. Darin untersuchte er, wie tiefsitzend patriarchalisch konditioniert sogar die Einstellung dieses Autors gegenüber den Frauen war, den er ansonsten sehr bewunderte,. Er erzählte mir, dass niemand es verstehen konnte, warum er sich als Mann ausgerechnet so ein Thema für seine Abschlussarbeit ausgesucht habe …

Herzzerreißende Szenen aus Ümraniye

Es gibt junge Menschen, die sich lange überhaupt nicht entscheiden können, was sie beruflich machen sollen. Ali wollte schon immer Lehrer werden.
„Schon als Kind wusste ich, wie ein Lehrer zu sein hat", sagt er. „Und ich selbst werde bestimmt ein sehr guter Lehrer."
Ali ist innerlich überzeugt, dass er für diesen Beruf sehr geeignet ist. Denn er ist ein guter Beobachter und Zuhörer, der alles was er sieht und hört, wie ein Schwamm aufsaugt. Nicht nur die bloßen Worte, sondern Alles, was dahintersteckt. Seine Einfühlungsfähigkeit ist enorm. So gewinnt er sehr schnell den Respekt und das Vertrauen der Menschen. Alis negative Erfahrungen mit Lehrern stammen zum größten Teil aus seiner Zeit in der Türkei. Wenn er sich an seine Schule in Ümraniye erinnert, denkt er als erstes an Gewalt. Ohrenziehen, Anschreien, Beschimpfungen, Schläge auf den Kopf.
„Als ich eingeschult wurde, konnte ich schon Türkisch. Denn nachdem wir in die Stadt gezogen waren, sprachen meine Eltern kein Wort Kurdisch mehr mit uns. So habe ich mein Kurdisch ganz schnell vergessen. Jetzt kann ich nur noch ein paar Wörter verstehen. In der Schule fiel ich zu Beginn nicht sehr auf. Aber eines Tages passierte etwas Furchtbares."
Jeden Montag sammeln sich die Schüler auf dem Schulhof, leisten den Eid, dass sie stolz sind, Türken zu sein, und singen danach zusammen die Nationalhymne. Jedesmal liest ein Schüler den Eid laut vor: „Ich bin Türke, ich bin aufrichtig, ich bin fleißig ...". Die anderen Schüler wiederholen die einzelnen Verse im Chor.
Eines Montags ist Ali dran, den Eid laut vorzutragen. Er stellt sich auf das Podest, auf dem die Fahne hochgezogen wird, streckt seine Brust heraus und hebt seine Schultern hoch, genauso wie er es bei seinen Mitschülern beobachtet hat. Seine Arme lässt er dann über die Nähte seiner Hose herunter hängen und fixiert seinen Blick auf einen gedachten fernen Punkt. Dann atmet er tief ein und beginnt. Aber, o Schreck

– er bleibt stecken. Sei es wegen der Aufregung oder wegen der seltsamen, künstlichen Situation, in der er sich befindet, er kann sich nicht mehr erinnern und bringt alles durcheinander.

Der Schulleiter lässt ihn zweimal von vorne beginnen. Zwei Mal gibt er ihm eine Chance. Beim dritten Mal Stocken bekommt Ali eine derartig schallende Ohrfeige, dass er Sterne flimmern sieht. Es bleibt jedoch nicht bei dieser einen Ohrfeige. Der Schulleiter traktiert ihn mit weiteren Schlägen ins Gesicht und mit Fußtritten. Vor aller Augen wird er aufs Übelste verprügelt.

Nach diesem Vorfall ist er der Sündenbock. Er wird ständig verprügelt. Wenn er zwei oder drei Minuten zu spät zur Schule kommt, bekommt er eine Ohrfeige. Wenn sich Schmutz auf seiner Kleidung zeigt, kriegt er noch eine. Dabei muss er kilometerlang laufen, um zur Schule zu gelangen. Die Straßen sind sehr schlecht, ungepflastert und voller Dreck. Im Winter steckt man mit seinen Schuhen tief im Schlamm und im Sommer wird alles staubig. Und dann sind da auch noch diese Nägel an seinen Schuhen, die sich ständig lösen und seine Füße plagen. In der Schule angekommen versucht er alles, um den Staub an seiner Kleidung abzuputzen und den Schlamm von seinen Schuhen zu entfernen, aber er schafft es nicht, so sauber zu werden, wie er am Morgen das Haus verlassen hat. Doch keiner zeigt Verständnis. Niemand fragt ihn, unter welchen Umständen er lebt. So ist das Leben in einem Slum nun einmal, seinen Freunden geht es auch nicht besser.

Oder wenn Ali die Hausaufgaben einmal nicht ganz genauso gemacht hat, wie es der Lehrer verlangt hat: Klatsch! Schon knallt es. Keinerlei Verständnis für die schwierigen Bedingungen, unter denen Ali zu Hause leben und lernen muss. Wenn es regnet, regnet es durch das Dach in das Haus hinein, das aus verrostetem Blech und altem Sperrholz zusammengebaut wurde. Die Betten, die in der Nacht nass werden, werden am Morgen hinausgehängt, damit sie in der Sonne trocknen können. Feuchtigkeit, Kälte und der ständige Stromausfall … Wie soll man beim bloßen Licht einer Gaslampe oder einer Kerze seine Hausaufgaben anständig machen?

Mit Kopfnüssen und Schlägen gewöhnt sich Ali an die Grundschule. Er arbeitet hart. Was ihm am schwersten fällt, ist das sinnlose Büffeln. Er kann das, was er da auswendiglernen soll, einfach nicht behalten. So nutzt er jede verfügbare Minute dazu, etwas auswendigzulernen. Sogar während er vom Brunnen eimerweise Wasser schleppt, lernt er irgendetwas. Seine Familie macht sich über ihn schon lustig, aus ihm werde wohl ein Imam … Gedichte lernt Ali schneller auswendig, aber einen Horror hat er vor Erdkunde. Wie schwierig ist es doch, sich die Einwohnerzahlen all der Städte zu merken!

Eine fürchterliche Erinnerung aus der Grundschulzeit: Er muss ganz dringend aufs Klo, aber der Lehrer erlaubt es nicht. Er bittet, der Lehrer reagiert nicht… Er versucht es nochmals, wieder keine Erlaubnis. Schließlich schreit ihn der Lehrer an. Ali duckt sich und bleibt sitzen. Gleichzeitig muss er sich sehr anstrengen, dass er sich nicht in die Hose macht. Er wird es nicht mehr lange zurückhalten können. Aber auch seine Tränen kann er nicht mehr zurückhalten. Der Lehrer sieht seinen jämmerlichen Zustand, bleibt aber trotzdem eiskalt. Und dann passiert es… Sein Gesicht wird ganz rot vor Scham. Als es klingelt, rennt er blitzschnell hinaus. Er hat große Angst, die anderen könnten merken, dass er in die Hose gemacht hat, sodass er zum Gespött aller würde. Aber er hat Glück. Draußen regnet es in Strömen. Er verlässt sich auf den Regen und steht im Regen, bis er bis auf die Knochen nass ist. Er ist gerettet. Der Regen ist wie ein Wunder, das ihm der liebe Gott geschickt hat.

In der Mittelstufe bekommt er zwar neue Lehrer. Aber an dem brutalen, autoritären Klima ändert sich nichts. Das Einzige, was sich ändert, ist, dass Ali, der sich inzwischen an die Schule gewöhnt hat und abgehärtet ist, es nun schafft, trotz der schweren Bedingungen sehr hart zu arbeiten, um gute Noten zu bekommen. Doch die Lehrer sind in der Mittelstufe sogar noch schlimmer.

„Da gab es einen Kunstlehrer, der war aus der Psychiatrie entlassen. Sogar vor seinem Schatten hatten die Kinder Angst", erzählt Ali. „In seinem Unterricht mussten wir unsere Augen permanent auf das Blatt richten, das vor uns lag, ohne unseren Kopf auch nur ein Millimeter zu bewegen. Der Lehrer mit einer klirrenden Gebetskette in der Hand lauerte hinten auf uns wie auf einer Freiwildjagd. Wenn einer den Kopf auch nur ein wenig nach rechts oder links drehte, schoss er wie ein Pfeil vor und schlug so brutal zu, dass der Kopf seines Opfers auf den Tisch knallte. Alle hatten furchtbare Angst vor ihm."

Ali lernt im Unterricht dieses Lehrers, wie man unsichtbar wird ... Nur den Sportlehrer mag er – zunächst. Da er sehr sportlich ist, ist er sehr gut in dessen Fach. Und dann passiert eines Tages etwas völlig Unerwartetes ... Die Kinder ziehen sich für den Sportunterricht im Klassenraum um. Dabei springt Ali auf einen Tisch und hinterlässt darauf eine große Fußspur mit seinem Sportschuh. Als der Lehrer dann fragt, wer das gemacht hat, herrscht Stille in der Klasse. Er will seine Hand schon heben, traut sich dann doch nicht. Daraufhin schickt der Lehrer alle Schüler hinaus. Dann holt er sie einzeln in den Klassenraum und vergleicht ganz vorsichtig die Sportschuhe jedes Schülers mit der großen Spur auf dem Tisch. Als Ali an der Reihe ist und es herauskommt, dass er es war, fragt ihn der Lehrer, warum er sich nicht sofort gemeldet habe. Aber bevor Ali überhaupt antworten kann, kriegt er einen so harten Schlag auf den Kopf, dass ihm schwarz vor Augen wird und er zu Boden sinkt.

„Ich werde den Schmerz, den dieser Schlag verursacht hat, nie vergessen" sagt Ali. „Denn ich hatte meinen Sportlehrer sehr gern gehabt." Wie schlimm ist es, wenn man von einem Menschen, den man so mag und dem man vertraut, so enttäuscht und erniedrigt wird!

Ali ist eigentlich ein guter Schüler. Trotzdem wird er ständig verspottet. Eines Tages sollen im Englischunterricht alle etwas auf Englisch sagen. Als er an der Reihe ist, fällt ihm gar nichts ein. Daraufhin holt der Lehrer Ali zur Tafel und bezeichnet ihn vor allen Schülern als „einen Idioten, der sich nichts merken kann". Das fettige Gesicht des Lehrers, seine herabwürdigenden Blicke und verletzenden Worte kann er nicht vergessen.

Das, was Ali über seine Schulzeit in Ümraniye zu erzählen hat, ist alles andere als aufheiternd. Trotzdem wird er ganz nostalgisch, wenn er an diese Zeit zurückdenkt. Denn es war für ihn nicht einfach, sich von seinen Freunden zu trennen. Es sind Jahre vergangen, seitdem er Ümraniye verlassen hat. Heute weiß er weder, wie es inzwischen dort aussieht, noch, was aus seinen Freunden geworden ist. Eigentlich möchte er es auch nicht erfahren, nach all dem Leid und der Not in seiner Kindheit.

Seine Mutter war in den achtziger Jahren ein oder zweimal dort. Ihrer Beobachtung nach hatte eine rasante Wandlung stattgefunden. Durch die erschwerten Bedingungen nach dem Militärputsch von 1980 sind die Menschen immer rücksichtsloser und unsensibler geworden. Nachbarschaft, Solidarität und Hilfsbereitschaft gibt es nicht mehr. Die jungen Menschen sind nur noch darauf bedacht, aus der Armut herauszukommen und am besten schnell reich zu werden. Überall wurden Nachtclubs und Spielcasinos eröffnet. Von Alis leidvollem, zugleich aber auch menschlich warmem Leben dort ist nichts mehr übrig geblieben.

Die ersten Jahre eines Lebens im Asyl

Das erste positive Erlebnis in Alis Schulleben stammt aus seiner Zeit in Deutschland. Aber dazu kommt es natürlich nicht sofort. Er muss sich zuerst außerordentlich bemühen, um sich seinem neuen Umfeld anzupassen. Zunächst ist es überhaupt nicht leicht für ihn, Deutsch zu lernen. Denn bevor er dazu überhaupt kommt, lernt er – Serbisch. Nach ihrer Ankunft in Deutschland fängt für die Familie ein neues Leben unter sehr schwierigen Bedingungen an. Sie leben zusammen mit vielen Asylbewerbern aus verschiedenen Ländern in einer großen Sporthalle in einem gehobenen Stadtteil von Duisburg. Insgesamt fünfzig Familien, überwiegend Jugoslawen und Afrikaner leben hier. Überall ist serbisch zu hören. Eingepfercht in ein und demselben Raum benutzen die Familien Decken und Bettlaken, die sie an Schnüren festmachen, als Raumteiler zwischen den Matratzen. So entstehen kleine voneinander getrennte Abteile, das sind dann ihre Zimmer. Die wenigen Duschen und Toiletten befinden sich auf dem Hof. Um auf die Toilette zu gelangen, muss man sich stundenlang anstellen. Ali ist zwar durch das Leben im Slum bereits vieles gewohnt, aber die Bedingungen hier sind unvergleichlich schlechter.

Er versucht, seiner Mutter, seinem Vater und seinen Schwestern, so gut er kann, zur Hand zu gehen. Die Atmosphäre in dieser Asylantenunterkunft ist bedrückend. Alle sind so angespannt, dass es ständig zu Krach und Schlägereien kommt. Das Schlimmste ist, dass es überall so eng und erdrückend ist, dass man sich nirgendwo zurückziehen kann. Es sieht so aus, als ob die Menschen sich für alles, was sie bisher an Leid und Not erfahren haben, jetzt aneinander rächen wollten. Zwei jugoslawische Familien z.B., können sich einfach nicht riechen. Kein Tag vergeht, an dem sie einander nicht an den Hals springen.

„Eines Tages kam es wieder einmal zu einer schlimmen Schlägerei zwischen den beiden Familien. Die Männer gingen aufeinander los, als wollten sie sich umbringen. Der eine hatte eine zerbrochene Flasche in der Hand und der andere ein Holzstück voller verrosteter Nägel", erzählt Ali, schaudernd vor der Gewalt dieser Erinnerung. „Das Furchtbarste war, dass sich in dem Zimmer, in dem diese Männer aufeinander eindroschen, gerade meine Schwester befand. Aus Angst hatte sie sich unter das Bett verkrochen. Als ich hineinstürzte, um sie dort herauszuholen, sah ich mit meinen eigenen Augen, wie brutal die beiden Männer sich schlugen. Sie waren wirklich kurz davor, einander umzubringen."

In dieser sehr schwierigen Zeit ist seine Familie der einzige Halt für ihn. Um sich über Wasser halten zu können, hält man fest zusammen. Untereinander kommt es nicht ein einziges Mal zu einer Reiberei oder gar zu einem Streit. Ali darf im ersten Jahr des Asyls nicht zur Schule gehen, denn es ist noch nicht klar, ob ihr Asylantrag angenommen wird. Sie befinden sich in einer ihnen endlos lang vorkommenden Wartezeit und müssen jederzeit damit rechnen, zurückgeschickt zu werden.

Über die Asylbewerber

Es dauert in Deutschland oft Jahre, bis Asylanträge angenommen werden. Es kann manchmal vorkommen, dass in dieser Zeit die Kinder, die auf die Welt kommen, aufwachsen, zur Schule gehen, die Schule beenden, sogar eine Berufsausbildung machen. Jahre später, wenn sie sich dann voll integriert haben, erfahren sie, dass ihr Antrag abgelehnt wurde. So werden sie ausgewiesen und in ihr angebliches Heimatland zurückgeschickt, obwohl ja ihre eigentliche Heimat Deutschland geworden ist.
Ich hatte in Köln eine bosnische Familie mit acht Kindern kennengelernt. Sie lebten seit acht Jahren hier. Nachdem sie so lange auf das Ergebnis ihres Antrags gewartet hatten, wurden sie, bevor das Asylverfahren überhaupt beendet worden war, auf einmal Hals über Kopf ausgewiesen. Um vom Asylgesetz Gebrauch zu machen, muss man beweisen, dass man in seinem Heimatland zu den politisch Verfolgten gehört. Für die Kriegsflüchtlinge aus Ländern wie Bosnien oder aus afrikanischen Ländern dagegen ist das Flüchtlingsgesetz vorgesehen. Nach sieben Jahren Wartezeit dachte diese Familie, dass auch sie endlich so weit war, vom Flüchtlingsgesetz mit allen seinen Möglichkeiten profitieren zu können. Doch dann gab es eine sehr schlimme Wende. Sie hatten nämlich aufgrund von falschen Informationen durch das Ausländeramt einen großen Fehler begangen und inzwischen einen Asylantrag eingereicht. Denn beim Ausländeramt war ihnen mitgeteilt worden, dass sie als Asylbewerber eine viel schnellere Bearbeitung erwarten könnten und dass sie vom Staat auch viel mehr Unterstützung bekommen würden. Und somit würden sie die besten Möglichkeiten haben, sich ein neues Leben aufzubauen. So wurde diese Familie regelrecht betrogen. Denn sie gehörte ja in ihrem Heimatland nicht zu den politisch Verfolgten. So war es kein Wunder, dass ihr Asylantrag abgelehnt wurde. Somit stand also rechtlich nichts mehr im Wege, die Familie innerhalb kürzester Zeit auszuweisen und in ihr Heimatland zurückzuschicken. So kam

eines Nachts die Polizei in ihr Haus. Sie wurden in einen Bus gesteckt und in ein Heim gebracht, in dem Menschen zusammengebracht waren, die innerhalb kürzester Zeit ausgewiesen werden sollten. Von dort aus wurden sie innerhalb von drei Tagen zusammen mit Hunderten von anderen, die genauso wie sie betrogen worden waren, in einem Sonderflugzeug vom Düsseldorfer Flughafen in ihr Heimatland zurückgeschickt.

Das Problem liegt darin, dass diese Menschen die Gesetze nicht kennen, dass sie nicht gut genug Deutsch können, um die Sprache der Bürokratie zu verstehen und dass sie nicht über genug Mittel verfügen, um einen Anwalt zu engagieren, der sie vertreten kann. Gesetzlich ist es ja eigentlich so geregelt, dass der Staat ihnen einen Anwalt stellen muss. Da ein solcher Anwalt aber meistens mehr mit dem Staat als mit seinen Mandanten kooperiert, informiert er sie auch nicht richtig. Auch die Zivilorganisationen wie die von den Kirchen getragenen bleiben oft zu passiv, um diesen Menschen wirksam zu helfen. Ihre Hilfe geht manchmal nicht darüber hinaus, Altkleider und gebrauchte Haushaltssachen zu besorgen.

So kommt es dazu, dass diese Menschen, die ihr Hab und Gut verkauft haben, um nach Deutschland kommen zu können, die seit Jahren gekämpft haben, ohne aufzugeben und ohne ihre Hoffnung zu verlieren, im Nu alles verlieren können. Was für eine Zukunft erwartet sie in ihren Ländern? Werden sie dort betteln müssen oder vor Hunger sterben? Niemanden interessiert es. Das Allerwichtigste ist, dass sie so schnell wie möglich aus Deutschland hinausgeworfen werden.

Da Alis Eltern in der Türkei jahrelang Mitglieder einer Widerstandsbewegung gewesen waren, gehörten sie zu den politisch Verfolgten. Daher konnten sie direkt als Asylanten einen Antrag stellen. Nach jahrelangem, quälendem Warten bekamen sie dann endlich die deutsche Staatsbürgerschaft. In dieser Hinsicht hat Ali wirklich sehr viel Glück.

Was für eine Schule ist das?

Nach anderthalb Jahren in Deutschland fangen Ali und seine Schwestern an, zur Schule zu gehen. In der Schule weiß jeder, dass sie aus einer Asylunterkunft kommen. Ali fühlt sich deswegen ausgeschlossen. Auch weil er kein Wort Deutsch kann. Er möchte nichts Falsches tun und will genau mitbekommen, was um ihn herum passiert. Daher beobachtet er ganz aufmerksam seine Umgebung. Am meisten überrascht ihn die freie und fröhliche Atmosphäre der Schule. Die Kinder spielen miteinander, unterhalten sich und lachen oder machen Quatsch. Die Lehrer verhalten sich auch wie normale Menschen. Sie machen niemanden fertig. Sie schreien die Schüler nicht an. Es gibt keinen Druck. Keine Angst. Keine Schläge. Ali traut seinen Augen kaum. Ist das denn wirklich eine Schule? Wenn ja, was für eine denn? Trotz dieses ersten positiven Eindrucks fällt es ihm sehr schwer, die ganze Zeit im Klassenraum zu sitzen ohne etwas zu tun und zu verstehen. Die Lehrer sind zwar alle sehr freundlich, aber keiner hat Zeit, sich um Ali zu kümmern. Manchmal, wenn ein Lehrer ihn etwas fragt und er nicht weiß, was er sagen soll, flüstert ihm sein Klassenkamerad neben ihm etwas ins Ohr. Und wenn Ali laut das Gesagte wiederholt, lachen sich alle tot. Das ist für Ali das Schwierigste: die Sprache nicht zu beherrschen.
In seiner Klasse gibt es auch einige Türken. „Du bist einer von uns. Uns kannst du vertrauen," sagen sie zu Ali, aber dann reden sie untereinander nur deutsch und machen sich so über ihn lustig. Ali hat am meisten Angst vor den Pausen. Denn die anderen Kinder nutzen jede freie Minute, um sich über ihn lustig zu machen. Innerhalb kürzester Zeit wird er zum Gespött der Klasse.
Ali und seine Schwestern haben auch keine schicken Klamotten wie die anderen. Ihre Kleider sind zwar immer sauber. Ihre Mutter wäscht und bügelt sie jeden Tag sorgfältig. Aber sie ziehen eben immer das Gleiche an. Daraufhin sammelt ihr Lehrer für die armen Asylantenkinder extra Second-Hand-Klamotten. Eines Tages kommt er in die

Klasse, um die gesammelten Kleider den Kindern auszuteilen. Dabei denkt er nicht einen Augenblick daran, wie die anderen Kinder reagieren werden …

Ali ist wie gelähmt. Ein Gefühl von „ich möchte lieber im Boden versinken" … Er fühlt sich so gedemütigt wie noch nie zuvor in seinem Leben. Von diesem Tag an kann er niemandem mehr ins Gesicht sehen. Es ist ein unbeschreibliches Schamgefühl.

Der Grund dafür, warum Ali und seine Schwestern es in der Schule sehr schwer haben, ist wahrscheinlich der, dass es sonst niemanden dort gibt, der in ihrer Lage ist. Die Lehrer sind überfordert und wissen nicht, wie sie mit der Situation umgehen sollen. Besonders ungern denkt Ali an die Schuljahre zurück, in denen er noch um sein Deutsch ringen musste.

Neue Schule, neues Leben

Nach der Wartezeit im Asylheim in der Sporthalle verändert sich ihr Leben gewaltig. Sie ziehen auf ein Asylschiff um. Ihre Lebenssituation verbessert sich ein wenig. Denn jeder Familie wird eine Kabine zugeteilt, in die sie sich zurückziehen kann. In der Zwischenzeit bekommt Ali eine neue Schwester. Jetzt sind sie zu sechst.

Das Schlimme ist, dass sie selbst nicht kochen dürfen. Das Essen wird immer fertig angeliefert. Gekochte Kartoffeln, Kohlsuppe, Linsen, kleine Fleisch- oder Hühnerstücke, die in fettigen Saucen schwimmen … Da ihre Essgewohnheiten ganz anders sind, gefallen ihnen diese fettigen und flüssigen Gerichte überhaupt nicht. Die Eltern essen meistens nur einmal am Tag. Seine Schwestern finden das Essen eklig, halten ihre Nase zu und schieben es zur Seite. Ali ist es ziemlich egal: Da er nicht besonders gut riechen kann, verschlingt er alles, was auf den Tisch kommt, ohne sich zu beschweren.

Ali besucht jetzt auch eine neue Schule. Die Situation auf dieser Schule ist ganz anders. Da gibt es besondere Mischklassen für Migrantenkinder aus vielen verschiedenen Ländern wie Indonesien,

Serbien, Türkei und den afrikanischen Ländern. All diese Kinder sind in derselben Lage wie Ali. Keiner von ihnen kann schon richtig Deutsch.
Für die Lehrer ist es gar nicht leicht, die Klassen mit Migrantenkinder zu unterrichten. Es gibt einerseits das Sprachproblem, andererseits gibt es auch zu große Altersunterschiede zwischen den Kindern. Ein Kind von zehn Jahren sitzt in derselben Klasse wie ein Jugendlicher von achtzehn. Es ist wirklich beeindruckend, dass die Lehrer sich freiwillig dazu bereit erklärt haben, diese Klassen zu unterrichten. Es gibt zwei junge Lehrer, die sich von morgens bis abends um die Migrantenkinder kümmern. Ohne sie hätte man diese Klassen gar nicht bilden können.
Alis erste positive Erinnerung an seine Schulzeit stammt aus dieser Schule. Die Lehrer sind immer freundlich und geduldig. Sie kümmern sich einzeln um jedes Kind. Die Klassen sind zwar gemischt, aber die große Mehrheit der Kinder stammt aus der Türkei. Die Lehrer können sogar auch ein wenig Türkisch.
„Sehr überraschend aber auch gleichzeitig erfreulich war für mich, dass ich zum ersten Mal Deutschen begegnete, die richtig nett zu uns waren", erzählt er. „Beim Ausländeramt, Konsulat, Krankenhaus sah ich nur unfreundliche und abweisende Gesichter. Die Deutschen, die ich sah waren so furchterregend und abstoßend.
Niemand unter ihnen sah die angst- und hoffnungsvollen Blicke
der vielen wartenden Menschen und Bittsteller. Meistens wurden diese auch noch zurechtgewiesen oder gar angeschrieen. So weigerte sich etwas in mir diese grobe Sprache zu lernen. Dabei lebten wie schon seit zwei Jahren in Deutschland."
An seiner neuen Schule nimmt Ali das Fach Deutsch sehr ernst und versucht mit großem Fleiß und Eifer, sich die deutsche Sprache anzueignen. Die Lehrer tun ihr Möglichstes, um ihn dabei zu unterstützen. Ali meint: „Meine Lehrer eröffneten mir einen neuen Weg. Nachdem ich sie kennengelernt hatte, war ich entschlossen, so schnell wie möglich Deutsch zu lernen, Erfolg in der Schule zu haben und die Schule wirklich abzuschließen".

Die Lebensbedingungen verbessern sich

Nach kurzer Zeit müssen sie wieder umziehen. In einem Asylantenheim bekommt die sechsköpfige Familie ein ganz kleines Zimmer von zwölf Quadratmetern. Auch wenn der Raum zu klein ist, freuen sie sich sehr, dass sie endlich ein richtiges Zimmer haben. Das Leben in diesem Heim ist ganz anders als in der Sporthalle oder auf dem Schiff. Es gibt keine Anspannungen oder Streitigkeiten. Alle fühlen sich wohl. Sie bekommen Einkaufscoupons, die ihren täglichen Bedarf abdecken. Sie können ihr eigenes Essen kochen. Bis sie eine kleine Wohnung bekommen, leben sie sechs Jahre lang in diesem Heim.
Ali mag seine neue Schule sehr. Auch dort gibt es Vorbereitungsklassen für Migrantenkinder. Die Lehrer sind im Vergleich zu den beiden sehr jungen Lehrern in seiner früheren Schule erfahrener. Neben separatem Deutschunterricht für Migrantenkinder, werden sie in Geschichte, Geografie usw. ein paar Stunden der Woche zusammen mit deutschen Kindern derselben Jahrgangsstufe unterrichtet. Alis Deutsch verbessert sich von Tag zu Tag. Nach einem Jahr kommt er aus der Vorbereitungsklasse in eine deutsche Klasse. Von seinen Lehrern dort wird er so sehr unterstützt, dass er nach kurzer Zeit die Befähigung bekommt, das Gymnasium zu besuchen. Laut Landesgesetz müssen Jugendliche spätestens mit neunzehn Jahren den gymnasialen Abschluss schaffen. Da Ali diese Altersgrenze erreicht hat, gibt es ein Problem. Doch es wird schnell gelöst. Sein Lehrer geht mit ihm zum Schulleiter des Gymnasiums und schildert ihm Alis Situation im Detail. Der Schulleiter stellt beim Kultusministerium in Düsseldorf einen Antrag, damit Ali die Erlaubnis bekommt, das Gymnasium abzuschließen. Kurz darauf kann er Abitur machen.
„Alle meine Lehrer in Deutschland waren super. Sie haben wirklich ihr Möglichstes getan, um mich zu unterstützen. Sie haben Kontakt mit meiner Familie aufgenommen. Sie haben uns in jeder Hinsicht geholfen. Sie besuchten uns oft zu Hause, wir saßen lange zusammen

und unterhielten uns. Sie waren so menschlich und so liebevoll. Ich werde es nie vergessen, wie gütig sie zu mir waren. Ich hatte da wirklich sehr viel Glück. Sonst hätte ich es nicht schaffen können".

Die Schwestern

Ali ist der Einzige in der Familie, der studiert. Die Mutter will eigentlich sehr, dass die Schwestern es auch schaffen. Aber die Mädchen wollen es nicht. Und die Mutter beharrt nicht darauf. Denn die Eltern haben das Grundprinzip, dass sie ihre Kinder keineswegs zu etwas zwingen. Sie vertrauen ihnen. Ali lernt durch diese freie Erziehung, selbstständig zu werden, seine eigenen Entscheidungen zu treffen, Selbstvertrauen zu haben und seinen eigenen Weg zu finden. Dafür ist er seiner Familie dankbar.
Ali glaubt, dass seine Schwestern wegen der Diskriminierung und Fremdenfeindlichkeit, die sie in der Schule erfahren haben, die Schule schnell aufgegeben haben. Vielleicht aber hatten sie nicht so viel Glück wie er, eben keine Lehrer, die sie unterstützt haben.
Seine beiden Schwestern lernen dann so schnell wie möglich einen Beruf. Heute ist die eine verheiratet und Hausfrau. Die andere arbeitet als Pflegerin im Altersheim. Die jüngste ist jetzt vierzehn Jahre alt. Sie könnte es eigentlich auch bis zum Abitur schaffen. Aber sie hat große psychische Probleme, unter denen sie leidet. Wenn sie morgens aufsteht, um zur Schule zu gehen, wird ihr schwindelig und übel. Sie hat ständige Angstzustände und Sorgen. Ihre größte Angst ist, dass sie von ihren Klassenkameraden verhöhnt und gedemütigt werden könnte. Ihr Psychologe behauptet, dass das Problem auf die Erlebnisse zurückzuführen sei, die sie im Kleinkindalter erlebt hat. Das Positive ist, dass die Schwester nicht so verschlossen ist wie Ali. Sie öffnet sich sehr leicht und kann über alles reden, was sie bedrückt. Ali glaubt, dass die Probleme seiner Schwester seinen Problemen von damals sehr ähneln. Der einzige Unterschied ist, dass seine Schwester in Deutschland geboren wurde und Deutsch wie ihre Muttersprache spricht und aus

diesem Grund nicht so verschlossen ist wie Ali. So glaubt er, dass sie diese schwierige Zeit bestimmt überwinden wird.

Seine eigene Sprache finden

„Wenn man jahrelang mit anderen zu eng zusammenlebt, wird man ein verschlossener Mensch. Der einzige Ort, der nur mir gehört, in den niemand hineinkommt, ist mein Kopf. Daher vergleiche ich mich mit einer dunklen Höhle", sagt Ali. „Jeder, der will, kann zu mir kommen und sich in der dunkelsten Ecke der Höhle verstecken. Ich bin ein guter Zuhörer, ein guter Beobachter ... Aber ich selbst ziehe es vor, mich in die Dunkelheit der Höhle zurückzuziehen."
„Ist es denn gut, sich im Dunkeln aufzuhalten?" frage ich ihn.
„Jahrelang habe ich geglaubt, dass es nicht anders geht. Ich dachte, dass ich nie offen sprechen und meine Gefühle und Gedanken aussprechen könnte. Dann änderte sich auf einmal alles ...", antwortet er.
In den Kursen über kreatives Schreiben und besonders über autobiografisches Schreiben an der Universität gelang es Ali, seine Sprache zu finden. Zum ersten Mal kann er seine Gefühle und Gedanken ohne Hemmungen äußern. So muss er sich nicht ständig in der Dunkelheit der Höhle verkriechen. Wann immer er will, kann er auch aus seiner Höhle heraustreten. Er hat ja keine Angst mehr vor dem grellen Licht. Dennoch ist es ihm schon sehr wichtig, dass er seine eigene Welt hat, in die er sich jederzeit zurückziehen kann.
Er liebt Bücher. Seine Lieblingsautoren sind Yaşar Kemal, Aziz Nesin und Nazım Hikmet, also drei ganz Große der türkischen Literatur. Besonders interessiert er sich für autobiografische Bücher. „Nachdem ich meine eigene Sprache gefunden habe, bin ich neugierig, wie andere von sich erzählen."
Sehr beeindruckt hat ihn die Autobiografie des weltbekannten Satirikers Aziz Nesin, die in drei Bänden verfasst wurde. „Er lebte

mehrere Generationen vor mir, dennoch ist er mir so nah. Vielleicht hat es damit zu tun, dass sich in der Türkei viele Dinge gar nicht ändern – ich weiß es nicht." Auch die vielgelesene Autobiografie der türkischen Anglistin Mina Urgan, „Erinnerungen eines Dinosauriers", hat ihm besonders gut gefallen. So konnte er die Türkei der zwanziger und dreißiger Jahre aus der Perspektive einer Frau aus der früheren Republikzeit kennenlernen.

Ein türkischer Autor, mit dem er überhaupt nichts anfangen kann, ist Orhan Pamuk, der Literaturnobelpreisträger. „Sein Istanbul ist sehr melancholisch und irreal. Sein Istanbul scheint eine ganz andere Stadt zu sein, als das Istanbul, in dem ich gelebt habe."

Alis Istanbul ist voller Armut und Gewalt. Dort gibt es keine Melancholie, lediglich Not und Leid. Er spürt überhaupt kein Verlangen, dorthin zu gehen. Andererseits stellt seine Freundin, die einige Zeit dort gelebt hat, die Stadt ganz anders dar. Vielleicht hat Istanbul ja viele Gesichter, die er nicht kennt und von denen er nichts weiß ...

Alis Interesse gilt besonders gesellschaftlich realistischer Literatur. Ihn beeindrucken Autoren, die Leid und Not der armen Menschen darstellen. Für realistische Literatur interessieren sich viele Menschen mit Migrationshintergrund. Daher haben die meisten von ihnen eine ganz andere Auffassung als ihre deutschen Altersgenossen, die von der postmodernen Literatur beeinflusst werden. So stoße ich immer auf viel Interesse, wenn ich an der Universität Kurse anbiete zu Themen wie „Menschenrechte im Roman und im Theater", „Politisches Theater", „Dokumentarische Literatur und Theater", „Literatur der Gastarbeiter", „Reportage", „Biografie" und „Autobiografie". Die Studenten sind besonders erfolgreich im Genre der Reportage. Die Reportagen, die sie nach langer und umfassender Recherche erarbeiten, zeigen ihre Sensibilität sowohl gegenüber sozialen als auch gegenüber psychologischen Themen. Beispielsweise gab es in den letzten Jahren sehr erfolgreiche Reportagen über das Leben der Obdachlosen, die Probleme der Asylbewerber, die Exportbräute, die Mädchen, die ihrer

Familie entfliehen, den Einfluss der Konsumgesellschaft besonders der Werbung auf Kinder, aktuelle Nachwirkungen Nazideutschlands und über Fremdenfeindlichkeit, das Altern in den Altersheimen oder aber dem Umgang der Kinder mit dem Tod. Auch Ali hat eine sehr eindrucksvolle Reportage über „Gewalt an Schulen" geschrieben.

Lehrer sein

Ali träumt vor allem davon, irgendwo Wurzeln schlagen zu können. So unterscheidet er sich kaum von anderen jungen Menschen aus Migrantenfamilien, die ähnliche Träume haben. Wer ein Leben so voller Höhen und Tiefen geführt hat, möchte nichts anderes als ein gesichertes Leben. Nachdem Ali die Schattenseiten eines Migrantenlebens mit all ihren Nöten und Sorgen kennengelernt hat, sehnt er sich jetzt nach Ruhe und Ordnung. Er träumt von einem eigenen, großen und gemütlichen Haus, in dem er mit seiner Frau und seinen Kindern leben kann. Er will alles an diesem Haus selbst machen, vom Streichen bis zum Einrichten.

Der Lehrerberuf ist für ihn ein Muss. Er möchte vor allem die Kinder und Jugendlichen aus der Unterschicht erreichen, die Kinder der Flüchtlinge, der Arbeitslosen, der Menschen, die unter der Armutsgrenze leben ... Besonders natürlich die aus der Türkei. „Genauso wie meine Lehrer mir die Hand gereicht haben, werde ich diesen Kindern die Hand ausstrecken. Und ich glaube, dass ich damit sehr viel erreichen kann", sagt er.

Wir reden über den Unterschied zwischen der Lehrtätigkeit an der Universität und an der Schule. Als Lehrer verfügt man über viele Möglichkeiten, um die Jugendlichen positiv zu beeinflussen. Als Dozent kann man hingegen nur einige wenige Studenten erreichen. Fakt ist schließlich, dass, je jünger die Kinder sind, desto bessere Ergebnisse erzielt werden. Während seines Studiums stellt Ali fest, dass viele seiner Altersgenossen nicht nur unsensibel gegenüber den anderen sind, sondern auch gegenüber sich selbst. Sie nutzen nicht die

Möglichkeiten, die ihnen das Studium bietet und bemühen sich gar nicht darum ihren Horizont zu erweitern. „Eigentlich merken sie gar nicht, dass sie damit am meisten sich selbst schaden," sagt er. Das, was ihn am meisten wundert, ist, dass die meisten sich in der Uni anders verhalten, als draußen. Und das kommt ihm wie Heuchelei vor.

Aber ist es heute nicht so, dass viele junge Menschen in ihrem Leben viele Rollen haben, die nicht zueinander passen? Je nachdem, wo sie sich bewegen, zu Hause, bei der Arbeit, an der Universität oder im Freundeskreis, verhalten sie sich ganz anders. Das ist doch nichts Migrantenspezifisches. Allerdings eingeklemmt zwischen der modernen und feudalen Welt haben es junge Menschen aus Migrantenfamilien viel schwerer, als ihre deutschen Altersgenossen.

So ist es kein Wunder, dass etliche von ihnen sich mit den ihnen zugewiesenen traditionellen Rollen abfinden und somit die Chance verpassen, sich selbst und ihre eigentlichen Möglichkeiten zu entdecken. Religion, patriarchalische Strukturen, Feudalismus und autoritäre Erziehung sind dabei die größten Hindernisse.

Iskender beispielsweise, ein Freund von Ali, ist ein sehr höflicher, gut aussehender und netter junger Mann aus einer sehr konservativen Familie. Er arbeitet als Model, um Geld zu verdienen. Aber ich weiß, dass er diesen Beruf eigentlich verachtet und darunter leidet. Eines Tages, während eines Workshops über kreatives Schreiben, diskutierten wir über Träume, ihre Funktion und ihre Besonderheiten. Da erzählte Iskender von einem Traum, der das Blut in unseren Adern zum Gefrieren brachte. Darin hatte er ein Schwert in der Hand und tötete damit seine Mutter, seinen Vater, seine Geschwister, seinen Opa und seine Oma, also seine gesamte Familie, indem er allen den Hals durchschnitt „Es war aber kein Albtraum", sagte er, selbst bestürzt über den eigenen Traum. „Im Gegenteil, es war eigentlich ein beruhigender Traum."

Zwei Wochen nachdem er uns von diesem Traum erzählt hatte, bat er mich um Erlaubnis, wegen des Opferfestes fehlen zu dürfen. Er musste ein Schaf schlachten. Er hatte schon oft gefehlt, daher bedeutete dies, dass er diesen Kurs in diesem Semester nicht mehr abschließen konnte. Nachdem ich ihm die Erlaubnis nicht gegeben hatte, verschwand er auf Nimmerwiedersehen. Er musste wirklich unter so großem Druck stehen, dass er bereit war, das Seminar aufzugeben.

Ali betonte in unserer Diskussion, dass ein Großteil der Migranten mit diesen widersprüchlichen Rollen leben muss. So haben viele den Getto-Diskurs, der sich gegen die moderne Welt richtet, so verinnerlicht, dass sie ihr Studium mit gewissen Vorurteilen angehen. Dadurch bleibt ihre Wahrnehmungskapazität begrenzt, sie können weder die Ereignisse in ihrem nahen Umfeld realistisch wahrnehmen, noch sich selbst richtig einschätzen. Beispielsweise schieben sie in Konfliktsituationen die Schuld grundsätzlich auf andere. Wenn sie eine schlechte Note bekommen, dann ist der Lehrer Schuld, denn er hat sie ja auf dem Kieker. Die Schuld liegt immer bei den anderen.

Was Ali erzählt, deckt sich mit meinen Beobachtungen aus meiner Lehrtätigkeit an der Universität. Die Studenten, die es nicht schaffen, die Anforderungen zu erfüllen, erfinden tausend Gründe, um sich aus der Situation herauszureden. „Der Dozent mag mich nicht, er hat mich auf dem Kieker, er versucht uns auszuschließen, da wir eine andere Weltanschauung haben als er." Ich musste mir so etwas ständig anhören. In einem Semester gab es sogar eine Gruppe von Studenten, die bei jeder Prüfung durchgefallen waren und sich daraufhin mit anonymen Beschwerdebriefen direkt an das Kultusministerium wandten mit der Behauptung, es liege Diskriminierung und Benachteiligung gegen sie vor.

Eine Zeit lang habe ich selber sehr unter dieser Haltung gelitten. Der Grund hierfür war vermutlich, dass ich große Schwierigkeiten hatte, diese Mentalität zu verstehen. Ich selbst war eine ziemlich schlechte Schülerin, die jedes Jahr darum kämpfte, in die nächste Klasse versetzt zu werden. Außer Schreiben und Literatur interessierte ich mich überhaupt nicht für die anderen Fächer und in der Schule war mir überhaupt nicht wohl in meiner Haut. Mehr noch, es kam mir wie eine Zumutung vor, mich auf sie einzulassen. Allerdings bekam ich sofort

Gewissensbisse, wenn es um die Lehrer ging, die immer so nett zu uns Kindern waren. Sie bemühten sich so sehr, uns etwas beizubringen, und was machte ich? Ich schämte mich so sehr, dass ich, um dem Lehrer nicht in die Augen schauen zu müssen, den Unterricht einfach schwänzte. Dieses Schamgefühl war sogar so ausgeprägt, dass ich, als ich einmal im Mathematikunterricht heimlich Anna Karenina unter dem Tisch las und hörte, dass unser Mathelehrer „es melden sich aber immer dieselben" sagte, automatisch meine Hand hob. Er freute sich, holte mich zur Tafel und es wurde sofort klar, dass ich nichts konnte. Ich habe diese Scham- und Schuldgefühle anscheinend so verinnerlicht, dass ich eine Weile große Schwierigkeiten hatte, mich in die jungen Menschen einzufühlen, die die Schuld immer bei den anderen sahen. Wer weiß, vielleicht wollten sie sich auch dafür rächen, dass sie schlechte Schulen gehabt hatten, nicht genug Aufmerksamkeit bekamen, unterdrückt wurden und die Fremdenfeindlichkeit und den Rassismus in der deutschen Gesellschaft immer zu spüren bekamen. Andererseits ist dies auch die generelle Verhaltensweise ihrer Familien. Sie haben eben nie gelernt, wie sie mit einer Konfliktsituation umgehen und diese lösen sollen. Sie tun in der Regel so, als ob es das Problem gar nicht gäbe. Oder sie schieben die Schuld den anderen zu. Hinzu kommt auch ein völlig verkehrtes Verständnis von Stolz und Ehre. Mit dem kleinsten Misserfolg sehen sie sich in ihrem Stolz verletzt.

Die Multikulti-Gutmenschen mit ihrer Toleranz haben nichts anderes gemacht, als diese Mentalität zu hegen und zu pflegen. So hat sich die Situation noch verschlimmert. Zum Schluss fingen viele an, die Privilegien nicht nur als selbstverständlich zu betrachten, sondern auch als Sonderrecht zu fordern. Sie beschuldigten z.B. die Dozenten, die dies nicht hinnehmen wollten und sie genauso wie die deutschen Studenten behandelten, des Rassismus und der Diskriminierung. Zeitweise war die Stimmung sogar so schlimm, dass viele Dozenten es satt hatten und sie alle durch die Prüfungen geschleust haben, um sie so schnell wie möglich loszuwerden.

Da die Lebensbedingungen unter denen diese jungen Menschen aufwachsen, sowie ihre Sozialisierung eine so bedeutende Rolle spielt, ist die Schule schon sehr wichtig. So träumt Ali davon, ein außerordentlich guter Lehrer zu werden. Er möchte nicht nur Türkisch und Sport unterrichten, sondern auch andere Fächer. Religion zum Beispiel. So könnte er den Schülern etwas über alle Weltreligionen beibringen. Ali wird sich dann um jeden einzelnen Schüler mit größter Sorgfalt selbst kümmern. Er wird ihre Familien kennenlernen und zu ihnen einen gegenseitigen vertrauens- und liebevollen Dialog aufbauen. Denn diese Kinder sind seine Kinder ...

„Wenn ich heute zurückschaue, dann gibt es nichts, was ich bereue, je erlebt zu haben", sagt Ali aus tiefstem Herzen. „Sprachlosigkeit, Ausgeschlossensein, Hoffnungslosigkeit – all diese schlimmen Gefühle halfen mir zu neuen Erfahrungen. Deswegen bereue ich nichts, was ich erlebt habe. Und als ich ganz unten war, fand ich soviel Zuneigung und Solidarität ... Heute ist mein einziges Ziel, an Menschen heranzukommen, die ähnliche Probleme haben."

Heute

Ali arbeitet heute als Lehrer an einer Schule, auf die viele Migrantenkinder gehen. Er unterrichtet dort Türkisch, Sport, Folklore und Tanz. Zwei Jahre nachdem ich diese Unterhaltung mit ihm geführt hatte, kamen er und seine Frau, die auch aus dem Osten der Türkei kommt, zum Tee in meine Wohnung in Köln. Als er sehr engagiert von seiner Arbeit an der Schule und von den Problemen dort erzählte, dachte ich, dass dieser Beruf der richtige für ihn ist. Genauso wie er es damals in dem Interview sagte, will er sich um jedes Kind individuell kümmern. Jeder, der ein Problem hat, soll zu ihm kommen. Er tut alles, um das zu erreichen. Aber er unterrichtet mehr als zweihundert Schüler. Wie soll er da alle Probleme lösen? Das Wichtigste ist doch, an die Eltern heranzukommen. Ali glaubt, dass man sich in dieser Richtung bisher nicht intensiv genug bemüht hat. Er hat auch ein konkretes

Projekte vorbereitet, um die Eltern erreichen. Aber viele seiner deutschen Kollegen sagen: „Warum sollen wir uns ins Zeug legen, um türkische Migranten zu erreichen. Sie sollen doch Deutsch lernen." So versuchen sie sich des Problems zu entledigen. Ist es nur Gleichgültigkeit oder nationalistische und fremdenfeindliche Ideologie? Ali kennt die Antwort darauf nicht. Aber er weiß ganz genau, dass etwas getan werden muss. Man kann die Migranten nur dann integrieren, wenn man ihre Sprache spricht, ihr Vertrauen gewinnt und Einfühlung zeigt. Das ist der einzige Weg. Ali schaut zuversichtlich in die Zukunft. Viel, sehr viel wird sich ändern und dabei wird er eine Pionier-Rolle spielen.

Elif - Frei wie ein Vogel oder:

Die Geschichte eines Mädchens, das Mauern durchdringt

„Die Welt der Erwachsenen verschlingt die Welt der Kinder wie ein alles vernichtendes Gewitter."
(Ingmar Bergman)

Der Ausweg

Der Vater hat seine Tochter zu Hause eingesperrt. Fest verriegelte Fenster, verschlossene Rollläden, stickige Luft, muffiger Geruch ... Mit einem Besen, einem Eimer, mit Putzlappen und Bürsten putzt und schrubbt die Tochter jeden Winkel der Wohnung. Aber aus jeder Ecke krabbeln Schaben heraus. Ununterbrochen streiten sich Vater und Tochter. Gestöhne, Gewinsel, Geschrei, Gebrüll...Die brummende, autoritäre Stimme des Vaters vermischt sich mit der dünnen und flehenden der Tochter ... Das Mädchen will nichts wie weg, weg von diesem stinkenden Ort ... Aber draußen wimmelt es doch von tausend Gefahren, die ein junges Mädchen erwarten. Der einzige sichere Ort ist diese dunkle Wohnung ... Während der Vater seine Tochter umzingelt, klappt eine Porzellanpuppe vorne auf der Bühne die Augen auf und zu und erstarrt mit einem leeren Blick. Hinten vor dem verriegelten

Fenster zieht wie eine vorüberziehende Wolke eine erotische Tanzszene vorbei, Eines Tages wird das Mädchen dieser Wolke folgen. Eines Tages wird sie bestimmt weggehen ... Aber wann und wie? Wie wird sie sich aus diesem Albtraum befreien? Wo ist der Ausweg?

Auf der Probebühne des Theaters an der Ruhr sehen wir eine faszinierende Bearbeitung von von Adalet Ağaoğlus Theaterstück „Çıkış" („Der Ausweg"). Die Schauspieler sind junge Immigranten der dritten Generation. Die Regie führt Elif, die auch zu dieser Gruppe gehört. Der einzige Unterschied zwischen ihr und den anderen Gruppenmitgliedern ist, dass Elif einige Jahre älter ist.

Ich habe die Entwicklung dieses Theaterprojektes vom Anfang bis zum Ende begleitet. Während der Improvisationsarbeiten hat sich die Gruppe lange mit dem Symbol der Mauer beschäftigt. Was ist eine Mauer? Was bedeutet „Mauer" für mich? Viele deuteten sie als Umschließung für einen Raum, der nur ihnen gehört, für eine Art Lebensraum in dem sie Schutz und Geborgenheit finden. Als wir jedoch den gleichen Workshop mit Studenten der Universität Istanbul durchführten, erhielten wir genau entgegengesetzte Ergebnisse. „Mauer" bedeutete für diese Gruppe nichts anderes als Einengung und Eingrenzung ihrer Freiheit. Mauern müssen durchbrochen werden.

Wie kommt es zu so verschiedenen Assoziationen?

Als erfolgreiche Mauerdurchbrecherin hat sich Elif in den Workshops wochenlang mit diesem Thema beschäftigt: Was bedeuten Mauern für mich, welche positiven Assoziationen, welche negativen wecken sie? Inwiefern begrenzen sie mich? Was bedeuten „Mauern im Kopf" und was für Mauern dieser Art habe ich selber? Wie können Mauern überwunden werden? Was für eine Funktion und Bedeutung haben Ausgänge wie Türen, Fenster oder Brücken? Braucht andererseits nicht jeder Mensch als eine Art von Schutz vor Gefahren doch die Mauern? Wenn ja: Aus welchem Material würde ich meine eigenen Mauern errichten? Andererseits: Ist es nicht so, dass Mauern die zwischenmenschlichen Beziehungen auch stark beeinträchtigen? Wie kann es geschehen, dass wir mit den Wörtern, mit der Sprache eine so feste

Mauer errichten, dass jeder Zugang zum anderen versperrt wird? Wie würde unser Umgang mit den anderen sein, wenn wir diese Mauern nicht hätten?

Bei den Improvisationsarbeiten zu diesem Begriff kamen die interessantesten Ergebnisse heraus, sodass ich jede Woche Elifs Aufregung und Freude teilte. Trotzdem war diese Aufführung für mich mehr oder weniger eine freudige Überraschung. Entstanden war eine experimentelle Darstellung mit stark traumhaften und surrealen Elementen. Alle traumhaften oder grotesken Symbole z.B. die Schaben die an den Wänden krabbeln oder die Porzellanpuppe oder die erotische Tanzszene wurden durch Pantomime oder Tanzeinlagen verkörpert, sodass aus dem Zwei-Personen-Stück ein reichhaltiges Viel-Personen-Stück wurde. Das Besondere an dieser Inszenierung war, dass die jungen Menschen, die da mitspielten, ihre eigenen Ängste, Probleme, Träume oder Albträume darstellten und somit sehr viel Persönliches mitbrachten. Mitgeholfen an dieser Inszenierung hatte Bernhard Deutsch, der langjährige erfahrene Theaterpädagoge des Theaters an der Ruhr, der sich intensiv dafür einsetzt, anspruchsvolle Inszenierungen auch denjenigen zugänglich zu machen, deren Herkunft sie nicht sehr viel mit dem Theater hat in Berührung kommen lassen. Er ist ein großartiger Theaterpädagoge, mehr noch: ein Künstler, ein Mann des Theaters.

„Wenn Bernhard nicht wäre, wären wir aufgeschmissen", sagt Elif. Eine wirklich erstaunlich gut gelungene Aufführung, vor allem wenn man bedenkt, wie wenig theaterkundig die Schauspieler sind. Ich selbst hatte doch gerade mit diesen jungen Menschen einiges erlebt, was mich ziemlich genervt hat. Z.B. ich ging mit ihnen gemeinsam ins Theater. Etwa fünf Minuten vor der Vorstellung klingelte mein Handy: Einige fragten mich, ob es möglich sei, die Vorstellung etwas später anzufangen zu lassen, weil sie sich verspäten würden. Und was soll man erst zu dem Studenten sagen, der von einem der Zuschauer dafür zurechtgewiesen werden musste, dass er während der Aufführung mit seinem Handy telefonierte? Oder die Studentin, die mich um Erlaubnis bat, die Aufführung eine halbe Stunde früher verlassen zu dürfen, weil sie doch ihren Henna-Abend, den türkischen Junggesellinnenabschied, habe. Aber das Befremdlichste und Lustigste war für mich eine Gruppe von studentischen Zuschauern, darunter etliche Kopftuchfrauen, die den Saal aus Protest verließen, weil auf der Bühne ein nackter Mann zu sehen war ... Obwohl ich schon einiges gewohnt war, musste ich mich in diesen Fällen unglaublich zusammennehmen, um nicht die Nerven zu verlieren. Was für ein Stress!

Nach unserer eigenen Aufführung sitze ich noch mit den studentischen Schauspielern und Zuschauern zusammen. Alle sind voller Aufregung und Freude.

„Hier wird unsere Geschichte erzählt!"

„Das sind wir doch selber. Wir stellen uns selbst dar!"

„Aus der Tür gehen wollen, aber nicht gehen können ..."

„Es hat Ihnen doch gefallen, oder?"

„Wir haben uns so sehr angestrengt!"

„Aber es hat unglaublich Spaß gemacht!"

„Durch dieses Projekt habe ich mich selbst gefunden!"

Die einzige, die etwas sorgenvoll dreinblickt, ist eine Kopftuch tragende junge Frau, die für die Aufführung ihre Haare unter einer Perücke versteckt hatte. „Und ich?", fragt sie schüchtern. „Habe ich Ihnen auch gefallen? Die Rolle des Erzählers war eigentlich nicht die passende Rolle für mich, aber ...

Auf meine Frage, was für eine Rolle sie hätte spielen wollen, erwidert sie kurz und bündig:

„Ich finde, ich hätte eine bessere Rolle spielen können, zum Beispiel gerne die Rolle der eingesperrten Tochter."

„Alle Rollen sind gleich wichtig. Und ihr habt eine hervorragende Teamarbeit geleistet", sage ich.

Die jungen Frauen, die ein Kopftuch tragen, kommen meist aus einem sehr konservativen Umfeld. Deshalb haben sie auch oftmals keinerlei Berührung mit dem Theater. Aber es gibt unter ihnen etliche, die sich jetzt dafür interessieren. Diejenigen, die den Mut aufbringen, sich

solchen Workshops anzuschließen, sind dennoch sehr wenige. Um sie zu ermutigen, machen wir alles nur Erdenkliche. Aber in den Theaterworkshops haben die Teilnehmer nicht nur auf intellektueller Ebene Kontakt miteinander, sondern auch auf der körperlichen. Sie purzeln miteinander auf dem Boden herum, tanzen zusammen oder berühren sich gegenseitig. Eine Teilnehmerin, die ein Kopftuch trägt und bei den Arbeiten zunächst auch sehr erfolgreich war, verließ deswegen die Gruppe, wenn auch traurig und widerstrebend. Ich denke, dass ihre Furcht, ihre Familie könnte etwas davon mitbekommen, am Ende einfach zu groß war. Ein wichtiger Faktor ist außerdem, dass viele Teilnehmer bei den Workshops innerlich stark aufgewühlt werden oder innere Konflikte ausfechten. Besonders stark erleben das die Teilnehmerinnen mit Kopftuch.
„Und wie fanden Sie die erotischen Träume?", fragt Elif ein wenig besorgt. „Der Vorschlag dazu kam von den Schauspielern. Bei den Improvisationsübungen hat sich eine schöne Tanzszene ergeben und ich wollte diese dann in das Stück aufnehmen. Aber vielleicht war das doch etwas zu extrem ..."

Die Zauberkraft des Theaters

Ich kenne Elif schon seit Jahren. Sie ist sehr aufgeweckt, neugierig und begeisterungsfähig. Sobald sie ihre Liebe zum Theater entdeckt hatte, gab sie sich größte Mühe, sich in diesem Bereich weiterzubilden. Nach dem letzten großen Erdbeben in der Türkei arbeiteten wir im Sommer 2000 mit dem Grips Theater Berlin an einem theaterpädagogischen Projekt in einem Containerdorf in Yalova, einer von dem Erdbeben besonders furchtbar betroffenen Stadt. Etwa zwanzig Lehrer und fünfzig Kinder und Jugendliche nahmen an diesem Projekt teil. Das Ergebnis unserer Workshops haben wir dann mit dem Kamyon Theater, einer fahrenden Theaterbühne auf einem LKW, in den verschiedenen Notunterkünften des Erdbebengebiets aufgeführt. Dieses Projekt öffnete für Elif eine neue Tür. Sie entdeckte plötzlich ihre theaterpädagogische Begabung, vor allem, wie gut sie mit jüngeren Kindern arbeiten kann. So inszenierte sie mit den Kindern die Geschichte von der fleißigen Ameise und der faulen Grille von La Fontaine als Parodie: Eigentlich ist die Grille, die den ganzen Sommer über ein schönes Lied nach dem anderen singt, nicht faul, wie es La Fontaine beschreibt, sondern ein fleißiger Musikant. Und sie arbeitete in den Wochen darauf dann in unserer Pilotschule „Kadınlar Çeşmesi" (Brunnen der Frauen) an weiteren Theaterworkshops.

Die Erlebnisse, die die Studierenden im Laufe des Projekts in Yalova hatten, waren sehr intensiv. Viele haben dort Erfahrungen sammeln können, die sie ihr Leben lang verwenden können.

„Dort haben wir alles so ganz anders erlebt" erzählt Elif. „Einmal haben wir zum Beispiel eine Sternschnuppe gesehen. Wir haben uns wie Kinder gefreut und uns tausende Sachen gewünscht, aber die Einwohner Yalovas sind ängstlich zusammengerückt. Denn in der Nacht, in der das Erdbeben ausbrach, soll der Himmel wohl so klar und die Sterne so nah wie noch nie zuvor gewesen sein. In den Nächten, in denen wir mit den Opfern des Erdbebens zusammen saßen und der Mond sich auf der Meeresoberfläche spiegelte, hatten sie uns so viel zu erzählen. Und was mir am meisten gefallen hat, war die intensive innere Beziehung zu den Kindern dort. Der Abschied fiel uns dann allen richtig schwer."

Während dieses Projekts hatte ich das erste Mal Gelegenheit, Elif näher kennenzulernen. Mich hatten nicht nur ihr Enthusiasmus, ihre Lebensfreude und positive Energie beeindruckt, sondern auch ihr ausgeprägtes Verantwortungsgefühl und ihre Verlässlichkeit ... Ich verfolgte mit zunehmender Freude, nicht nur wie sie sich im Laufe der Jahre Schritt für Schritt weiter bildete, sondern auch wie sie mit ihrer Begeisterung und Lebensfreude auch ihre Freunde ansteckte. So versuchte ich sie in jeder Weise zu unterstützen.

Anatolien mitten in Deutschland

Wie die anderen findet auch Elif in diesem Theaterstück viel von sich selbst, sogar sehr viel. Denn das, was fast jedes Mädchen in der türkischen Gesellschaft erlebt, hat sie um ein vielfaches durchgemacht. Dabei ist ihre Familie nicht konservativer als die anderen Migrantenfamilien. Nicht nur dass ihr Vater es ihr erlaubt alleine zu leben, er sagt auch nichts dazu, dass sie immer wieder ihr Studium verlängert, und unterstützt sie sogar dabei finanziell, so gut er kann. Es gibt niemanden, den es stört, dass sie ihre lockigen Haare offen trägt, die verrücktesten Klamotten anzieht und z.B. in hautengen Shirts, superkurzen Miniröcken oder ellenlangen spitzen Schuhen herumläuft. Selbst wenn sie niemandem sagt, dass sie einen Freund hat und mit ihm zusammenlebt, laut Elif weiß das sowieso jeder.
Aber diese Freiheit hat sie sich schwer erkämpft. Daran, wie sie mit vierzehn Jahren nach Deutschland kam und an ihre ersten Jahre hier, erinnert sie sich mit Grauen.
„Ich kam aus einem modernen, liberalen Umfeld in der Türkei, in dem ich mich richtig wohl fühlte. Aber mit einem Mal fand ich mich in einem Arbeitergetto in Deutschland wieder, das geprägt war von den verschiedensten Zwängen und von ewigen Sorgen nur über das Gerede der Nachbarn. Alle mischten sich ständig in meine Angelegenheiten ein, in meine Art mich anzuziehen, zu gehen oder zu reden. Das Schlimmste war, dass ich, egal was ich machte, es niemandem recht machen konnte. Alles, aber auch alles was ich tat, wie ich mich bewegte, wie ich sprach, wie ich lachte, war irgendwie falsch."
Nach Elifs Geburt war ihre Mutter gestorben, so wuchs sie bei ihren Großeltern mütterlicherseits auf. Ihre Kindheit verbrachte sie in einem modernen Stadtviertel von Ankara. In Deutschland dagegen fand sie sich in einem konservativ muffigen Umfeld wieder. So erlebte sie den größten Schock ihres Lebens.
Die Geschichte von Elif ist den Geschichten derer ähnlich, die aus türkischen Großstädten wie Istanbul oder Izmir mit großen Träumen

und Hoffnungen in dieses Land kommen und zu spät merken, dass sie vom Regen in die Traufe geraten sind.

Freiheit

Der größte Wunsch von Elifs Vater, der seit Jahren in Deutschland lebt und nach dem Tod von Elifs Mutter wieder geheiratet hat, ist, sie einmal zu sich zu nehmen. Die Tochter soll hier in Deutschland aufwachsen und in die Schule gehen. Aber davon will Elif nichts wissen.
Sie möchte ja gar nicht weg aus Ankara, denn sie hängt sehr an ihrer freundlichen Oma und ihrem Opa, der ein modern eingestellter Buchhalter ist und ein fröhliches Rentnerleben führt. Elif liebt ihre Großeltern sehr. Beide sind voller Lebensfreude, unternehmen miteinander sehr viel und haben auch sehr viel Herz und Zeit für Elif übrig. Jede Woche gibt es für Elif ein besonderes Unterhaltungs-und Bildungsprogramm: Theater, Oper oder Kino. Ihre Tante arbeitet in einer Bibliothek, direkt in der Nachbarschaft. Dort leiht sich die ganze Familie ständig Bücher aus. Zu Hause wird viel geplaudert, gelacht und gelesen.
Wann immer Elif es will, kann sie sich mit ihren zahlreichen Freunden treffen und mit ihnen auch ausgehen. Wenn ihre Freunde sie besuchen, freuen sich die Grosseltern darüber nur. Sie kann ihnen auch ohne Vorbehalt von den Jungen erzählen, die ihr gefallen. Ihre Großeltern sind für sie wie echte Freunde. Ihrer Mutter, die ein sehr ruhiger Mensch war, ist Elif gar nicht ähnlich, denn sie umgibt sich gerne mit Freunden und ist plauderfreudig und lustig. Zwar mag sie es nicht, dass sie ein wenig pummelig ist, dass ihr lockiges Haargewirr in alle Himmelsrichtungen zeigt und dass sie eine Brille tragen muss. Aber fröhlich und lebendig wie sie ist, mag einfach jeder sie. In der Schule ist sie nicht sonderlich gut, aber mit Ach und Krach kommt sie irgendwie durch. Eigentlich ist ihr die Schule egal, sie interessiert sich nur für ihre Freunde und ihr nahes Umfeld.
„Das beste war, dass ich bei meinen Großeltern nie Benachteiligung als

Mädchen erfahren habe", sagt Elif voller Dankbarkeit. Als beispielsweise die Großmutter einmal krank wurde und einige Zeit im Krankenhaus zubringen musste, teilten ihr Großvater und sie sämtliche Haushaltsarbeiten zuhause untereinander gerecht auf. Sie kann sich nicht daran erinnern, jemals von ihren Großeltern zu irgendetwas gezwungen worden zu sein. Das Wichtigste ist, dass ihr das Recht auf ein Privatleben gewährt wurde. Sie hatte sogar ein eigenes Zimmer. Kurz, in Ankara gab es für sie weder Zwang noch Verbot.

Zusammenprall der Werte

In Ankara fühlt sich die junge Elif im wahrsten Sinne des Wortes frei und kann machen was sie will.Sie hält diese Freiheit für selbstverständlich und denkt auch nicht im Traum daran, dass sich das irgendwann einmal ändern könnte. Ihre Freiheit weiß sie aber trotzdem als etwas Besonderes sehr zu schätzen. Denn sie hat einen Onkel väterlicherseits, der sie alle Jubeljahre einmal bei ihren Großeltern besucht. Wenn er dann kommt, untersucht er die ganze Gegend argwöhnisch und mischt sich in alles ein. Elif nimmt ihn zwar nicht wirklich ernst, doch kann sie ihn nicht ausstehen. Da gibt es zum Beispiel in ihrer Nachbarschaft einen Jungen, Ömer, mit dem sie zusammen aufgewachsen ist. Mit ihm hat sie, schon immer gespielt. Aber ihrem Onkel passt es nicht, dass sie immer mit diesem Jungen zusammen steckt. Er denkt, dass sie, so verwöhnt wie sie ist, auf dem besten Weg sei vom rechten Weg abzukommen. Die Familie ihres Vaters, die recht konservativ ist, ist der Meinung, dass die Großeltern mütterlicherseits das Mädchen nicht ordentlich erziehen können.
Als sie einmal auf Drängen des Onkels hin die Sommerferien bei ihren Großeltern väterlicherseits in einem Vorort von Ankara verbringt, entschließt sie sich mit dem Onkel ganz zu brechen. Denn der macht einen Riesenkrach, nur weil sie einen Jungen aus der Nachbarschaft gegrüßt hat. Elif denkt, dass bei ihm wohl eine Schraube locker sein

muss und schließt mit ihm endgültig ab. Sie fühlt sich auch den Großeltern väterlicherseits nicht besonders nahe. Ihr Großvater ist allen gegenüber sehr abweisend und wortkarg und die Großmutter als seine zweite Ehefrau interessiert sich überhaupt nicht für Elif. Diese unangenehme Atmosphäre, die Wortkargheit, die Kommunikationslosigkeit und Kälte in den familiären Beziehungen, ihr Onkel, der ständig wie ein Wachtmeister hinter ihr her schnüffelt, machen Elif so sehr zu schaffen, dass sie eines Nachts einfach heimlich abhaut. Sie geht zu ihren Großeltern in Ankara zurück. Ab diesem Zeitpunkt genießt sie den Ruf, ein Querkopf, d.h. ein sprichwörtliches „Problemkind" zu sein.

Dabei geht es nur um zwei verschiedene Wertesysteme, die mit einem Mal so hart aufeinanderprallen, dass Elif richtig eingequetscht, ja fast plattgemacht wird. Hier: Zwanglosigkeit, Freiheit und fröhliches Leben, dort: Regeln, Zwänge und Verbote. Hier die Großeltern mütterlicherseits, die das Enkelkind liebevoll annehmen, betreuen, erziehen und ohne Zweifel auch etwas verwöhnen, dort die Familie ihres Vaters, die sie nach traditionellen Rollenmustern bevormundet. Es kommt zu Spannungen zwischen den Familien, zu nicht enden wollenden Konflikten und Streitereien ...

Elifs Vater macht seine Schwiegereltern sogar für den Tod seiner verstorbenen Frau verantwortlich. Als Elif auf die Welt kam, war ihr Vater in Deutschland. Die Mutter habe nach der Geburt starke Blutungen gehabt, und weil die Ärzte nachlässig gewesen seien, sei sie ums Leben gekommen. Wenn man sie nach der Geburt nicht allein gelassen hätte, wäre diese Katastrophe nicht eingetreten ... Jedes Wort, das gegen ihre Oma und ihren Opa gerichtet ist, macht Elif schwer zu schaffen. Sie möchte diese ganzen Schuldzuweisungen, Spannungen und Konflikte nicht mitmachen. Aber niemand fragt sie danach, was sie will oder nicht will!

Eigentlich kennt Elif weder ihren Vater noch dessen Familie richtig. Sie will sie auch gar nicht kennenlernen. Ihren Vater, der wieder geheiratet hat, sieht sie nur ein bis zwei Mal im Jahr. Als sie elf Jahre alt ist, fliegt sie in den Sommerferien zu ihrem Vater nach Deutschland. Aber von diesen Ferien hat sie sehr schnell die Nase voll. Sie wird weder mit ihrem Vater warm, noch mit ihrer Stiefmutter, noch mit den beiden Halbbrüdern. Was ihr vor allem wehtut ist, dass ihr Vater ihre so sehr geliebten Großeltern ständig schlecht macht. Er ist nämlich der Meinung, dass die Großeltern sich nur deswegen so sehr um das Mädchen kümmern, weil es ihnen ums Geld geht. Denn der Vater schickt ihnen für das Kind jeden Monat recht viel Geld.

„Keiner hat auch nur einen Hauch von Gedanken daran verschwendet, wie sehr ein kleines Kind unter diesen familiären Spannungen leiden kann" sagt Elif. „Und das Schlimmste war, dass ich mich immer dafür verantwortlich fühlte. Ich war ja schließlich die Ursache für diese ganzen Streitereien in der Familie!"

Das Problemkind kommt nach Deutschland

Elifs Großeltern mütterlicherseits schicken sie schließlich im Alter von fünfzehn Jahren nach Deutschland. Das kann Elif ihnen jahrelang nicht verzeihen. Mit einem Mal fühlt sie sich einsam und verlassen. Wie sehr auch ihre Großeltern an diesem nicht enden wollenden Familienstreit gelitten haben müssen, kann sie erst viele Jahre später verstehen.

Als sie dann schließlich gegen ihren Willen in Deutschland ankommt, erlebt sie einen richtigen Kulturschock. Vater und Stiefmutter haben für sie ein strenges Programm vorbereitet. Genauestens ist festgelegt worden, wie ein junges Mädchen sich zu verhalten hat, wie es sich anzieht, was es spricht, was es alles darf und nicht darf. Elif fühlt sich anhand dieser nicht enden wollenden Vorschriften und Anweisungen wie in Fesseln gelegt.

Was ihr am meisten wehtut, ist die ständige Diskriminierung als Mädchen, die sie nun erfährt. Während ihre jüngeren Brüder keinen Finger rühren, erwartet man von ihr, dass sie beim Kochen hilft, den Tisch deckt, sogar die Betten ihrer Brüder macht und ihnen hinterher räumt. Sie wehrt sich aber mit voller Kraft gegen diese ihr aufge-

drängte Rolle der braven, gehorsamen Tochter. „Das Schlimmste an meinem Sklavendasein war, dass ich noch nicht einmal den Ansatz eines Privatlebens hatte. Mir kam alles so eng vor und ich fühlte mich so eingeschlossen. Es war wie in einem Gefängnis."
Sie muss ein Zimmer mit ihren Brüdern teilen. So hat sie noch nicht einmal den kleinsten Raum, der nur ihr gehört. Ihre Stiefmutter stöbert ständig in ihren Sachen herum, sogar in ihrem Tagebuch! Einmal ist gerade wegen der Aufzeichnungen in ihrem Tagebuch zuhause die Hölle los: Elif stellt ihre Eltern zur Rede und fragt sie, mit welchem Recht sie in ihrem Tagebuch herumschnüffeln. Das nun wird von ihnen als eine bodenlose Frechheit bewertet. Daraufhin schmeißt sie ihr Tagebuch wütend weg.
Man sagt ihr andauernd, dass die Eltern ein Recht darauf hätten, zu erfahren, was sie denkt oder fühlt. Privatsphäre? Vergiss es, so etwas gibt es doch gar nicht. Jedes Mal, wenn sie aus der Schule zurückkehrt, wird sie mit irgend etwas Neuem konfrontiert. Ständig werden ihre Sachen durchwühlt, sogar Briefe, die an sie adressiert sind, werden gelesen ... Wut und Verzweiflung breiten sich immer mehr in ihr aus ... Dann versammelt sich im Wohnzimmer das hohe Gericht. Da thront ihr Vater als der oberste Richter. Seine Augenbrauen sind zusammengezogen, deutlich erkennbar, dass er innerlich vor Wut kocht ... Neben ihm steht die Stiefmutter als die hinterhältige Anklägerin. Auch sie ist stocksauer.. Warum hat man ihr nur dieses Kind aufgehalst, womit hat sie denn das bloß verdient? Elif wird bombardiert mit Anklagen und Beschuldigungen. Ganz verschüchtert und einsam steht sie da und fühlt sich hundeelend.
Die Fragen, Verwarnungen, Tadel und Strafen nehmen kein Ende ... Alles an ihr wird mit Argwohn betrachtet, ob es nun ihre Ohrringe sind, die engen Miniröcke oder ihr nicht zu bändigender Wuschelkopf, einfach alles.
Es verletzt sie zutiefst, dass alle in der Nachbarschaft und im Bekanntenkreis ihrer Familie ein Problemkind in ihr sehen. Das arme Mädchen, das keine Mutter mehr hat ... Wenn Gäste da sind, dann

gehört es fast zur Tagesordnung, dass sie immer alle untereinander hinter ihrem Rücken tuscheln und besorgte Glupschaugen machen. Das Problemkind Elif ist in aller Munde. Das Unbehagen in ihr wächst ständig. Sie hat das Gefühl, nicht mehr atmen zu können, ja fast zu ersticken. Der einzige in der Familie, der sich mit ihr voll solidarisiert, ist ihr Bruder Asım. Dieser entdeckt in den folgenden Jahren seine homosexuellen Neigungen und leidet sehr darunter, denn seiner Familie kann er das nicht sagen, es bleibt sein Geheimnis. Nur Elif kann er sein Herz öffnen.

Im Gegensatz zu dem sensiblen Asım, ist der andere Stiefbruder Volkan ein echter Brecher. Als ob es nicht schon reichen würde, dass ihn ein benachbartes kinderloses deutsches Ehepaar zum Mittelpunkt ihres Lebens macht und ihn wie einen kleinen Pascha hegt und pflegt, wird er auch von den Eltern nach Strich und Faden verwöhnt. Somit entwickelt sich Volkan, anders als der introvertierte Asım, zu einem kleinen Macho, der es gewöhnt ist, alles zu bekommen, was er will. Deshalb versteht er sich weder mit Elif noch mit Asım.

Jahre später habe ich Asım, der inzwischen als Friseur arbeitet, kennengelernt. Elif hatte ihre Diplomabschlussparty in seiner Wohnung veranstaltet und ihre engen Freunde dazu eingeladen. Man sah Asım schon von fern an, dass er schwul ist. Es ist seltsam, dass die Familie dies nicht wahrzunehmen scheint. Entweder bemerkt sie tatsächlich nichts, oder aber sie betreibt wie viele andere Immigrantenfamilien eine Art Doppelmoral. Elif denkt, dass beides möglich sei. Denn wir sehen oftmals die Tatsachen nicht so, wie sie wirklich sind, sondern so, wie wir sie sehen wollen. Wenn die Familie irgendwann einmal die Wahrheit über Asım herausfindet, würde sie dies nicht nur Asım nicht verzeihen, sondern auch Elif, weil sie dieses Geheimnis jahrelang für sich behalten hat. Da ist sie sich ganz sicher.

Heute verbindet Elif und Asım ein intensives Band aus Liebe und Freundschaft, das auf gegenseitigem Vertrauen und Solidarität gründet. Ihren gemeinsamen Bruder jedoch, der wohl denkt, dass er Mittelpunkt der Welt ist, mögen beide nicht besonders. Volkan habe ich nicht kennenlernen können, denn zu Elifs Party ist er nicht gekommen.

Die Schweigemauer

Die erste Phase von Elifs höllischem Leben in Deutschland ist geprägt von Konflikten und Streitereien sowie von dem verzweifelten Versuch, sich gegen diese zu wehren ... In der zweiten Phase versucht sie, sich der Rolle, die ihr aufgedrängt wird, zu fügen ... Aber es gelingt ihr nicht ... Denn das Gekeife, die Tadel, die Strafen hören gar nicht auf ... Bei jeder Gelegenheit wird sie aufs Übelste fertiggemacht. Die kleinste Unachtsamkeit führt zu einem riesigen Streit. So zum Beispiel, wenn ihre Brüder sie halbnackt oder in Unterhosen in der Wohnung herumlaufen sehen: „Wie unschicklich! Dieses Mädchen ist ja total verrückt geworden!" Oder wenn ihr Zimmer unordentlich ist: „Ist das zu fassen? Sieht das Zimmer eines jungen Mädchens so aus?" Oder wenn sie das Geschirr nicht ordentlich abgespült hat: „Also das geht jetzt wirklich zu weit!" Oder sie hat das Bett ihrer Brüder nicht gemacht: „Sie kriegt es ja noch nicht einmal hin, ein Bett anständig zu machen. Sollen die Jungs etwa in einem zerknitterten Bett schlafen?" Oder wenn sie in Anwesenheit von Gästen etwas Unpassendes gesagt hat: „Ihre Unverschämtheit ist unglaublich!" Für Elif ist diese Zeit geprägt von Enttäuschung, Verzweiflung und Weinen.
Einmal schaut sie sich ein Theaterstück an, in dem es um ein Kind geht, das von seiner Pflegefamilie richtig schikaniert und misshandelt wird. Am Ende beschließt es, dass es, komme was wolle, nicht mehr weinen wird. Elif nimmt sich dieses Kind zum Vorbild. Sie wird von nun an auch nicht mehr weinen. Sie wird lernen stark, ausgeglichen und widerstandsfähig zu sein.
So fängt die dritte Phase, die Zeit des Schweigens an. Egal was passiert, sie weint nicht mehr ...Sie versteckt sich hinter einer Schweigemauer.. Mit ihrer Stiefmutter redet sie zwei Jahre lang kein

einziges Wort mehr ... Sie setzt sich nicht mehr mit ihr an einen Tisch und isst auch keinen Bissen von dem Essen, das die Stiefmutter kocht ... In dieser Zeit, gewinnt Elif Schritt für Schritt an Kraft zu Selbstbehauptung. Denn jetzt kann sie niemand mehr bedrängen. Es ist als ob sich irgendwo ein Fenster geöffnet hat, aus dem endlich frische Luft hereinweht. Gierig atmet sie diese frische Luft tief ein.

In der Schule freundet sie sich eine Zeitlang mit einem Mädchen an, das auch aus einer Migrantenfamilie kommt, und sich in einer ähnlichen Situation befindet: Es wird von seiner Mutter sehr unterdrückt. Auch wenn diese Freundschaft nicht lange dauert, denn das Mädchen kehrt mit den Eltern in die Türkei zurück, hat Elif in ihrer schlimmsten Krisenzeit jemanden, dem sie ihr Herz ausschütteln kann. Worüber sich beide wundern ist, dass die ganze Misere weniger an dem Vater, als an der Mutter liegt. Es ist tatsächlich überraschend, dass es in den patriarchalischen Familienstrukturen immer die Mutter ist, die über die Einhaltung dieser Strukturen wacht. Mit den Vätern klar zu kommen, ist vielleicht doch nicht so schwer wie mit den Müttern, die manchmal zu richtigen Despoten werden.

Dabei ist es eigentlich nicht nur Elif, die in der Familie Probleme macht. Die zweite Ehe des Vaters ist nicht besonders glücklich, ständig gibt es in ihr Reibereien und Streit. Manchmal vergehen Monate, ehe Vater und Stiefmutter wieder miteinander reden. An die Ferien, die die ganze Familie gemeinsam in der Türkei verbringt, erinnert sich Elif mit Grauen. Da wird sie auf Schritt und Tritt beobachtet, verfolgt und getadelt, sie hat noch nicht einmal eine Minute für sich alleine. Außerdem kommt bei jedem Türkeiurlaub das Thema auf, Elif wieder in die Türkei zurückzuschicken. Einmal entschließt die Familie sich tatsächlich sie dort zu lassen, aber in letzter Minute entscheidet sie sich dann doch anders. Elif fühlt sich wie ein Spielball, der ständig hin und her geworfen wird..

Der Lügenknäuel

Erst in Deutschland lernt Elif, was es heißt, zu lügen. „Meine Oma und meinen Opa habe ich ja niemals angelogen. Alles, was mir hier passiert ist, habe ich ja schließlich meiner Aufrichtigkeit zu verdanken. Deswegen sagten ja alle, ich sei nicht anpassungsfähig."
Wenn auch nur eine ihrer kleinsten Lügen zuhause auffliegt, ist die Hölle los. „In den Sommermonaten arbeitete ich bei Benetton, um mein Taschengeld zu verdienen. Einmal bin ich nicht zur Arbeit gegangen, sondern zu einer meiner deutschen Freundinnen. Sie war neugierig auf die türkischen Teigspezialitäten, also habe ich für sie poğaça, ein Gebäck mit Schafskäsefüllung, gebacken. Und genau an diesem Tag hat meine Familie beschlossen, mich von der Arbeit abzuholen. Das nenne ich Pech!"
Doch mit den Lügen, die Elifs Bruder Volkan erzählt, ist diese harmlose Lüge nicht im Geringsten zu vergleichen. Volkan erzählt seinen Eltern, dass er auf Klassenfahrt geht, und fliegt mit ein, zwei Freunden auf eigene Faust in die Türkei. Als das herauskommt, sind die Eltern zwar nicht besonders glücklich darüber, aber sie nehmen Volkans Unart einfach so hin. Was Elif nicht versteht und auch nicht verstehen will, ist, dass Volkan und sie vollkommen unterschiedlich behandelt werden. Als also Elifs Lüge auffliegt, wird diese Sache so sehr aufgebauscht, dass ihre Stiefmutter sogar damit droht, sie werde sich vom Vater scheiden lassen, wenn Elif nicht das Haus verlässt. Daraufhin schlägt der Vater seiner Tochter vor, sie zu ihrem unangenehmen Onkel nach Ankara zu schicken und ihr ein eigenes Konto einzurichten, damit sie dort auf die Privatschule gehen kann. „Aber ich wollte nichts davon hören," sagt Elif. „Ich bin doch kein Spielzeug, das sie einfach so in die Ecke werfen können, wenn sie keine Lust mehr zum Spielen haben!"
Ab diesem Zeitpunkt belügt sie ihre Eltern nur noch und zieht einfach „ihr Ding durch". Alles und jeder ist ihr mittlerweile egal ... Sie trifft sich mit ihren Freunden, geht mit ihnen aus, hat sogar einen afrikanischen Freund.

„Dass mir meine Familie mittlerweile völlig egal geworden war, war ein großartiges Gefühl. Ich musste mich ihnen nicht mehr beweisen. Mir ist es wichtig, dass ich mein Leben so gestalten kann, wie ich es will, und dass sich niemand in meine Angelegenheiten einmischt." Elif fühlt sich zum ersten Mal befreit.
Trotzdem gibt es da etwas, was sie stört, wenn sie in die Vergangenheit zurückblickt. Es ist der Polizist in ihr, der ihr, wenn es um Freundschaften und besonders um ihre Beziehungen zu Männern geht, sofort in die Quere kommt. Dieser innere Polizist verfolgt sie auf Schritt und Tritt und mischt sich in alles ein. Deswegen kann sie sich zwar Freiheiten herausnehmen, die ihre Familie niemals tolerieren würde, aber dennoch bleiben diese Freiheiten begrenzt. Das muss an dem Bild liegen, dass die Leute in ihrem Umfeld von Frauen haben. Eine grenzenlose Freiheit kann sie niemals richtig erleben. Sie kann zwar nicht genau sagen, ob das gut oder schlecht ist, aber sie weiß, dass Liebe und Sex nicht immer dasselbe sind. Die Jungs können von den Freiheiten, die ihnen gewährt werden, Gebrauch machen und dieses Problem irgendwie leichter überwinden. Aber was ist mit den Mädchen? Die können sich meist nur sehr schwer der Wirkung dieses inneren Polizisten entziehen. Und deswegen zögert Elif, hier von einer völligen Gleichberechtigung zwischen den Geschlechtern zu sprechen.

Auswege

In dieser Zeit voller Höhen und Tiefen passieren auch schöne Dinge in ihrem Leben. Ihre Schule zum Beispiel findet sie toll. Vor allem in kulturellen und künstlerischen Aktivitäten wie Theaterspielen, Malen, Singen oder Gitarrespielen ist sie unschlagbar. Neben Deutsch und Englisch lernt sie auch noch Italienisch. „In unserer Schule gab es ein so großes Angebot für der verschiedensten Aktivitäten, dass ich am liebsten alles auf einmal machen wollte. Aber ich hatte ja gar nicht genügend Zeit dazu. Alles war so schön und aufregend!"
Die Schule wird für sie ein Lebensraum, in dem sie Unterschlupf fin-

den kann. Sie ist richtig glücklich dort. „Wie schön wäre es, wenn ich Tag und Nacht in der Schule hätte bleiben können. Ich wollte nie wieder nach Hause gehen." Auch ihre Lehrer mögen Elif gleich vom ersten Augenblick an. Und das, obwohl sie in der ersten Zeit kein Deutsch spricht. Aber sie sehen, dass sie sich außerordentlich viel Mühe gibt. Vielleicht ahnt Elif intuitiv, dass der Bildungsweg für sie der einzige Weg ist, aus dem Umfeld der Zwänge auszubrechen. Dieses Gefühl haben sehr viele Mädchen mit Migrationshintergrund. Denn die meisten Familien, wie konservativ sie auch sein mögen, lassen ihren Töchtern, die gut in der Schule sind, sogar es bis zum Studium bringen, ein bestimmtes Maß an Freiheit. Natürlich gibt es auch solche, bei denen das nicht der Fall ist, aber Elifs Familie ist glücklicherweise nicht so fanatisch. Aus dem, was sie erzählt, schließe ich, dass die Schule auf der Elif war, eine gute Schule gewesen sein muss, die nur fachlich und menschlich gute, sozial engagierte Lehrer beschäftigte. So hat sie wirklich Glück gehabt. Denn unter den Immigrantenkindern, vor allem bei den Mädchen, sind die Gegenbeispiele sehr zahlreich. Wie viele Mädchen gibt es, deren Wunsch nach Bildung von den Lehrern einfach nicht ernst genommen wurde: „Wieso willst du denn studieren?",„Werden die Mädchen in eurer Kultur nicht sowieso gleich verheiratet?", „Wozu willst du lernen? Du wirst doch sowieso Hausfrau!" Wenn zu der Konditionierung der patriarchalischen Familienstrukturen und zu der Diskriminierung der Frauen auch noch Ausländerfeindlichkeit hinzukommt, dann fühlen sich die jungen Mädchen vollends umzingelt. Die meisten verlieren dann ihren Mut und hören mit der Schule auf.
Dabei können ein wenig Empathie und Aufmunterung Wunder wirken, so wie es bei den hilfsbereiten und netten Lehrern von Elif der Fall gewesen ist. Wer weiß, vielleicht hat sie auch mit ihrer freundlichen, lebendigen und offenen Art viele für sich einnehmen können.
Zwei Bücher geben Elif in dieser Zeit die richtige Orientierung. Das eine ist Erdal Atabeks Jugendbuch „Kırmızı Işıkta Yürümek" (Bei Rot über die Straße), das andere „Die Möwe Jonathan" von Richard Bach.

In beiden Büchern findet sie ihre Geschichte.

„Als ich die Werte, die mir mein Vater aufzwingen wollte, mit dem verglich, was ich z.B. bei Atabek las, wurde mir schwindelig. Was für ein riesiger Abgrund zwischen den beiden Welten lag!"

Am meisten überrascht es sie, dass dieses Buch von einem Mann geschrieben wurde. Es gibt ihr die Bestätigung, dass sie sich auf dem richtigen Weg befindet. Sie erkennt, dass ihr einziger Ausweg darin besteht, die Rolle, die ihr aufgezwungen werden soll, auf keinen Fall zu akzeptieren.

Auch in der Geschichte der Möwe Jonathan, die anders ist als alle anderen Möwen und mühselig ihren eigenen Weg sucht, findet Elif sich selber. „Diese Geschichte erzählte davon, wie aufwendig und aufreibend der Weg in die Freiheit ist zeigte mir irgendwie, dass ich trotz aller Schwierigkeiten und Hindernisse meinen eigenen Weg finden konnte. Sie machte mir richtig Mut."

Nach und nach lernt Elif sich selbst zu vertrauen. Ohne Rücksicht auf irgendjemanden oder irgendetwas verfolgt sie Schritt für Schritt ihren eigenen Weg.

Ihre Lehrer wissen über die Probleme, die sie zuhause hat, Bescheid. Ihr Klassenlehrer schickt sie zu dem Sozialberater der Schule, der versucht, ihr, so weit es geht, zu helfen. Er erzählt ihr von anderen Immigrantenkindern, die mit sehr viel schwierigeren Problemen zu kämpfen haben und beruhigt sie erst einmal. Es gelingt ihm auch, ihr dabei zu helfen, ihre Probleme etwas distanzierter zu betrachten. Er ermutigt sie, noch eine Weile die Zähne zusammenzubeißen und die Schule ohne Unterbrechungen abzuschließen. Währenddessen fällt es ihrer Familie schwer, hinzunehmen, dass sie sich selbstständig macht und unbeirrt ihren Weg geht. So kauft sie sich zum Beispiel, sobald sie achtzehn ist, von ihrem Taschengeld ein Flugticket, um in den Ferien nach Bodrum zu fliegen. Dort will sie erst einmal Urlaub machen und danach ihre Großeltern besuchen. Das alles plant sie ganz alleine, ohne auch nur irgendjemanden um seine Meinung zu fragen oder etwa um Erlaubnis zu bitten ...

Der Vater ist total verbittert und redet kein Wort mehr mit ihr, trotzdem fährt er sie zum Flughafen und holt sie bei ihrer Rückkehr auch wieder dort ab. Ohne auf den Widerwillen der Familie Rücksicht zu nehmen, öffnet Elif das Fenster sperrangelweit und atmet tief die frische Luft ein. Jetzt ist sie fast ganz frei ... Aber noch nicht ganz. Sie muss ja erst noch ganz raus.

Zwischen Freiheit Gefangenschaft

Elif denkt, dass vieles in ihrer Kindheit falsch gemacht wurde. Sie weiß, dass das liberale Umfeld, in dem sie aufgewachsen ist, ihre Entwicklung positiv geprägt hat. Nachträglich denkt sie aber, dass sie vielleicht doch von den Großeltern zu sehr verwöhnt worden war, weil sie ja in ihrem Freiheitsdrang irgendwie maßlos war.
Auch ist sie sich darüber im Klaren, dass man ihrer Stiefmutter zu viel aufgebürdet hat, indem man ihr auch noch die Verantwortung für ein fünfzehnjähriges rebellisches Kind gab, obwohl sie sich schon um ihre zwei eigenen Kinder kümmern musste.
„Wenn ich eines Tages Kinder haben sollte, werde ich sie natürlich liberal erziehen. Aber Freiheit darf nicht bedeuten, dass ein Kind gar keine Grenzen mehr kennt. Das Wichtigste ist wohl der Dialog mit dem Kind, denn gerade das hat mir gefehlt. Es reicht nicht nur „ja" oder „nein" zu sagen, oder nur Regeln und Verbote aufzustellen. Das Kind muss spüren, dass es ernst genommen und akzeptiert wird und dass man nur sein Bestes will. Eine Beziehung sollte aufgebaut werden, die auf Vertrauen beruht. Auch sollte man die Möglichkeiten und Begabungen des Kindes entdecken und diese systematisch fördern. Das hat mir ja doch gefehlt. Meine eigenen Möglichkeiten habe ich viel später, eigentlich erst während meines Studiums entdeckt. Natürlich sollte das Kind auch nicht ständig im Mittelpunkt sein, sondern sich als ein gleichwertiges Mitglied der Familie fühlen. Seine Bedürfnisse müssen genauso zählen wie die der anderen Familienmitglieder. In vie-

len Familien konzentrieren sich die Eltern nur auf das Kind und später beschuldigen sie es noch dazu, weil sie so viel für das Kind aufgegeben haben. Das finde ich so schrecklich. Ich will nicht die Fehler wiederholen, die in meiner Erziehung gemacht wurden. In der Türkei habe ich eine Freiheit erlebt, durch die mir jeglicher Orientierungssinn verloren gegangen ist, hier dagegen habe ich die totale Begrenzung des Gettolebens erlebt. Was aber beide Abschnitte meines Lebens vielleicht gemeinsam haben, ist, dass ich nie richtig ernst genommen oder respektiert worden bin."

Heute hat Elif sowohl mit sich selbst als auch mit ihrer Vergangenheit Frieden geschlossen. Sogar mit ihrer Stiefmutter versteht sie sich mittlerweile sehr gut. Nachdem so viel Zeit vergangen ist, kann Elif sie nämlich sehr viel differenzierter betrachten:Eine unglückliche Ehe, der Druck der türkischen Gemeinschaft, zwei wilde und schwierige Jungen und ein nicht zu bändigendes Mädchen, das alles muss für sie damals eine sehr harte Nuss gewesen sein.

„Meine Stiefmutter hatte vor allem höllische Angst vor dem Getratsche der Nachbarn: Sie schaffe es nicht, das mutterlose, arme Halbwaisenkind großzuziehen usw. Welch ein Druck von Nachbarn ausgehen kann, habe ich erst gesehen, nachdem ich nach Deutschland gekommen bin. Die Menschen aus der Türkei leben hier auf engstem Raum zusammen. Auch die verschiedenen ethnischen Gruppen, die einander nicht riechen können, habe ich erst hier in Deutschland kennengelernt. Vorher wusste ich noch nicht einmal, dass es so verschiedene Gruppen wie Kurden, Alewiten oder Jesiden gibt, dass jede Gruppe für sich ein isoliertes Gemeinschaftsleben führt und dass manche sogar mit mehreren anderen zugleich verfeindet sind."

Elif hat ihren Großeltern, die sie damals so im Stich gelassen haben, längst vergeben. Aber über das, was sie in ihrer Kindheit erlebt hat, hat sie sich mit ihnen nie ausführlich aussprechen können. Mit ihrem Großvater, der mittlerweile nicht mehr lebt, kam es gar nicht dazu. Von ihrer Großmutter weiß sie nur, dass diese absolut kein schlechtes Gewissen hat, Elif damals nach Deutschland geschickt zu haben. Ganz im Gegenteil, sie denkt sogar, sie habe sehr selbstlos gehandelt. Elif spricht sehr liebevoll über ihre Großmutter, die sie jeden Sommer in Bodrum besucht. Sie weiß zwar, dass ein Thema, über das sie sich nie einig werden können, immer zwischen ihnen stehen wird, aber dennoch liebt sie ihre Großmutter, die sie aufgezogen hat. Schließlich ist sie ihr so nahe wie eine Mutter. Ihre Oma beschreibt Elif als ein junges Mädchen von achtzig Jahren, als eine echte Lebenskünstlerin, die mit ihrer Enkelin am Strand badet, in Restaurants und Clubs geht, außerdem auch noch leidenschaftlich gern Rotwein trinkt. „Der einzige Punkt, in dem wir uns nicht verstehen ist, dass sie mir ständig irgend welche Geschenke macht. Als ob diese komischen Kinderklamotten mit Schleifen, Puscheln, Blumen oder Schmetterlingen, die ich nie anziehen würde, nicht schon reichen würden, sammelt sie auch noch als Aussteuer für mich alle möglichen elektrischen Geräte. Kannst du dir das vorstellen: ein Staubsauger und ein Dampfbügeleisen zum Beispiel, warten schon lange auf mich."

Auf dem Weg ins Freie

Nachdem sie das Abitur bestanden hat, erlebt sie endlich die lang ersehnte Freiheit. Denn ihr Status innerhalb der Familie ändert sich jetzt von Grund auf. Im Gegensatz zu ihren beiden Brüdern nämlich, die beide nur eine Berufsausbildung machen konnten, wird sie studieren. Welch ein Erfolg! Jetzt ist sie absolut frei ... Jetzt kann niemand mehr etwas sagen, wenn sie wie die Möwe Jonathan der Freiheit entgegenfliegt. Somit fangen die Jahre an, die sie als ihre bisher glücklichsten beschreibt.
Elif ist eine Langzeitstudentin. Immer wieder verlängert sie ihr Studium nach der Normaldauer von etwa vier Jahren um ein weiteres Semester. Sie ist dankbar, dass ihr Vater sie dabei unterstützt. Es ist fast so, als ob er für sie eine Wiedergutmachung leisten will. Elif scheint es auch gar nicht eilig zu haben, einen Beruf zu erlernen und sich in das Arbeitsleben zu stürzen. Erst muss sie das Studentenleben in vollen

Zügen genießen, neue Bereiche kennenlernen, in denen sie sich weiterentwickeln, mit viele neuen Menschen Bekanntschaft machen und neue Freunde finden kann. Sie platzt regelrecht vor Neugier und Aufregung. In dieser Hinsicht unterscheidet sie sich völlig von den Studenten, die mit vollgestopftem Stundenplan von einer Vorlesung in die nächste rasen, um ihr Studium schnellstmöglich abzuschließen.

Eigentlich bietet das heutige Universitätssystem in Deutschland Studenten wie Elif nicht immens viele Möglichkeiten. Sie lässt sich aber davon nicht kleinkriegen und versucht, für sich das Beste heraus zu finden. „Während meines Studiums habe ich mich selbst entdecken können. Wo liegen meine Interessen? Was kann ich gut was mache ich gerne? Das Vertrauen, dass du mir dabei vom ersten Moment an entgegengebracht hast, haben mir neue Türen geöffnet. Es ist sehr wichtig, das Gefühl vermittelt zu bekommen, dass ich alles machen, alles schaffen kann. So war meine Motivation auch sehr groß."

Was Elif am meisten wundert ist, dass ihre Freunde alle schon ganz genau wissen, was sie wollen. Sie wissen zum Beispiel schon, wie ihre Hochzeit aussehen wird, wie viele Kinder sie haben werden, was für Namen ihre Kinder bekommen, wie ihre Wohnung eingerichtet sein wird oder was für ein Auto sie fahren werden. Wie können sie nur alles so planen? So gibt es in ihrem Leben gar keine Geheimnisse und auch gar keine Aufregung mehr. Das Leben ist doch kein Computer, den man einfach programmieren kann.

Elif weiß noch gar nicht, ob sie jemals heiraten oder Kinder haben will, und das obwohl sie in Kinder vernarrt ist. Wenn sie mal heiraten sollte, so viel steht fest, dann muss es mit einem Mann sein, der die gleichen Wertvorstellungen wie sie hat. Das schließt ein, dass er die Gleichberechtigung von Mann und Frau von Anfang an anerkennt. Denn sie möchte nicht mehr über Sachen diskutieren müssen, die für sie selbstverständlich sind. Nachdem sie in ihrer Kindheit so vieles durchmachen musste, hält sie sich für berechtigt, möglichst konfliktlos zu leben. Was Kinder angeht, denkt sie, dass es doch genug Kinder gibt, die keine Familie haben und unglücklich sind. Warum also soll

man selbst Kinder auf die Welt bringen? Sie kann es sich durchaus vorstellen, ein Kind zu adoptieren. Aber noch ist es zu früh, um darüber nachzugrübeln. Sie kennt sich doch selbst noch nicht gut genug. Wenn sie an sich selbst und an ihre Zukunft denkt, kommt ihr immer wieder die Möwe Jonathan in den Sinn, die sich von allen anderen Möwen unterscheidet, sich aber trotzdem nicht unterkriegen lässt.
Eigentlich träumt sie davon, einfach wegzufliegen, genau so wie es die Möwe Jonathan auch getan hat. Jeden Winkel der Welt möchte sie sehen, neue Länder und neue Menschen kennenlernen. Und nirgendwo hingehören und eine Weltbürgerin sein. Wenn sie so redet, vermischen sich Zehra aus den siebziger Jahren des vorigen Jahrhunderts und Elif von heute. Ich finde so vieles von mir in ihr. Während ihre Freunde über Hochzeit, Familie und Karriere nachdenken, also darüber wie und wo sie Wurzeln schlagen sollen, verfolgt Elif ihre bunten Träume.

Heute

Weil wir beide in Köln leben, sehe ich Elif sehr häufig. Bei uns zuhause veranstalten wir alle paar Monate Leseabende. An diesen Abenden, an denen sich Bücherliebhaber versammeln, stellen wir die Bücher vor, die wir zuletzt gelesen haben und diskutieren darüber. Manchmal sind auch Autoren dabei, die ihre eigenen Bücher vorstellen. Elif hat an allem Künstlerischen Interesse und liest auch sehr gerne. Deshalb ist sie eine der regelmäßigsten Teilnehmerinnen dieser Abende.
Seit jetzt fast zwei Jahren arbeitet sie als Lehrerin. Ist dieser Beruf die ideale Tätigkeit für sie? Darüber ist sie sich bis heute noch nicht so sicher. Aber in Deutschland bietet der Lehrerberuf ein gewisses Maß an Sicherheit und das ist ebenfalls wichtig.
Was sie an der Schule nicht mag: Bürokratie, Lehrpläne, Klausuren, Noten ... Dabei gibt das Schulsystem in Deutschland, im Gegensatz zu dem in der Türkei, sowohl den Lehrern als auch den Schülern viel mehr Möglichkeiten, ihr kreatives Potenzial weiterzuentwickeln. Trotzdem ist Elif der Meinung, dass dies nicht ausreichend ist. Sie findet es am

deutschen Schulsystem beispielsweise sehr befremdend, dass schon in der Grundschule entschieden wird, welche weiterführende Schule die Schüler besuchen werden. So wird die Zukunft der Schüler schon sehr früh fest gelegt. Bei dieser Entscheidung spielt neben dem Notendurchschnitt des Kindes auch die Situation der Familie eine Rolle. Wenn es sich beispielsweise um ein Kind mit Migrationshintergrund handelt, urteilen die Lehrer allzu schnell, dass dieses Kind nicht in der Lage sei, auf eine höhere Schule zu kommen. Elif ist mit solchen Verallgemeinerungen absolut nicht einverstanden. Es muss doch einen Grund dafür geben, wenn ein neunjähriges Kind nicht gut genug in der Schule ist. Und ist es nicht so, dass es meist an der Schule beziehungsweise an den Lehrern liegt, die die Entwicklung des Kindes nicht ausreichend unterstützen können? Was sie an der Schule mag: die Kinder. Die Kinder aus allen Altersgruppen, jeden Typs und aus jeder Kultur ... Sie liebt es, zu unterrichten, und ist sehr phantasiereich, was neue Spiele und neue Projekte anbelangt. Ihrer Vorstellungskraft und Kreativität sind keine Grenzen gesetzt ...

„Die Kinder sind wunderbar! Ihre Lebensenergie und ihr Durchhaltevermögen!" Vor einiger Zeit habe sie im Fernsehen eine Reportage über Leukämiekranke Kinder gesehen. „Die Augen eines der kranken Kinder funkelten so sehr vor Lebensfreude, dass ich es einfach nicht vergessen kann. Es war glücklich, trotz seiner unheilbaren Krankheit war es glücklich. Ob mit seinen Worten, seinem Gesichtsausdruck oder seiner Körpersprache, dieses Kind versprühte eine regelrechte Lebensfreude! Es war sich seiner Krankheit bewusst, aber dennoch versuchte es, den Augenblick zu genießen."

Den Augenblick genießen ... Den Augenblick intensiv erleben ... gesunde Menschen vergessen das oft ... Wie viel wir von den Kindern, sogar von diesen kranken Kindern lernen können! Das Kind in Elif wird verhindern, dass sie zu einer langweiligen und routinierten

Lehrerin wird. Ich weiß nicht, wie lange Elif als Lehrerin arbeiten wird. Aber wenn ich die Möglichkeit hätte, noch einmal ein Kind zu sein, dann würde ich mir nichts sehnlicher wünschen, als eine Lehrerin wie Elif zu haben!

Erdal - Und noch ein weiterer Schritt hinaus aus dem Getto

"Freiheit ist kein Gut, dass man im Laden um die Ecke erstehen kann"
(jüdisches Sprichwort)

Ein Vogel fliegt davon

„Das Drama um die Tiere in Südafrika ist weltweit bekannt. Zuerst erklärten die Vögel, die seit Jahren unter Folter und Repressionen litten, öffentlich, sie wollten sich dagegen wehren. Es gab Unruhen im Land und dann kam die Militärdiktatur. Vertreibungen setzten ein. Für die ins Exil fortgejagten Vögel, vornehmlich Schriftsteller und Denker, wurde eine Insel in der Türkei hergerichtet, mit Genehmigung der dortigen Regierung. Der Ort ihrer Ansiedlung wurde „Kuşadası" (Vogelinsel) genannt; er sollte mit diesen neuen Bewohnern bald eine touristische Attraktion werden.
Ich befinde mich in New York. Ich gehe aus dem Hotel und nehme mir ein Taxi. Ich habe vor, die New Yorker Börse zu besuchen. Der Taxifahrer ist ein Vogel. Er dreht sich um und fragt: „Sind Sie Türke?" Ich bin überrascht. Woher kann dieser Vogel denn Türkisch?
„Ich heiße Kâzım", sagt er, „Kâzım der Vogel. Ich bin einer von den Südafrika-Flüchtlingen.
Habe lange auf der Insel Kuşadası gelebt."
Der Vogel erzählt weiter. Nun lebe er in den USA. Die Löhne hier seien sehr verlockend. Er sei so glücklich, dass er dieses Land niemals verlassen würde. Ich frage ihn, warum er so glücklich sei. Ein spontaner Satz beantwortet meine

Frage: „Mann, das macht die Freiheit hier!"
Kâzım der Vogel redet zwar ein wenig grob, scheint aber ein netter Kerl zu sein. An der Börse angekommen, will ich ihm zum Abschied die Hand geben. Allerdings vergeblich: Eine Panzerglaswand trennt meinen Fahrgastbereich von der Fahrerzelle. Als Kâzım meinen vergeblichen Versuch bemerkt, erzählt er Folgendes:
„Die Einwanderungsbehörde hierzulande ist sehr streng. Ich darf die Fahrerzelle zehn Jahre lang nicht verlassen. Ich esse hier, trinke hier, arbeite hier und schlafe hier. Die Türen sind nicht verriegelt und die Scheiben sind elektronisch zu öffnen.
Wenn ich das Taxi verließe, würde die elektronische Magnetkette hier an meinem Hals mit einem kleinen Knall explodieren. Ich würde sterben. Also, falls mir das alles zu viel würde, könnte ich das Fenster öffnen und den letzten Flug meines Lebens fliegen. Aber dafür gibt es keinen Grund, denn ich bin mit meinem Leben sehr zufrieden."
Ich steige aus dem Taxi, wünsche ihm einen schönen Tag und im Davongehen sage ich noch mit leiser Stimme: „Kâzım, du Vogel!"

Diese Minigeschichte mit dem Titel "Kuş Kâzım" hat ein junger Mann namens Erdal geschrieben. Nun trägt er sie bei einer öffentlichen Lesung in der Essener Stadtbibliothek vor. Der Raum ist gefüllt mit jungen Leuten, die ihre literarischen Texte vorstellen möchten, die in der Werkstatt „Kreatives Schreiben" entstanden sind. Es herrscht eine gleichermaßen gespannte wie fröhliche Atmosphäre.
Erdal sticht unter ihnen allen: durch seine besonders schicke Kleidung hervor, das schneeweiße Hemd, die Seidenkrawatte und einen dunklen Anzug. Seine äußere Aufmachung, die eher an einen Geschäftsmann als an einen Studenten denken lässt, bildet einen merkwürdigen Kontrast zu seinem schelmenhaft- kindlichen Gesichtsausdruck. Er gibt sich in der Intensität seines Vortrags beinahe wie ein Schauspieler, indem er beim Vorlesen jedes einzelne Wort in seiner Bedeutung hervorhebt.
Die Inspiration zu seiner Minigeschichte gab ein Bild des bekannten Karikaturisten Ali Ulvi. Diese Zeichnung zeigt einen Vogel, der aus dem geöffneten Türchen seines Käfigs hinaus geschlüpft ist und fort zu

fliegen versucht. Das ist in diesem Fall jedoch alles andere als leicht, denn er hat sich zwar aus dem Käfig befreien können, jedoch ist er an ihn durch eine Kette am Fuß weiterhin gebunden: So muss er beim Flug ins Freie den ganzen Käfig mit sich führen. Mit seiner Minigeschichte, so sagt Erdal, habe er folgende Fragen gestaltet: Was bedeutet Freiheit in einem demokratisch unterentwickelten Land, was bedeutet sie in der modernen Gesellschaft? Welche Umstände versperren die Wege in die Freiheit – trägt hier der Einzelne die Verantwortung oder sind vielmehr gesellschaftliche Voraussetzungen ausschlaggebend? Anders gefragt: Unter welchen Umständen und Gegebenheiten kann ein Mensch sich in Freiheit entfalten?

„Für mich bedeutet Freiheit: Lebensumstände, in denen sich der Einzelne nach seinen Bedürfnissen und Wünschen einrichten kann. Sie kommt einem Lebensort gleich, an dem man in Ruhe ausatmen und sich entspannt fühlen kann, so wie in seinen eigenen vier Wänden. So träume ich von einer Welt ohne Unrecht und Diskriminierung." Soweit Erdal zu seiner Minigeschichte.

Wie bei vielen türkischstämmigen Migranten in Deutschland, speist sich auch Erdals Biografie aus einem Hin und Her zwischen beiden Ländern.

In Deutschland erfuhr er ständig Fremdenfeindlichkeit und Diskriminierung, in der Türkei erlebte er tagtäglich offen ausgetragene Gewalt. Nach einer solchen Fülle bedrückender und die Seele tief erschütternder Erlebnisse, wünscht er sich jetzt, in Deutschland zur Ruhe zu kommen.

„Ich denke, ich habe nunmehr einen Anspruch auf ein ruhiges und gelassenes Leben, ohne das lähmende Gefühl, auf Schritt und Tritt überwacht und bedroht zu sein, als lebe man mit einer elektronischen Magnetkette am Hals."

Der Aufstand des Unsichtbaren

Erdal kommt zur Welt in einem Stadtteil von Duisburg, in dem viele Türken wohnen. Sein Vater, der Arbeiter, und seine Mutter, die Hausfrau ist, entstammen beide dem gleichen Dorf am Schwarzen Meer in der Nähe von Trabzon. Erdal hat vier Geschwister. Die ganze sechsköpfige Familie hat eine Wohnung von gerade einmal 50 Quadratmetern.

Als er in Duisburg die erste Klasse der Grundschule, besucht, ist er einer der Besten in der Klasse, insbesondere in Mathematik ist er unschlagbar. Aber so glänzend seine Leistungen sind, so groß seine Begeisterung für die Schule ist, so irritierend ist eines: Ausgerechnet seine Klassenlehrerin scheint ihn nicht zu mögen. Einen Grund dafür kann Erdal nicht finden. Das Einzige, was er spürt, ist, dass die Lehrerin etwas gegen ihn hat. Das lähmt ihn immer mehr und so schwindet allmählich seine anfängliche Begeisterung für die Schule, seine Noten leiden darunter, bis sie sogar immer drastischer abfallen.

Die Situation verschlechtert sich schließlich so sehr, dass er trotz seines blitzhellen Verstandes in der vierten Klasse, als es um die Empfehlung für die weiterführende Schule geht, von Seiten der Klassenlehrerin Steine in den Weg gelegt bekommt. Dass er den Übergang in eine weitere Schule trotzdem schafft, verdankt er nur der Tatsache, dass nicht alle Lehrer dermaßen borniert sind.

Jahre später will es der Zufall, dass Erdal jener Lehrerin noch einmal über den Weg läuft. Da ergreift er die Gelegenheit, geht ohne Umschweife auf sie zu und will sie auf die damalige Situation ansprechen. Die Lehrerin jedoch schaut ihn nur mit großen Glupschaugen an. Ja gibt es denn so etwas? Sie erkennt ihn nicht einmal mehr oder sie will ihn nicht erkennen. Wer ist er auch schon? Gesellschaftlich gesehen ein nicht weiter bemerkenswerter Niemand, ein bedauernswertes Geschöpf aus dem Migranten-Milieu.

Das Gefühl, ständig überall ausgegrenzt oder in die Ecke gedrängt zu werden, das in den ersten Schuljahren tief im Innern des Kindes zu keimen und schließlich zu wuchern beginnt, seine stetig anwachsende Empörung darüber und seine Rebellion dagegen begleiten einen mühsamen Weg fernab einer erfolgreichen Schulkarriere.

Immer wieder muss er diese demütigende Ausgrenzung erfahren. Nach den Sommerferien erzählen die Schüler gewöhnlich voller Freude von ihren Ferienreisen. Sie berichten von Mallorca, den Kanaren, von den Alpen, vom Meer, von Seen und Wäldern, fremden Ländern und Städten. Ihr Erzählen, ihre noch ganz frischen Erinnerungen bringen die Kinder sofort wieder in eine Art von Ferienbegeisterung, es entsteht ein fröhliches Gewirr aus Stimmen und Gelächter. Eine sehr entspannte, persönliche, gar nicht schultypische Stimmung breitet sich aus, dabei werden auch Grüße der Eltern an die Lehrerin ausgerichtet. Sie kennt anscheinend die meisten Eltern aus der Nachbarschaft oder dem Bekanntenkreis, aus der Gemeinde oder aus der Kooperation der Eltern mit der Schule. Die Kinder haben offensichtlich das anheimelnde Klima der Ferien in die Schule mitgebracht.

Einzig Erdal sitzt stumm und verloren in der Ecke. Was hat er denn schon groß zu erzählen? Er wird gar nicht erst nach seinen Ferienerlebnissen gefragt.

Er kommt sich vor wie ein Schattenmensch, den niemand sieht, wie ein großes, leeres Nichts,.

Als die Klasse wieder einmal in dieser Weise nach den Ferien beisammen ist, sitzt Erdal zunächst wie immer unauffällig und wortkarg in seiner Ecke. Doch da beginnt mit einem Mal in seinem Innersten etwas zu pochen, ja förmlich zu brodeln: Er spürt eine richtige Wut im Bauch, Trotz steigt in ihm auf … Plötzlich meldet er sich mit Nachdruck, schnipst laut mit den Fingern. Nun richten sich alle Augenpaare erstaunt und neugierig auf Erdal. Was hat der denn schon zu erzählen? Erdal schießt los. Hastig, fast atemlos erzählt er vom Schlachthof, dem Arbeitsplatz seines Vaters, denn den hat er kürzlich in den Ferien besucht und dabei allerlei gesehen. Er legt richtig los, holt aus und präsentiert seine Schlachthof-Schilderung mit voller Kraft. Das Erzählen reißt ihn hin, weiter und weiter einzudringen in das Erlebte.

Da unterbricht ihn hart, erst abfällig murmelnd, dann schneidend scharf die Stimme der Lehrerin.
Auch die Kinder haben sich erregt. Einige verfallen in lautes, thelatralisches Schreckensgeschrei, andere verschließen sich demonstrativ vor Entsetzen die Ohren, wieder andere geben, wie von plötzlichem Ekel über das Gehörte erfasst, Würggeräusche von sich. Die Lehrerin fühlt sich zu schnellem Eingreifen veranlasst: Bietet sie dem Geschehen hier nicht Einhalt, dann wird dieses Kind da mit seinen ausholenden blutigen Schilderungen einen regelrechten Horrorfilm inszenieren! Welchen Schaden werden die anderen unschuldigen Kinderchen von diesen grauenhaften Bildern davontragen, die sie ihr Leben lang nicht mehr aus dem Gedächtnis werden streichen können! Die Lehrerin greift ein. Kommentarlos schiebt sich Erdal in seine alte, stumme Position zurück. Und wieder ist er allein, verstoßen, umringt von feindlichen Blicken.
Jahre später erzählt er im Rückblick: „Wenn ich es genau bedenke, war ich trotzdem nicht vollkommen allein in der Klasse, denn da gab es ja noch Volker. Wir beide gingen miteinander durch dick und dünn. Ich half ihm meinerseits ständig beim Lösen der Matheaufgaben und er half mir wiederum aus mit Radierern und Stiften, mit all dem lästigen Zeug also, das ich oft zu Hause liegen ließ. Zweierlei gefiel mir an Volker jedoch nicht: sein ständiges Nasebohren und sein ausgeprägter Geiz. Wenn ich von ihm in der Pause ein Stückchen Schokolade erbat, forderte er von mir am darauffolgenden Tag garantiert das Doppelte an Schokolade ein. Das war echt ein Erbsenzähler, dieser Typ. Leider konnte ich ihm nicht offen sagen, wie ich darüber dachte: dass er doch nicht alles so pedantisch berechnen müsse, wir waren schließlich Freunde, ja sogar wie Blutsbrüder. Er hätte das einfach nicht kapiert. Für mich war er als Freund dennoch wie ein Stückchen Familie. Und das hieß für mich, dass man nicht immer alles gegeneinander aufrechnet. Das muss wohl so etwas wie ein kultureller Unterschied oder ein Mentalitätsunterschied zwischen uns gewesen sein. Wer weiß, vielleicht ist er heute ein penibler Bankkaufmann oder ein Börsenhändler geworden".

Es lebe die Zweisprachigkeit!

Das, was der kleine Erdal an der Schule am wenigsten ausstehen kann, sind die Elternsprechstunden. Denn da fällt er wieder einmal auf. Ist er doch das einzige Kind, das dorthin mitgehen muss, weil er für seinen Vater, wenn der in die Schule kommt, dolmetschen muss. Denn über „Ja", „Nein", „Guten Tag" und „Tschüss" usw. hinaus hat sein Vater nur wenig Deutsch gelernt, jedenfalls nicht genug für die Elternsprechstunde.

So sitzen beide sehr angespannt vor der Sprechzimmertür unter den anderen Wartenden, bis sie an die Reihe kommen. Während dauernd Eltern hineingehen und herauskommen, Tür auf, Tür zu, streckt die Lehrerin ab und zu den Kopf aus der Tür, um gelegentlich ein paar freundliche Worte an einzelne der Wartenden zu richten: „Ah, guten Frau Schmidt!", „Bitte kommen Sie doch herein, Herr Müller!", „Gedulden Sie sich noch zwei Minuten, dann sind sie dran Frau Brunner!", „Ach entschuldigen Sie vielmals Herr Vogt, dass Sie haben warten müssen!"

Auch die wartenden Eltern knüpfen dieses oder jenes Gespräch miteinander an. Einzig unser türkischer Vater und sein Sohn sitzen regungslos da, seit sie gekommen sind,. Niemand grüßt sie, heißt sie willkommen, wendet sich ihnen zu. Ab und zu verirrt sich ein neugieriger Elternblick in Richtung des Jungen und heftet sich an ihn: Warum ist der wohl mitgekommen? Was sucht denn so ein Dreikäsehoch hier in der Elternsprechstunde? Womöglich braucht dieser Türke, der natürlich kein Deutsch kann, seinen Sohn als Dolmetscher! Unter diesen Blicken würde Erdal am liebsten vor Scham im Erdboden versinken.

Es ist dann immer dieselbe Geschichte: Wenn bereits alle anderen gegangen sind, fällt der scheinbar erstaunte Blick der Lehrerin schließlich auf die beiden Übriggebliebenen: „Ach, Sie wollen auch noch zu mir, nun, eigentlich habe ich keine Zeit mehr, aber gut, kommen Sie bitte, treten sie ein!"

Erdal erzählt diese Szene eher knapp und trocken, man merkt, die Erinnerung an das Beschämende damals dominiert bei ihm. Beim Zuhören aber setzt sich zugleich mit meiner Anteilnahme auch meine Phantasie in Bewegung und vor meinem inneren Auge entfaltet sich die folgende Szene: Vater und Sohn folgen der Lehrerin in ihr Sprechzimmer. Ich stelle mir eine Lehrerin vor, die nervös und ungeduldig alle paar Sekunden auf die Uhr sieht, als wolle sie damit zum Ausdruck bringen, dass die Zeit nun bald abgelaufen sei, die sie für diesen lästigen Vater zur Verfügung habe. Ich stelle mir Erdals Vater vor, wie er sich noch rasch die Knöpfe seines dunklen Anzuges zumacht, um in respektvoller Haltung vor der Lehrerin zu erscheinen. Dann beginnt das Gespräch, und das ist nun Erdals großer Auftritt: Er führt unglaubliche Jonglierkünste mit Worten vor, denn er weiß er sich einerseits ja als Objekt der Unterredung, andererseits steht er als unverzichtbarer Dolmetscher und Vermittler zwischen den beiden Erwachsenen, die somit von ihm abhängig sind. So dreht und wendet er die Worte wie Bälle, je nach Bedarf. Die Lehrerin erklärt: "Ich bin mit Ihrem Sohn höchst unzufrieden, schon von Anfang an, aber auch, wie er weitermacht!" Erdal ‚übersetzt' das ins Türkische und sein Vater hört: „Ich bin mit Ihrem Sohn höchst zufrieden, schon von Anfang an, und immer mehr, wie gut er sich weiter entwickelt!" Die Lehrerin beklagt sich: „Ihr Sohn kommt bedauerlicherweise weder regelmäßig zur Schule, noch erledigt er regelmäßig seine Aufgaben!" Erdal dolmetscht: „Ihr Sohn versäumt erfreulicherweise nicht eine einzige Unterrichtsstunde und erfüllt seine Aufgaben mit lobenswerter Regelmäßigkeit." Mahnend weist sie den Vater darauf hin, sein Sohn sei den Mitschülern oft ein sehr schlechtes Vorbild. Das kommt beim Vater durch Erdals Kunst so an, dass sein Junge ein glänzendes Vorbild für seine Mitschüler sei. Im Handumdrehen wendet er Wörter und Sätze in ihr Gegenteil. Das macht ihm richtig Spaß. Es lebe die Zweisprachigkeit! Sie erlaubt ihm als kleinem Jungen ein echtes Machtspiel mit den Erwachsenen und Autoritätspersonen, er wird für eine kurze Zeit ein Puppenspieler und sie seine Puppen: Erdal, der Star,

der Super-Marionettenspieler, der die Erwachsenen an der Strippe zieht und nach seiner Pfeife tanzen lässt ...
So wird er immer übermütiger : „Oh Mensch, Papa, die Lehrerin hebt mich echt vor Begeisterung in den Himmel!", oder: „Ey, unfassbar, ich habe bei ihr echt den besten Stand, na kein Wunder, bei meinen Mega-Noten – die sind die Besten von allen!", oder: „Und weißt, du was sie sagt, Papa, ich bin echt so ein Überflieger, so einen wie mich gibt es nicht noch einmal in der Klasse!"
„Bravo mein Sohn, ein wahrer Prachtkerl, dieser Junge!" Die anfangs demütig gebeugte Haltung des Vaters ändert sich, nach und nach richtet er sich stolz auf. Es scheint ihm, als sei er der Mittelpunkt im Raum, als habe man ihm von allen Seiten gesagt: Sie sind hier zwar Ausländer, fern der Heimat, aber wenn schon, wenigstens haben sie einen sehr erfolgreichen Sohn und können auf ihn stolz sein! So nickt Erdals Vater der Lehrerin immer freundlich und bejahend zu: Ja, ja, das weiß er doch längst, dass sein Sohn ein toller Kerl ist.
Die Lehrerin jedoch wird nach und nach immer misstrauischer: Etwas stimmt da nicht, sie hat doch bislang keinerlei Positivmeldungen von sich gegeben, welchen Anlass gibt es also, dass der Türke sie ständig angrinst? Sie neigt sich Erdal zu: „Du übersetzt doch korrekt, oder?!"
Erdal begreift sofort und sagt schnell: „Mein Vater ist einfach so dankbar für Ihre Aufmerksamkeit und Ihre Bemühungen um mich, das ist alles", und zur Sicherheit fügt er noch hinzu: „In unserer Kultur wird alles so angenommen, wie es der Lehrer sagt, ihm gebührt bei uns besonderer Respekt und er hat immer das letzte Wort."
Sein Vater schaltet sich nun seinerseits ein, indem er sagt: „Mein Sohn, letztens sind doch noch ein paar Kilo Nüsse aus der Heimat gekommen, du weißt doch wie gut die sind – ich werde der Lehrerin ein Paket Nüsse bringen, sag ihr das, damit sich die arme Frau ein wenig freuen kann!" Erdal übersetzt das korrekt.
„Nüsse, was für Nüsse?" Die Lehrerin runzelt die Augenbrauen. Das fehlte jetzt gerade noch, Bestechung!
Diese abweisende Reaktion entgeht diesmal auch dem Vater nicht:

„Erdal mein Sohn, was ist denn jetzt mit der Lehrerin los, ist etwa nicht alles in Ordnung, haben wir was falsch gemacht?"
„Papa, es ist den Lehrern verboten, irgendwelche Geschenke anzunehmen." –
„Ach!", entgegnet der Vater, „Lass' doch die Vorschriften. Wir müssen sie ihr ja nicht vor aller Augen in der Schule überreichen, wir machen ihr eben zuhause einen Besuch und bringen die Nüsse als Geschenk mit."
Die Lehrerin schaut inzwischen immer wieder kopfschüttelnd auf die Uhr. Sie kann ihren Überdruss kaum mehr verbergen, er steht ihr förmlich ins Gesicht geschrieben.
Erdal sieht das und beeilt sich daher, den Vater abzulenken: „Papa, sie ist eben im Augenblick so griesgrämig, weil sie gerade echt voll zu tun hat! Mit uns hat das nichts zu tun. Lass' uns mal lieber gehen, um sie nicht weiter von der Arbeit abzuhalten, ja?".
Während sie, von der Lehrerin kurz und offensichtlich erleichtert verabschiedet, aus dem Sprechzimmer hinausgehen, ist dem Vater nicht ganz wohl in seiner Haut. Soll einer diese Deutschen verstehen!

Ängste

Wenn Erdal heute an seine damalige Lehrerin denkt, die ihm die Schule so verleidet hat, kommt er nicht umhin, ihr innerlich auch etwas recht zu geben. Denn sie muss es damals ziemlich schwer gehabt haben.
„In unserer Schule waren wir die einzigen Türken", sagt er. „So war sie unsicher, wie sie sich uns gegenüber überhaupt verhalten solle. Wir waren ihr komplett fremd. Und wenn wir untereinander Türkisch sprachen, wurde sie immer argwöhnisch und witterte Schlimmes dahinter. Aber wenn ich einmal Lehrer bin, werde ich so etwas verhindern. Ich werde versuchen, eine Brücke zwischen den Migranten und den übrigen Deutschen herzustellen. Wer Probleme hat, wird damit einfach zu mir kommen dürfen. Keiner soll sich diskriminiert, ausgeschlossen, oder unterdrückt fühlen, niemand soll mehr das erleben,

was ich erlebt habe."

Wenn er einmal Lehrer ist, wünscht sich Erdal am liebsten eine mit Schülern aus aller Welt gemischte Klasse. Dann wird er sie alle gleichwertig, völlig unabhängig von ihrer Herkunft behandeln. Alle, natürlich auch die deutschen Kinder, sollen die gleiche Anerkennung und Zuneigung bekommen.

„Obgleich ich in Deutschland geboren und aufgewachsen bin, habe ich mich öfters diskriminiert gefühlt", sagt er. „Schon ein misstrauischer Blick genügt. So frage ich mich jedes Mal, was die Leute stört, mein Gesicht etwa oder mein Auftreten, irgendetwas stimmt da wohl nicht? Ich bin mir nicht sicher, vielleicht spielt da aber auch eine automatische, jedoch oft verfehlte Negativ-Erwartungshaltung mit hinein. Aber solche Reaktionen scheinen manchmal auch mir nichts, dir nichts aus der Luft zu entstehen. Es gibt weit und breit keinen Grund für sie und so fühle ich mich dann, als müsse ich ständig vor etwas auf der Hut sein, als könne mir jeden Augenblick jemand eins auswischen. Es wird erzählt, die erste Generation der Migranten, die hierher kamen, das heißt unsere Großeltern, hätten in der Öffentlichkeit aus Furcht und Scham immerzu die Augen auf den Erdboden gerichtet, doch mit der Zeit hätten die Nachfolgenden dann gelernt, den Blick allmählich zu heben und geradeaus, nach vorne zu richten. So wird erzählt. Was ich jedoch in meiner, der dritten Generation, sehe: Wieder schleichen manche von uns mit niedergeschlagenen Augen und gebückter Haltung umher. Und das nach all den Jahren, Jahrzehnten der Migration! Das heißt doch, irgendetwas muss hierzulande schief laufen! Das erste was wir also lernen müssen, ist, endlich aufrecht zu gehen und dabei zu bleiben. Den Blicken der anderen nicht mehr verschüchtert und scheu auszuweichen, sondern ihnen standzuhalten. Wir brauchen eine selbstbewusste Haltung, die sagt: Seht her, hier stehe ich und das bin ich!'"

Zunächst will Erdal Jura studieren und Anwalt werden. Doch letztlich entscheidet er sich für den Lehrerberuf. Der Beruf eines Anwalts ist ihm nicht ganz geheuer, weil dazu, so meint er, auch eine Menge Lug und Trug gehört. Er sehnt sich aber nach einer Welt ungetrübter Gerechtigkeit. Dafür geeignet hält er eher den Lehrerberuf.

Ein Leben inmitten der Gewalt

Nachdem Erdal die ersten Jahre seiner Kindheit in Deutschland verbracht hat, geht es in den achtziger Jahren plötzlich in die Türkei. Seine Eltern fühlen sich vom Leben und Arbeiten in Deutschland ausgelaugt und möchten bald endgültig zurück. So lassen sie in den Sommerferien den Jungen schon mal bei seinem Onkel in Istanbul zurück. Sie selbst wollen dann drei Monate später mit Sack und Pack nachkommen. Doch wie es manchmal so geht - was auf dem Reißbrett so schön geplant wird, sieht in Wirklichkeit oft anders aus. So verschieben die Eltern ihren Plan immer wieder und bleiben in Deutschland zurück. Erdal aber lassen sie bei seinem Onkel in der Türkei, drei ganze Jahre lang. Mir persönlich fällt es sehr schwer zu begreifen, wie Eltern sich von ihrem kaum zehn Jahre alten Kind einfach so trennen konnten, aber Erdal will sich dazu nicht näher äußern. Dass Kinder wie Koffer hin- und hergeschoben werden, ist unter Migrantenfamilien weit verbreitet. Das Leben der Migranten ist oft so hart, dass auf Bedürfnisse und Ansprüche der Kinder gar keine Rücksicht genommen werden kann. Unzählige von ihnen haben das erleiden müssen. Erdal jedoch hat Glück, er fühlt sich bei seinem Onkel und in dessen fünfköpfiger Familie wohl. Denn Onkel und Tante machen keinerlei Unterschied zwischen ihm und ihren Kindern, behandeln ihn ganz wie ihren eigenen Sohn und die Kinder sehen in ihm so etwas wie einen weiteren Bruder. Der älteste Sohn des Onkels, Bayram Abi, kümmert sich sogar sehr fürsorglich um ihn. Dennoch ist es für ihn in diesem Alter nicht leicht, sich in dem neuen Leben in Zeytinburnu zurechtzufinden, einem Istanbuler Randbezirk mit vielen sozialen Problemen. Auch wenn sich Erdal zuhause geborgen fühlt, die Straße birgt tausend Gefahren und auch die türkische Schule ist schwer zu ertragen. Es vergeht kein Tag, an dem er nicht auf der Straße, im Viertel oder an der Schule mit

Gewalt konfrontiert wird. Wie ein plötzliches Gewitter, das niemand hat kommen sehen, flammen immer wieder Schlägereien und Messerstechereien auf.

Erdal hat die Gewalt ständig unmittelbar vor der Nase, es ist als würde er sie mit der Luft einatmen. Seine Schule ist eine gewöhnliche staatliche Schule. Vor kurzem ist sie frisch gestrichen, getüncht und renoviert worden, darum heißt es, sie sei jetzt rundum eine "top Schule".

Der Schulleiter ist ein ehemaliger Polizeibeamter. Ein kurzbeiniger, untersetzter Mann, der wie ein Gartenzwerg aussieht. Zu Beginn des neuen Schuljahres müssen sich alle auf dem Schulhof versammeln und er hält eine pompöse Eröffnungsrede. Weit ausholend berichtet er von den Renovierungsarbeiten, als habe er eigenhändig das lecke Dach ausgebessert, die Wasserrohre von verstopfendem Unrat befreit, die zerbrochenen Fensterscheiben ausgewechselt. Während seiner Rede entfaltet sich vor Erdals innerem Auge eine prächtige Lehr- und Erziehungsanstalt, ausgestattet mit ultramoderner Technologie, funkelnagelneuen PC-Räumen, Sprachlaboren, Sportplätzen, Schwimmanlagen. Doch was er real sieht, ist ein öder, finsterer Hof und die an einer hohen, massiven Fahnenstange frisch hochgezogene, Achtung gebietende Staatsflagge. Zum Abschluss seiner stark emotionalen und effektheischenden Rede verkündet der Schuldirektor mit hochgeschraubter Stimme, er werde diese im Schweiße seines angesichts renovierte Schule hegen und pflegen wie seinen Augapfel. Wehe, wenn irgendjemand sie auch nur aufs Geringste beschädigt, dann werde er nicht nur ihm, sondern auch seiner gesamten Sippschaft zeigen, wozu er fähig ist. Auf diese markigen Schlussworte folgt ein riesiger Applaus.

„Was heißt hier ‚Sippschaft'?" überlegt Erdal. „Lass den bloß reden! Mein Vater ist eh viel stärker als dieser Zwerg, er prügelt den doch im Nu windelweich." Doch er hütet sich natürlich, auch nur einen Mucks von sich zu geben. Da wird ihm schmerzlich bewusst, dass er ja gar nicht auf den Vater setzen kann, der so weit weg ist.

Im Anschluss an die Fahnenzeremonie marschieren die Schüler in Zweierreihen in ihre Klassen. Als Erdal an die Tür des Klassenzimmers gelangt, bleibt er wie angewurzelt auf der Schwelle stehen: Was, das soll der Klassenraum sein? Er ähnelt eher einer Gefängniszelle. Ein finsterer Raum mit niedriger Decke winzigen Fenstern und breiten Eisengitterstäben davor. An den nur grob verputzten, kahlen Wänden weiter nichts als ein großes Bild mit salutierendem Atatürk in Uniform. Die Schüler sitzen in engen, fest zusammengeschraubten Sitzreihen. Beim Anblick dieser ganzen Atmosphäre dreht sich einem innerlich den Magen um! Wenn Erdal nur könnte, er würde auf der Stelle von hier fortlaufen.

In dieser Schule erlebt er einen regelrechten Kulturschock. Die Lehrer sind grauenvoll, echte Psychopaten. „Ich werde dich unter meiner Schuhsohle zertreten wie einen Zigarettenstummel!", „Ich breche dir sämtliche Knochen!", „Ich schlage dich, bis du nicht mal mehr nach Luft japsen kannst, du Parasit!" sind noch die liebenswürdigeren Sätze, die man von ihnen zu hören bekommt. Schimpfen, Fußtritte, Ohrfeigen, Hiebe gehören zum Alltag.

Und da ist vor allem dieser eine Lehrer: Wenn Erdal ihn schildert, sehe ich ihn vor mir mit seinem sauertöpfischem Gesicht, seinen nach hinten gekämmten, pomadisierten, klebrigen Haaren. Wenn es in der Klasse auch nur die kleinste, verstohlene Rangelei gibt, befiehlt er die Urheber der Störung sofort zu sich nach vorne ans Pult. Dann geht es los. Die Schuldigen müssen hart und brutal aufeinander schlagen. Zuerst der eine, dann der andere.

„Los, jetzt bist du dran!", „Na los, reiß dich zusammen, Mann!", „Was, du mit deiner Kraft, willst jetzt schon schlapp machen?! Los gib's ihm!" Manchmal greift der Lehrer dabei selbst ein: „Hier, so geht das richtig, du Muttersohn!" Er stößt dabei die Köpfe der Schüler so heftig aneinander, dass es richtig rummst.

Litt Erdal in Deutschland darunter, ständig wie Luft behandelt zu werden, so will er hier nichts anderes als ungesehen zu bleiben. Nicht den geringsten Mucks gibt vor sich. Er verstummt komplett. Doch in seinem tiefsten Inneren schwört er sich: Diesem Lehrer wird er es eines Tages richtig heimzahlen!

Das Gesicht eines Lehrers ist von oben bis unten verätzt. Man erzählt sich, dass einer seiner ehemaligen Schüler, den er immer fertig gemacht hatte, ihm Jahre später Säure in das verhasste Gesicht geschüttet habe. So etwas ist hier keineswegs etwas Ungewöhnliches. Die Zahl der Schüler, die sich so etwas erlauben, ist nicht gering. Es vergeht praktisch kein Tag, an dem nicht irgendeine Gewaltaktion geschieht. Besonders die Jüngeren haben permanent Angst, da sie hinter dem Schultor immer wieder von Halbwüchsigen mit Eisenstangen bedroht werden. Diese durchsuchen dann ihre Schultaschen bis in den letzen Winkel nach kostbaren Dingen, wie Rechenmaschinen oder Taschenmesser. um ihnen anschließend das Gefundene brutal abzuknöpfen.

Über diese Zeit nachsinnend sagt Erdal: „Schule bedeutete dort immer nur Gewalt"

Mit einem Gummiknüppel in der Hand ging der Direktor von morgens bis abends durch die Schule. Er schnüffelte und kontrollierte, ohne sich eine Atempause zu gönnen. Wenn er auch nur den geringsten Fehler entdeckte, jemanden, der sich den Regeln auch nur ein wenig widersetzte, ging es los.

Erdal erzählt: „Ich habe einmal mit eigenen Augen erlebt, wie er es jemandem gegeben hat. Eines Tages kam ein unbekannter Typ, wohl ein Landstreicher, in die Schule herein und stieg die Treppe hoch. Als der Direktor einen Ausweis von ihm verlangte, verharrte er völlig regungslos. Da schlug ihm der Direktor so heftig ins Gesicht, dass er sich zusammenkrümmte und dann mit lautem Krach die Treppe hinunterstürzte. Dabei schlug er mit dem Kopf auf eine der Steinstufen und verletzte sich so, dass das Blut nur so spritzte. Der Direktor, der vor Wut außer sich war, gab dem Mann auch noch Fußtritte. Wenn in diesem Augenblick nicht das Reinigungspersonal aufgetaucht wäre und den Mann so wie er war, unter die Arme gegriffen und ihn weggeschleppt hätte, es wäre um ihn geschehen gewesen!"

Als Erdal bemerkt, dass ich seine Erzählung mit Entsetzen verfolge, entgegnet er mir: „Es handelt sich doch um eine Schule, da kann doch nicht jeder X-Beliebige einfach hereinspazieren, oder?!" Ob er das in diesem Moment ernst meint, oder eher ironisch, kann ich nicht so recht einschätzen. Vielleicht trifft beides zu.

Was Erdal in dieser Schule vor allem lernt, ist die Kunst, sich wie ein Chamäleon ständig zu verwandeln – eine Art Selbstschutz, um ein Höchstmaß an Anpassung zu erreichen. Was ihm am meisten zu schaffen macht, ist die ewige sture Paukerei. Vielleicht fällt ihm diese besonders schwer, da er so etwas bislang nicht kannte – ein bloßes Auswendiglernen, als sei er ein Koranschüler!

Eines Tages spricht er einen Lehrer darauf an, warum denn diese Paukerei so wichtig sei. In Deutschland z.B. gebe es so etwas gar nicht und Deutschland sei doch im Vergleich zur Türkei ein viel weiter entwickeltes Land. Wie das denn nun zusammenpasse, da sei doch irgendetwas faul. Das Gesicht des Lehrers verfinstert sich. Offensichtlich gefällt ihm Erdals Frage überhaupt nicht. Doch er weist ihn nicht zurecht, denn mittlerweile ist Erdal in der Schule recht gut und genießt eine gewisse Anerkennung.

Zu diesen negativen Schulerfahrungen gibt es allerdings ein Gegengewicht: Was ihm trotz der schrecklichen Lehrer und der stets präsenten Gewalt die Eingewöhnung in seine neue Umgebung sehr erleichtert, ist, dass die Menschen hier viel herzlicher und zugänglicher sind als in Deutschland. Auch wenn er zu Beginn immer als "Deutschländer" bezeichnet wird, ist er doch bald schon einer von ihnen. So, als sei er unter ihnen geboren und aufgewachsen, so als hätte es Deutschland in seinem Leben nie gegeben.

Die Bande

Erdal muss in seinem neuen Leben sehr schnell die Gesetze der Straße lernen. Erstens: Du darfst nicht nur zwei, sondern du musst vier Augen haben und ständig auf der Hut sein. Zweitens: Allein bist du ein bloßes

Nichts. Allein schaffst du es nicht einmal, zu atmen, geschweige denn, dich auf zwei Beinen zu halten.

Das lernt er schnell, mit dem Ergebnis, dass er Mitglied in einer fünfundzwanzig Mann starken Bande wird. Alle müssen es so halten, niemand in der Schule kann ganz allein auf sich gestellt durchhalten. Es gibt eine Menge kleiner und großer Gruppen, irgendwie bekommt jede eine Unterschlupf. Taschendiebe, Kokser, Schmuggler – alle möglichen Banden gibt es. Erdals Bande ist sauber, tut also im Prinzip nichts Gesetzwidriges. Oberhaupt ist Ibrahim, ein von Haus aus recht gut situierter, ja sogar vergleichsweise wohlhabender Sohn eines Polizeiinspektors. Wie ein Polizeibeamter denn wohlhabend werden kann? Dafür gibt es in der Türkei allerlei Gründe, Mittel und Wege. Ibrahim ist irgendwie etwas Besonderes, und man kann sich auf ihn verlassen. Er hütet jeden Einzelnen der Gang liebevoll wie seinen Augapfel. In seiner Bande hat jeder eine feste Aufgabe. Es gibt die „Schläger", die „Beschützer", die „Schnüffler" und so weiter. „Schläger" werden immer die Kräftigsten und Grobschlächtigsten der Gruppe. Ibrahim ist als Oberhaupt auch gleichzeitig derjenige, der sich um Geld kümmert. Er achtet darauf, dass die Taschen jedes Einzelnen immer gefüllt sind. Diejenigen, die von zuhause aus nie Geld dabei haben, bekommen von ihm sogar eine Art eigenes Taschengeld zugeteilt. Darüber hinaus verteilt er noch großzügig Geschenke an seine Freunde. Uhren, Taschenmesser, T-Shirts ... Aber immer ohne viel Aufhebens, stets diskret unter vier Augen. Er ist eine Art Robin Hood. Nur in der Schule ist er nicht der Hellste. Aber was soll's, er lässt sie einfach links liegen.

Ist er nicht Sohn eines Polizeiinspektors? Er wird sich doch nicht dazu herablassen, sich wegen ein paar albernen Noten abzumühen. Denn immer einige Wochen vor Ende des Schuljahres beehrt der Herr Polizeiinspektor die Schule mit seinem Besuch. Und dann schießen Ibrahims Noten plötzlich in die Höhe und seinen Klassenlehrer sieht man mit einem funkelnagelneuen Auto in die Ferien fahren ...

Von Erdal erwarten seine Kumpels aus der Clique, dass er aus

Deutschland ein paar ihrer Meinung nach „coole" Sachen beschafft. Das kann so etwas sein wie ein hochwertiger Fußball oder auch feine Schweizer Schokolade, die alle zu schätzen wissen. So zwackt Erdal ab und zu etwas von den Geschenken ab, die ihm seine Eltern schicken. Aber übertreiben will er das nicht. Es ist schließlich nicht seine, sondern Ibrahims Aufgabe, die Clique durchzufüttern und zu verwöhnen.

Ihre Losung lautet: Alle für einen, einer für alle. Sie sind alle untereinander ein Herz und eine Seele. Fast nie haben sie heftige Streitigkeiten untereinander. Es bilden sich keine Rivalitäten, da die Aufgaben klar voneinander abgegrenzt sind und somit keiner seine Nase in die Angelegenheiten des anderen steckt.

Was für ein lebenswichtiges Auffangnetz die Clique sein kann, kann Erdal bald handgreiflich erleben. Eines Tages drängen ein paar von außerhalb stammende, grobschlächtige Typen einen Jungen aus der Schule in eine Ecke und bedrohen ihn brutal mit Schraubenziehern, die sie aus ihren Jackentaschen hervorholen. Da sehen sie sich plötzlich, auf ein einziges Zeichen Ibrahims aus der Ferne, von allen Seiten von den Cliquenschlägern umzingelt, ein Menschenring zieht sich um die Angreifer so fest zusammen, dass es für sie kein Entkommen gibt! Im Beisein einer neugierigen Menge, die sich inzwischen um die beiden Gruppen geschart hat, richtet Ibrahim, der ruhig hinzugetreten ist, einige ernste und bedrohliche Worte an die fremden Störenfriede – und aus den eben noch angriffslustigen Raufbolden werden im Handumdrehen zahme Hündchen, die demütig um Verzeihung bitten und sich dann schnell davontrollen. Die werden sich hier bestimmt nicht noch einmal blicken lassen! Das Ganze läuft so plötzlich und in einem so schnellen Tempo ab, dass sich Erdal vor Erstaunen die Augen reibt. Da er selber dieser schlagkräftigen Gruppe angehört, braucht er von nun an nicht mehr so extrem wachsam zu sein, sich nicht mehr jedes Mal nach vorn und hinten umzusehen, ehe er auch nur einen Fuß vor den anderen setzt. Er fühlt sich mit einem Mal so geborgen, dass er innerlich von einer großen Ruhe erfüllt ist. Teil einer Clique sein zu dürfen hat etwas von Exklusivität und Geborgenheit.

„Gewalt gab es keineswegs nur in der Schule, es gab sie überall, selbst die Luft roch danach." Erdal erzählt weiter: „Einmal war von einer Baustelle Material gestohlen worden. Einer der Arbeiter, den sie den dicken Ali nannten, so ein grausiger Typ mit einer Narbe von einem Messerstich im Gesicht, verdächtigt aus irgendeinem Grund einfach mich. Der Kerl schießt mit einer Eisenstange auf mich los. Ich renne weg, er ist aber ganz dicht hinter mir her. Ich schwöre bei Gott: ‚Mann, ich habe nichts, aber auch nichts geklaut!' Aber der dicke Ali hört überhaupt nicht auf mich. Er hat es eben auf mich abgesehen und will mich zu Brei schlagen. Dass ich gerade noch davongekommen bin, habe ich nur meinen Beinen zu verdanken. Ich kann rennen wie ein Wiesel. Mein Verfolger dagegen wurde nach einer Weile schlapp und brach plötzlich sogar atemlos zusammen. Damit hatte der dicke Ali zum Glück erstmal genug vom Fangenspielen. Doch ich zitterte immer noch vor Todesangst. Wenn ich dich eines Tages mal in die Finger kriegen sollte, dicker Ali, dann Gnade dir Gott! Wer weiß, vielleicht läuft der immer noch kleinen Kindern hinterher und spielt sein mieses Nachlaufspiel."

Rückkehr

Es ist Bayram Abi, der sich dafür einsetzt, dass Erdal nach drei Jahren wieder nach Deutschland zurückkehren darf. Er hat Erdal die ganze Zeit wie seinen Augapfel gehütet, als sei er sein leiblicher Bruder. Er ist sehr intelligent und gebildet. Als sich letztlich herausstellt, dass Erdals Eltern doch nicht in die Türkei zurückkommen werden, tut sich der Vater sehr schwer mit der Entscheidung, was nun aus Erdal weiter werden soll. Soll er den Sohn in der Türkei lassen, damit er dort die Oberstufe abschließen kann, oder nicht? Hier bezieht Bayram Abi energisch Stellung: „Das ist doch absurd!", sagt er, „während alle Eltern hier unter noch so schwierigen Bedingungen aus Leibeskräften versuchen, ihren Kindern irgendwie eine gute Ausbildung, nach Möglichkeit sogar in Europa, zu verschaffen, soll ausgerechnet dein

Sohn hier bleiben und seine Chancen nicht nutzen?!".
Doch inzwischen hat sich Erdal in der Türkei sehr gut eingelebt. Hier ist nun sein Zuhause, denn hier vermittelt ihm keiner mehr das Gefühl, fremd zu sein. Er hat nun ausgesprochen gute Noten, sehr gute Freunde und mag den Onkel und seine Familie. Seine Migrantenzeit in Deutschland ist fast zu einer fernen Episode geworden. Andererseits fehlt ihm seine eigene Familie doch irgendwie. So schlägt sein Vater schließlich vor, er solle in den Sommerferien einfach mal wieder nach Deutschland kommen, um zu sehen, wie es ihm da gefällt, und dann selbst entscheiden. Er sei ja inzwischen dreizehn, in einem Alter also, in dem man manche eigenen Entscheidungen treffen könne und dürfe. Seine Rückkehr gestaltet sich dann ganz unerwartet. Sobald er den Fuß auf deutschen Boden setzt, scheint sein Geist wie ein Magnet sämtliche guten Erinnerungen anzuziehen. Seine alte Schule, die Freunde, das Viertel - alles wird auf einen Schlag lebendig. Ein warmes, wohliges Gefühl breitet sich in ihm aus, es ist, als ob er nur nach einer langen, langen Reise endlich wieder zuhause angekommen ist. So steht seine Entscheidung schnell fest: Er wird hier bleiben.
Er muss nun seine Deutschkenntnisse wieder hervorkramen, ordnen und erneut festigen. Aber er landet, falsch beraten und ziemlich unglücklich, in einem armseligen Sprachkurs, so einem Auffanglager für gestrandete Migrantenkinder, aus dem er schleunigst wieder weg möchte.
Zum Glück kann er sich irgendwie herauswinden. Er hat Deutsch ja keineswegs ganz verlernt. Das verdankt er einerseits Bayram Abi, der ihm jeden Monat regelmäßig deutsche Zeitungen zum Lesen gegeben hat, andererseits hatte er auch in der Schule Deutsch als Fremdsprache. Jedoch folgt auf die erste Fehlentscheidung mit diesem dürftigen Sprachkurs schon bald das nächste, viel größere Malheur. Denn aufgrund einer weiteren verfehlten Beratung kommt er nicht seinem Ausbildungsstand gemäß in eine höhere Schule, sondern wird in eine Hauptschule verfrachtet.[1]
In dieser Schule ist der Anteil ausländischer, insbesondere

türkischstämmiger Schüler sehr hoch. Das Gute daran ist hier, im Unterschied zur Grundschule, dass die Lehrer die Migranten und ihre spezifischen Probleme nun einigermaßen kennen. Viele kennen sogar die Türkei selbst, wenigstens aus ihren dort verbrachten Urlauben. Besonders einer Lehrerin an dieser Hauptschule hat Erdal sehr viel zu verdanken. Denn als sie ihn als Schüler eine Zeitlang kennengelernt hat, setzt sie sich sehr engagiert dafür ein, dass er innerhalb relativ kurzer Zeit dann doch in eine Oberschule wechseln kann. Dabei mag Erdal seinerseits diese Lehrerin zunächst gar nicht so sehr. Sie verhält sich den Schülern gegenüber irgendwie hart und grob. Doch mit der Zeit wird ihm bewusst, dass ihre grobe Art so etwas wie Selbstschutz sein muss.
Denn es ist wohl nicht so einfach, den richtigen Draht zu den Jugendlichen aus dem Migrantenmilieu zu finden.

Das Phantom des Fremdseins

Als Erdal sich mit dem Wechsel zum Gymnasium endlich am Ziel seiner Träume wähnt, beginnt für ihn ein richtiger Alptraum.
„Es verging kein Tag, an dem wir, die Migrantenkinder, nicht fertig gemacht wurden", erzählt er. „Auch wenn es niemand offen aussprach, so hingen doch ständig unsichtbare Sätze in der Luft, wie: ‚Ihr schafft es nie und nimmer! Ihr seid und bleibt Versager!'"
Diese diskriminierende Haltung der meisten Lehrer den Jugendlichen mit Migrationshintergrund gegenüber geht Erdal richtig auf den Geist. Das ständige Gefühl, als Versager stigmatisiert zu werden und womöglich sogar einer zu sein, ist entsetzlich. Erdal und seine türkischen Freunde werden entweder die ganze Zeit über wie Luft behandelt oder aber unvermittelt brutal angefahren, als seien sie Störenfriede, die hier eigentlich nichts verloren haben. Zum Beispiel fällt ihm auf, dass sich die Lehrer bei anspruchvolleren Aufgabenstellungen gezielt an deutsche Schüler wenden. Es kommt ihnen auch nicht eine Sekunde lang in den Sinn, Erdal und seine Freunde zu fragen. Was können die

schon wissen! Bei denen ist Dummheit ja wohl genetisch bedingt ...
Wenigstens eine Lehrerin gibt es, die sich anders verhält, mit der man sich auf gleicher Augenhöhe unterhalten kann. Von ihr erfährt Erdal, wie wenig so eine Schule mit sehr vielen Migrantenkindern den Erwartungen junger Gymnasiallehrer entspricht. Auch sie war zu Beginn ihrer Lehrtätigkeit an dieser Schule angesichts der besonderen Probleme mit den Migranten richtig geschockt. Doch dann wollte es die Ironie des Schicksals, dass sie sich im Urlaub unsterblich verknallte, und zwar in einen Fischer in der Türkei. Die Beziehung hielt jedoch nicht lange, da der Fischer keinerlei Interesse hatte, nach Deutschland mitzukommen. (Nanu, gibt's denn so was, ein Türke will nicht ins gelobte Land?). Immerhin brachte diese Geschichte die Lehrerin dazu, dass sich seitdem ihr Blick auf die türkischen Migranten geändert hat.

„Die anderen Lehrer dagegen haben sich auch nicht im Geringsten für uns interessiert", sagt Erdal. „Wir haben während der ganzen Zeit nicht einmal zwei Worte miteinander gewechselt. Ach, man müsste einmal alle Lehrer zum Verlieben in die Türkei schicken! Das wäre ein richtiges Trainingsprogramm. Es gab da leider einen Lehrer, der hatte den Ruf, ein Fascho zu sein. Und wirklich, er nutzte jede Gelegenheit, um die Migrantenkinder fertigzumachen. Wenn sich beispielsweise im Unterricht andere Schüler unterhielten, so blieb es bei Ermahnungen, handelte es sich bei den Quatschenden jedoch um Migranten, dann brüllte er los."

Als er wieder einmal in der Klasse herumschreit, sagt Erdals Nebenmann leise zu ihm: „Das kann doch kein Zufall mehr sein, er verhält sich bestimmt so, weil wir Migranten sind!". Kaum hat er das ausgesprochen, da dreht der Lehrer seinen Kopf mit einem Ruck zur Seite, heftet seine Augen fest auf den Freund und ruft aus: „Da hast du genau ins Schwarze getroffen, mein Lieber, ich hasse euch alle, o ja, und wie!". Erdal im Rückblick dazu: „Damals war ich ja nun kein Kind mehr und hatte schon so einiges erlebt, doch das überstieg alles. Mir war in dem Moment, als hätte mir jemand brutal einen schweren

Hammer auf den Kopf gehauen."
Einmal wird es einer Gruppe türkischer Jugendlicher zu viel mit einem noch chauvinistischeren Lehrer. Sie drohen, ihn windelweich zu prügeln, wenn er seine Einstellung den Migranten gegenüber nicht ändere. Dieser Lehrer ist nun allerdings ein richtiger Universalfascho, der alle Jugendlichen, egal ob sie deutscher oder türkischer Herkunft sind, gleich grob schikaniert, aber die türkischen Schüler sehen das ein bisschen anders. Sie sind empfindlicher, beziehen sein Verhalten speziell auf sich, denn sie wittern überall gezielte Diskriminierung.
An dieser Schule sind das größte Problem eigentlich die Lehrer. Die Schüler kommen miteinander ganz gut klar, auch die türkischstämmigen mit den übrigen und umgekehrt. Aber das liegt vielleicht auch daran, dass beide Gruppen Distanz zueinander halten. So bewegt sich jeder Schüler eigentlich nur innerhalb seiner Gruppe, verbringt die komplette Zeit mit ihr, ohne sich für die andern weiter zu interessieren.
„Vielleicht hängt das mit der Sprache zusammen", denkt Erdal darüber nach. „Die ist doch nun einmal etwas sehr Emotionales. Wenn wir untereinander Türkisch, oder zumindest Türkisch und Deutsch gemischt reden, fühle ich mich irgendwie besser aufgehoben. Es ist irgendwie unser eigener Code, eben das, was wir im Smalltalk unter uns Kumpels am liebsten sprechen, ohne groß darüber nachzudenken. Es gibt allerdings auch Türken, die Türkisch gar nicht mehr richtig beherrschen oder die es nicht so gern sprechen, die hängen dann aber gar nicht erst mit uns herum."
So kommt es zwischen den Gruppen zwar kaum zu Reibereien, aber man kommt auch nicht im geringsten dazu, sich mal miteinander auszutauschen, denn man geht sich ja immer aus dem Weg.
„Ich werde nie vergessen, wie auf der Schulabschlussparty ein deutscher Schüler uns gegenüber meinte: ‚Hey, ich hätte nie gedacht, dass es mit euch so lustig sein kann!'", sagt Erdal. „Dazu kann ich nur sagen: Er ist selber schuld. Wenn er auch nur einmal genau hingesehen hätte: wie wir stundenlang zusammen hockten, genüsslich gesalzene Sonnenblumenkerne knackten und knabberten, herumlaberten und

herumflachsten, bis wir nicht mehr konnten. Wenn er auch nur einen unserer coolen Witze mitangehört hätte, dann wäre ihm wohl bewusst geworden, was er alles verpasst. Sogar auf der Klassenfahrt hielt das starre Grüppchenverhalten an.

Da sprechen die Deutschen selbst die ganze Zeit von Integration, doch das ist wohl nichts als heiße Luft! Auch wenn auf dem Papier die Klassen gemischt sind und alle scheinbar gemeinschaftlich lernen, das Interesse füreinander ist doch letztlich gleich Null. Viele Deutsche wissen rein gar nichts über ihre türkischen Mitbürger, wie sie leben, was sie essen und trinken. Doch Entsprechendes gilt auch für viele Türken. Sie leben in Deutschland, ohne in die Gefilde hier überhaupt etwas tiefer einzudringen. So schwillt das Phantom des Fremdseins wie ein Luftballon immer mehr an und es verstellt den Blick so, dass wir einander überhaupt nicht mehr sehen können."

Das Getto ist in uns

Erdal beobachtet bei den Türken zwei typische Verhaltenweisen: passives Hinnehmen oder Aggression. Da ist zum eine das Beschwören des Schicksals, ein fatalistisches, klagendes Hinnehmen – wie es auch in unzähligen wehleidigen türkischen Liedern zum Ausdruck kommt. ‚Das ist eben Schicksal!' oder ‚So steht es geschrieben!' sagen viele und krümmen dabei nicht einmal den kleinen Finger, um auch nur ein wenig an ihrer Situation zu verbessern. Zum anderen gibt es immer wieder Aggression. Diese sei doch so etwas wie eine ganz natürliche Reaktion des Menschen, sich nicht einfach mit allem abzufinden. Erdal denkt, dass sie am meisten an der Hauptschule gegenwärtig ist, als eine Art Rettungsring, an den sich die Jugendlichen, die weder des Deutschen, noch des Türkischen richtig mächtig sind, klammern können.

„Letztendlich sind wir es, die das Getto aufleben lassen", sagt er. „Das Getto ist doch in uns drin, ist es nicht so? Meiner Meinung nach läuft während der Sozialisierungsphase etwas schief. Bei uns stimmt doch irgendetwas nicht. Sehen Sie sich doch die Deutschen an, die meisten von ihnen wissen wohl ihre Rechte zu verteidigen, wenn es irgendwelche Probleme gibt. Wir dagegen haben autoritäre Verhältnisse dermaßen verinnerlicht, dass wir sofort klein beigeben und verstummen. Da ist es doch wichtig, dass wir auch das richtige Umgehen mit den Problemen und Konflikten lernen. Fatalismus oder Aggression jedoch bringen nichts."

Kulturelle Differenzen

Erdal ist persönlich dagegen, sich beim Thema kulturelle Differenzen sofort nur auf den Religions- und Nationalitätsbegriff einzuschießen. So hat er mit einem deutschen Lehrer an Weltsicht und Einstellung mehr gemeinsam als mit einem türkischen Arbeiter.
Denn er und der Lehrer haben den gleichen soziale Hintergrund und ähnliche soziale Interessensgebiete. Sie besitzen ähnliche Perspektiven, Ziele, Lebensstile. Genau an diesen gemeinsamen Punkten gilt es anzusetzen, sie weiter auszubauen, zu teilen, sich auszutauschen, um so allmählich das Fremdsein zu überwinden. Dies ist von elementarer Bedeutung. Denn nur so kann das Phantom des Fremdseins, das wie ein Luftballon über den Köpfen der Menschen schwebt, zum Platzen gebracht werden.
Aber auch das Wort Assimilation ist ihm nicht ganz geheuer.. Auch wenn Politiker dies immer mal wieder öffentlich einfordern, so weiß er, dass dies innerhalb der Gesellschaft sowieso nicht akzeptiert würde.
„Man nehme einmal das Beispiel der Polen' sagt er. ‚Wenn Polen nicht auf ihre ursprüngliche Herkunft verwiesen werden, reagieren Deutsche meist regelrecht mit Verärgerung. Und das, obwohl man Polen und Deutsche auf Anhieb fast gar nicht unterscheiden kann, sind sie sich doch äußerlich so ähnlich. Und dennoch gibt es offensichtlich immer wieder ein Bedürfnis nach Grenzziehung. Oder denken Sie mal an die Juden, sie sind hier komplett assimiliert gewesen, man hat ja auch nicht im geringsten unterscheiden können, wer jüdischer Herkunft war und

wer nicht. Und was ist geschehen?"
Integration umfasst hingegen sowohl das Einfügen des Menschen in die Gesellschaft, als auch die Tatsache, dass er immer noch mit seinen eigenen Wurzeln verbunden ist. Auch deshalb studiert Erdal Türkisch. Denn er will das Türkische nicht einfach ablegen, es nicht wie einen alten Hut achtlos in die Ecke werfen – im Gegenteil: Das Türkische gehöre zu ihm, sagt er, als sei es ein Teil seines Körpers. Und Körperteile könne man ja auch nicht einfach so abmontieren.

Die Grenzen der patriarchalischen Welt.

Eine während des Studiums von Erdal verfasste, sehr sorgsame und detaillierte Arbeit zu einem Theaterstück des modernen türkischen Stückeschreibers Necati Cumali, hinterließ einen sehr starken Eindruck auf mich. Die Arbeit bezog sich auf das Theaterstück mit dem Titel "Mine", in dem geschlechterspezifische Probleme behandelt werden.
Dies weckte meine Neugier. Weshalb interessierte sich jemand wie er für eine solche Thematik, war ich es doch gewohnt, dass männlichen Studenten mit Migrationshintergrund nur am Rande sich für das Gender-Thema interessieren und es, wenn überhaupt, dann eher nur in ironischer Weise aufgreifen, indem sie Witze darüber machen.
Auf meine diesbezügliche Frage antwortet Erdal: „Warum ich mich dafür interessiere? Weil ich gegen Schubladen- und Etikettendenken bin. Ich wurde geprägt im sozialen Umfeld einer patriarchalischen Welt, voller Gewalt und Unterdrückung. Bislang hatte ich mir nie Gedanken über die Rolle und Funktion der Frau in der Gesellschaft gemacht. Und dennoch hat mich schon immer irgendetwas im Hinblick auf die Situation meiner Mutter und meiner Schwestern gestört, ohne das ich genau benennen konnte, was es war."
Während des Studiums bemerkt Erdal, wie ihn dieses Problem magisch anzuziehen scheint.
Er geht zu unzähligen Seminaren, welche die Geschlechterthematik, insbesondere hinsichtlich der Rolle der Frau, thematisieren, in dem sie

gesellschaftliche Frauenbilder von der Reklame bis hin zur Literatur, zu beleuchten suchen. Und er liest viele wissenschaftliche Bücher zu diesem Thema. Auch eignet er sich Wissen darüber an, wie sich die Geschlechterdifferenzierung in verschiedenen Gesellschaften und Kulturen ganz unterschiedlich ausprägt und zeigt.
Je tiefer er in die Thematik eindringt, umso deutlicher zeigt sich auch sein eigenes persönliches Dilemma. Auf der einen Seite hat er einen sehr maskulin geprägten Blick auf die Welt, fast schon die Sicht eines regelrechten Machos, auf der anderen Seite empfindet er tiefste Verachtung gegenüber einer bestimmten Form der Gewalt, wie sie insbesondere auch eine patriarchalische Gesellschaft hervorbringen kann. In seiner Kindheit und frühen Jugend war das Thema für ihn uninteressant, die Frau ist eben die Frau, der Mann der Mann. Die Geschlechterrollen irgendwie zu hinterfragen, kam ihm nicht einmal in den Sinn. Doch in den ersten Jahren an der Universität ändert sich mit der Zeit sein Blick auf die Dinge. Sind die Dinge, die wir als selbstverständlich und allgemeingültig voraussetzen, tatsächlich so selbstverständlich und allgemeingültig?
Während er zu dem Thema immer mehr liest, beginnt er auch sein eigenes bisheriges Leben mit anderen Augen zu sehen.
„Das erste Buch, welches ich dazu las, war eben „Mine", erzählt Erdal. „Es war wie eine Art Schlüsselerlebnis, als wenn sich sozusagen mit dem Öffnen dieses Buches auch meine Augen immer mehr öffneten, sodass ich alles von nun an mit anderen Augen sah. Und nachdem ich in den Studienjahren zum ersten Mal in meinem Leben begann, getrennt von meiner Familie und eigenständig, mit eigenem Haushalt zu leben, dachte ich mit einem Mal sehr häufig und viel bewusster an meine Mutter. Meine Mutter ist eine einfache, anatolische Frau. Ihr Leben besteht aus ihren Kindern und ihrem Mann. Für uns schuftet sie voller Aufopferung und Hingabe im Haushalt. Doch das scheint für alle das Selbstverständlichste der Welt, niemand denkt im Mindesten über sie nach und sie bekommt von niemandem auch nur ein liebes Wort der

Anerkennung. Irgendwas läuft hier verkehrt und das Schlimmste an der ganzen Sache ist, dass ich selber diese Rollenverteilung auch sehr verinnerlicht habe. Wenn man einmal genauer hinschaut, gelte ich bei uns als ältestes männliches Kind der Familie, als die wichtigste Person nach meinem Vater. Denn ich bin sozusagen der "Juniorchef" in der Familie. Einmal beispielsweise, ich war gerade fünfzehn, musste meine Mutter dringend einkaufen und damit also auf die Strasse hinaus. Doch mein Vater war noch nicht zuhause. Konnte man es zulassen, dass eine Frau so alleine losgeht? Ohne zu Zögern ergreife ich also die Autoschlüssel, um sie anstelle meines Vaters dahin zu bringen, wo sie etwas zu erledigen hatte. Es fehlte nicht viel und ich wäre ohne nachzudenken Auto gefahren, so sehr hatte ich die Rolle des Fürsorgers verinnerlicht."

In den Jahren des Studiums verändert sich die Beziehung Erdals zu seinen Eltern, insbesondere zu seiner Mutter. Nun ist es für ihn das Natürlichste der Welt, seiner Mutter an den Wochenenden, wenn er die Familie besucht, in der Küche, beim Tischdecken und -abräumen zu helfen. Auch die Brüder, die anfangs noch kichernd Witze reißen, mit Sätzen wie: „Bin ich etwa ein Weib oder was?!", passen sich allmählich der neuen Situation an. Zu Beginn ist auch Erdals Mutter zunächst erstaunt über sein neues Verhalten und will ihn davon abhalten, doch inzwischen sagt sie voller Lob und Stolz Sätze wie: „Mein Sohn hat studiert, er sieht jetzt die Welt mit ganz anderen Augen."

Und auch die Brüder, die früher nicht einmal den kleinen Finger krumm zu machen pflegten, verändern sich mit der Zeit und nehmen der Mutter etwas von der Arbeit und Belastung ab, indem sie jetzt allerlei alltägliche Tätigkeiten übernehmen wie Fegen und Staubsaugen, Fensterputzen, Teekochen oder den Müll wegbringen. Erdal betont stolz, da er ja der Juniorchef der Familie sei, könnten sie ja gar nicht anders, als sich ihm anzupassen. „Ich möchte ihnen immer ein Vorbild sein", sagt er.

Gesellschaftlich bedingte Geschlechterrollen und Migration

„Es ist schon ein hartes Schicksal, von der Herkunft her ein Migrant zu sein, aber wenn du Migrant bist und dazu auch noch Frau, also, dann bist du echt aufgeschmissen", sagt Erdal. „In dem Fall multiplizieren sich deine Probleme!".
Erdal hat zum Beispiel eine blitzgescheite Schwester. Dennoch bricht sie frühzeitig die Hauptschule ab. Heute ist sie sehr sauer auf ihre Familie, dass sie sie damals nicht stärker darin unterstützt hat, die Schule abzuschließen. Zunächst scheint ihr Schicksal dem Erdals zu ähneln. Auch sie ist in der Grundschule sehr gut, doch nach und nach fällt sie, ebenfalls aufgrund der Gleichgültigkeit der Lehrer, immer weiter ab. Was sie auch macht, sie ist den Lehrern ein Dorn im Auge. Obgleich ihr Zeugnis in der vierten Klasse ausnehmend gut ist, hindern diese sie daran, auf das Gymnasium zu wechseln. So wird sie wie ihr Bruder in die Hauptschule verfrachtet. Doch dort hält sie es zunächst gar nicht aus. Es steht ihr nämlich keine Lehrerin beiseite, wie ihrem Bruder, die ihr Mut macht, zum Gymnasium zu wechseln.
In der Hauptschule fielen Erdal besonders aggressive Mädchen aus Migrantenfamilien auf, in denen richtig viel Groll und Wut angestaut waren. Sie bewegten sich in ständiger Kampfstellung, als sei die ganze Welt gegen sie. Als Lehrer wird er sich wohl insbesondere um solche verlorenen Mädchen kümmern, denn gerade diese brauchen sehr viel Zuwendung.
„ Zu meiner Oberstufenzeit gab es in meiner Klasse ein Mädchen, das zwischen den Noten gut und befriedigend hin und her schwankte", erzählt er. „Sie war schließlich sehr enttäuscht, auf ihrem Zeugnis nur befriedigend vorzufinden. Als sie die Lehrerin daraufhin noch einmal ansprach, sagte diese tatsächlich: „Wozu brauchst du denn gute Noten? Du heiratest doch eh und verlässt über Nacht die Schule!"
Es ist sehr schlimm, dass insbesondere die Mädchen mit Migrationshintergrund von niemandem, auch nicht von Lehrern, Beachtung und Unterstützung fänden.

„Natürlich sind daran Vorurteile schuld", sagt Erdal. „Es herrscht eine weit verbreitete Überzeugung, türkische Mädchen würden, sobald sie einen Mann gefunden haben, augenblicklich alles für ihn stehen und liegen lassen."
Natürlich ist da auch zum Teil etwas Wahres dran, doch, statt in die patriarchalisch bestimmten Rollen zurückgedrängt zu werden, sollten die jungen Mädchen doch gerade ermuntert werden, sich weiter auszubilden. Es ist doch nicht richtig, zu denken, türkische Mädchen kommen nie aus dem Getto heraus, da sei nun mal nicht dran zu rütteln. Wenn sie es tatsächlich einmal schafften, dann höchstens so wie diese Sibel in Fatih Akıns Film „Gegen die Wand". Das heißt also, indem sie letztlich nur in eine bestimmte Subkultur geraten und mit einem Dutzend Typen schlafen. Als sei es nicht möglich, dass die jungen Frauen es schafften, auf ihren eigenen Beinen zu stehen und ein Leben nach ihren eigenen Vorstellungen zu leben. Doch genau dieses Klischee über türkischstämmige Mädchen gilt es zu zerstören. Wie entsetzlich ist doch dieses Leben unter Vorurteilen und Klischees, da muss man doch etwas dagegen machen.
Erdal wurde von einer Gewalt- und Diskriminierungskultur geprägt. Doch gleichzeitig hat er auch Zuneigung und Solidarität erfahren. Jetzt sollten doch all seine Erfahrungen zu etwas nütze sein. Heute ist er voll von innerer Freude und Zuversicht. Denn er ist überzeugt, dass er als Lehrer viel bewirken und verändern kann.

Gülpembe - Nie wieder Gepo

„... oft verhindert oder überwindet ein Wort, eine Aussage oder
irgendeine sprachliche Äußerung die Realität.
Worte bestimmen unser Leben. Worte reißen die Menschen von ihrer Existenz.
Worte werden zu Führern, Anwälten, Richtern und Gesetzen."
(Václav Havel)

Welche Fahne ist deine Fahne?

„Woher kommst du denn, aus Deutschland?"
„Kann man sagen", antwortete Gülpembe ein wenig zaghaft.
„Was bedeutet das ‚kann man sagen', bist du denn nicht Deutsche? Dein Name klingt irgendwie seltsam ... "
„Ich wurde in Deutschland geboren, meine Familie kommt aber aus der Türkei. Also bin ich gleichzeitig Deutsche und Türkin."
„Türkin? Willst du mich etwa auf den Arm nehmen?"
Die Frage kam von einem wie ein Yuppie aussehenden Englischlehrer, bei dem Gülpembe gerade ihr Praktikum machte. Voller Überraschung schaute dieser Kahlkopf ihr rötlich schimmerndes blondes Haar, ihre grünen Augen und ihr dünnes Sommerkleid mit Spaghettiträgern an.
Seine musternden Blicke verunsicherten Gülpembe: „Ich bin Deutsche und Türkin gleichzeitig", wiederholte sie fast stur.
„So etwas gibt es doch nicht. Ein Mensch ist nur das eine, was er eben ist. Also entweder Deutscher oder Türke. Man kann nicht alles auf ein-

mal sein. Verstehst du?" Er schaute Gülpembe mit einem Ich-falle-nicht-darauf-rein-Blick an. „So spuck es doch aus: Bist du Deutsche oder Türkin?"

Gülpembe antwortete nicht.

„Sagen wir mal, die Deutschen spielen gegen die Türken Fußball. Welche Mannschaft würdest du unterstützen? Ist deine Fahne schwarz-rot-gold oder rot mit einem Halbmond?"

„Fußball interessiert mich überhaupt nicht „sagte Gülpembe höflich aber sehr bestimmt.

Aber der Englischlehrer blieb hartnäckig.

„Dann lass mich die Frage anders stellen. Wenn es einen Krieg gäbe, für welche Seite wärst du dann?" Er schaute Gülpembe mit einem triumphierenden Jetzt-habe-ich-dich-Blick an.

Gülpembe schluckte zweimal. Es sah aus, als ob sie etwas sagen wollte. Doch dann gab sie auf. Sie wollte sich auf so ein banales und oberflächliches Gespräch nicht einlassen. Doch hatte sie große Angst davor, dass der Englischlehrer sie auf dem Kieker haben würde, denn er gab fast in jeder Unterrichtsstunde nationalistische Parolen von sich. Auch die anderen Praktikanten sagten kein Wort. Entweder dachten sie ähnlich wie dieser Lehrer oder sie hatten vor ihm genauso Angst wie Gülpembe.

Gegen das Schubladendenken

Die selbstverständliche Art und Weise, in der die meisten Menschen anderen Menschen Klischees aufzwingen, ist das, was Gülpembe am meisten verunsichert. Und dass sie, sobald ihnen etwas über den Weg läuft, was nicht dem Klischee entspricht, es ablehnen oder völlig ignorieren. Eigentlich fasst sie nicht nur Monokulturalität sondern auch Bikulturalität als Eingrenzung auf, denn ihr größter Traum ist es, zu einer Weltbürgerin zu werden. Aus diesem Grund studiert sie englische Sprache und Literatur an der Universität. Dank ihrem Sprachtalent hatte sie auch Spanisch und Französisch gelernt. Folglich spricht

Gülpembe, wenn man auch ihre Muttersprache dazu zählt, fünf Sprachen.

„Je mehr Sprachen ich kann, desto freier fühle ich mich. Eine Weltbürgerin zu sein bedeutet, jegliches kulturelle, religiöse und nationalistische Klischee zu überwinden. Ich möchte jede Ecke dieser Welt sehen, verschiedene Länder und Menschen kennenlernen". Vor allem Spanien weckt ihre Neugier. Sie träumt davon, dort ein paar Jahre zu leben.

Gülpembe sieht wie ein sehr hübsches und nettes deutsches Mädchen aus einer bürgerlichen Familie aus. Als ich sie kennenlernte, fiel mir an ihr als Erstes auf, dass sie introvertiert, still und kühl war. Denn ihre Gefühle zeigte sie überhaupt nicht. Nur wenn sie sich über etwas aufregte, wurden ihre Wangen leicht rosa. Daher denke ich, dass ihr Name sehr zu ihr passt; denn Gülpembe bedeutet „rosafarbige Rose".

Meistens war sie alleine. Sie redete zwar nicht viel, aber wenn sie etwas sagte, dann brachte sie einen zum Nachdenken. Vielleicht waren ihre Einsamkeit und ihre Weigerung, sich einer Gruppierung anzuschließen, der Grund dafür, dass sie sich voll auf das Studium konzentrierte, das für sie fast von existentieller Bedeutung war. Ihr Ziel war niemals, so schnell wie möglich fertig zu werden, um einen gut verdienenden Job zu bekommen. Das Studium sollte sie weiterbringen und ihr neue Türen eröffnen.

Gepo: Der Geheimpolizist in uns

Eigentlich kommt Gülpembe aus einer traditionellen Immigrantenfamilie, die sie schon im Kindesalter stark einschränkte und sie in eine bestimmte Form pressen wollte. Ihre Familie stammt aus einem kleinen Dorf an der ägäischen Küste, und ist vor etwa fünfundzwanzig Jahren nach Deutschland gekommen. Beide Kinder, Gülpembe und ihr zwei Jahre älterer Bruder Ahmet, sind hier geboren. Wenn Gülpembe an ihre Kindheit denkt, erinnert sie sich als erstes an die Verbote. Das ist verboten, dies ist verboten …

„Türkischer Herkunft zu sein, bedeutete in eine Welt eingeschlossen zu sein, deren Mauern aus Angst, Unterdrückung und Verboten bestanden. Draußen gab es dagegen eine andere Welt, die ich nicht gut genug kannte, eine Welt voller Wunder und Geheimnisse, auf die ich sehr neugierig war."

Gülpembes Eltern sind zwar konservativ aber nicht extrem. Sie gehören zu den durchschnittlichen Gastarbeiterfamilien, die ihre Kinder anständig erziehen wollen. Sie leben auch nicht in einem Getto, in dem die Türken ein in sich geschlossenes Leben führen. Trotzdem wird Gülpembe als Kind ständig daran erinnert, dass sie ein türkisches Mädchen ist und sich auch dementsprechend verhalten soll. Es ist, als ob in ihren Eltern ein Geheimpolizist steckt. Dieser Geheimpolizist lässt niemandem Ruhe. Gülpembe nennt ihn „Gepo".

„Türkin oder Deutsche sein ... Meine Eltern waren weit davon entfernt, erklären zu können, was das überhaupt bedeutet!"

Wer Türke ist, soll eben genau nach den Regeln leben, die der Geheimpolizist aufgestellt hat. Als wäre das ein unabwendbares Schicksal.

„Was für einer ist denn dieser Gepo, dein Geheimpolizist?" frage ich Gülpembe. „Symbolisiert er deiner Meinung nach eine Art kollektives Bewusstsein oder bedeutet er etwas anderes?"

„Was werden die anderen dazu sagen?' Beantwortet dieser Satz, den die Migranten permanent wiederholen, diese Frage nicht schon?" antwortet Gülpembe. „Das Seltsame ist, dass es in unserer Kindheit gar keine anderen gab. Wir hatten nicht viele Bekannte, Freunde oder Nachbarn, die uns oft besuchten. Diese anderen lebten womöglich in einem Tausende von Kilometern entfernten Dorf."

Dass Lebensweise, Werte, Gewohnheiten aus dem Dorfleben in Deutschland weiter gepflegt werden, ist das gemeinsame Schicksal vieler Migranten. Das Seltsame ist, dass sich durch gesellschaftlichen Wandel und Binnenmigration mit der Zeit auch das anatolische Dorf mit seinen Werten und Gewohnheiten geändert hat und sich auch weiterhin ändert, dass die Immigranten in Deutschland diese

Veränderungen jedoch kaum mitbekommen. Sie führen weiterhin ein Leben, das sie streng nach den Werten jenes Dorfes gestalten, das sie vor zwanzig Jahren verlassen hatten. Es scheint, als ob sie keine Verbindung mehr zur Realität hätten und als ob sie in einer Welt leben würden, die nur in ihren eigenen Köpfen existiert. Die „anderen" sind lediglich die Klischees in ihren Köpfen.

Gülpembe kann sich daran erinnern, dass lange Monologe wie „In unserer Kultur darf man dies und das nicht machen!" sie überhaupt nicht zufrieden stellten und ihr sogar sinnlos oder absurd vorkamen. So beginnt die Kommunikationslosigkeit mit ihrer Familie schon im jungen Alter. Jedes Mal, wenn sie sich mit ihren Eltern unterhalten möchte, schaltet sich Gepo ein, und unterbricht sie. Und zwar so, dass sie total durcheinander kommt und gar nicht mehr weiß, was sie sagen soll.

„In meiner Familie wurde nicht viel gesprochen. Meine Eltern redeten weder miteinander noch mit uns Kindern. Ihr Leben und auch ihre Kommunikation untereinander verlief nach bestimmten Klischees und Ritualen."

So laufen die zwischenmenschlichen Beziehungen glatt und reibungslos ab. Niemand hat eine eigene Meinung, eigene Gedanken, niemand hat irgendwelche Probleme. Jeder stimmt jedem zu. Um genauer zu sein, jeder sagt nur, was Gepo hören möchte. Gepo erleichtert allen das Leben.

Ausgeschlossensein

Alles, was den Kindern gefällt und sie glücklich macht, für Gülpembe wird es zu einer Qual. Eine Klassenfahrt steht an. Die ganze Klasse ist aufgeregt. Alle Kinder freuen sich. Die Klassenfahrten sind doch überhaupt das Schönste an der Schule. Frische Luft, Natur, Sonne, Freude und Glück … Das Schönste daran ist natürlich, morgens bis abends mit den Schulfreunden zusammen zu stecken. Kulturelle Veranstaltungen, gemeinsame Spaziergänge, Sportwettbewerbe, Partys und Gedicht-

abende … Gülpembe kann sich aber nicht so freuen wie ihre Freunde. Wie werden ihre Eltern wohl reagieren, wenn sie davon hören? Wird ihr Vater es überhaupt erlauben, dass sie an der Klassenfahrt teilnimmt? Sorgen, Angst, Traurigkeit, Aufstand, Tränen …
Auch wenn sie am Ende die Erlaubnis bekommt, bleibt ein Gefühl der Traurigkeit, das Gefühl, anders zu sein. Ausgeschlossen zu sein … Denn auch wenn sie an der Klassenfahrt teilnimmt, wird sie sich ständig kontrollieren müssen. Sie wird nicht wie die anderen Schüler ausgelassen sein und einfach nur Spaß haben können. Warum muss sie das alles durchmachen? Warum ist sie anders als ihre Freunde? Warum kann sie nicht einfach wie sie sein? Sie versucht ihre Traurigkeit nicht zu zeigen. Das Wichtigste, das sie damals lernte, war, sich zu verstecken. Niemand darf von den Stürmen erfahren, die in ihr toben, niemand …
Das Schlimmste ist, dass Gülpembe die einzige Türkin in ihrer Klasse ist. So gibt es weit und breit niemanden, der ähnliche Problem hat, mit dem sie reden und sich austauschen könnte.

Die Geburtstagsfeier

Eine bittere Erinnerung: Sie ist neun Jahre alt, in der vierten Klasse und wird zur Geburtstagsfeier einer Mitschülerin eingeladen. Ob sie die Erlaubnis bekommt, dorthin zu gehen? Was, wenn sie nicht darf? Gülpembe ist krank vor Sorge und weint viel. Am Ende sind es vielleicht gerade diese Tränen, die ihren Vater umstimmen. Sie bekommt tatsächlich die Erlaubnis.
Auf der Geburtstagsfeier ist Gülpembe darauf aus, für zwei oder drei Stunden alles andere um sie herum zu vergessen, sie versucht es zumindest, auch wenn es ihr vielleicht nicht so recht gelingt. Für sie ist dieser Tag trotzdem ein ganz besonderer Tag, eigentlich einer der glücklichsten ihrer Kindheit.
Dann kommt wieder Gepo dazwischen. Eines Tages entdeckt ihre Mutter Fotos von der Geburtstagsfeier, während sie Gülpembes

Schrank aufräumt. Daraufhin bricht die Hölle los. Auf den Fotos sind auch Jungs zu sehen. Hatte denn Gülpembe nicht versichert, dass es dort nur Mädchen geben würde? Alles ist hier doch deutlich erkennbar: Mädchen und Jungs spielen miteinander und es gibt weit und breit keinen Erwachsenen, der auf sie aufpasst. Hatte Gülpembe nicht gesagt, dass auch der Klassenlehrer da sein würde? Schaut euch doch nur diese Fotos an! Schaut doch, sie halten Händchen! In diesem Alter! Nur ein Spiel? Was für ein Spiel soll das sein? Das ist kein Spiel, das ist eine Schande!

Gülpembe zeigt mit Tränen in den Augen auf ein Foto: Da sitzt die kleine, hilflose Gülpembe zusammengekauert in einer Ecke und ihr Lächeln ist kaum erkennbar. Sie hält mit niemandem Händchen. Das ist alles. Dieses Foto spiegelt die Realität wieder. In die Nähe der Jungs hat sie sich gar nicht getraut. Sie unterhielt sich die ganze Zeit nur mit Mädchen. Auch nicht mit jedem, sondern nur mit Monika und Anna, die ihre Mutter doch auch kennt. Das ist alles. Das Foto entspricht der Wahrheit.

Aber weder ihre Mutter noch ihr Vater sind zu überzeugen. Gepo schüttelt nur mit saurer Miene den Kopf. Sie hat das Vertrauen der Familie missbraucht. Sie hat gelogen. Gülpembe bekommt immer mehr Schuldgefühle.

Gepo erwischt den älteren Bruder

Nach diesem Vorfall schnappt sich Gepo ihren Bruder Ahmet. Die Geschwister mögen sich eigentlich sehr. Im frühen Kindesalter spielten sie von morgens bis abends zusammen und waren unzertrennlich. Auch jetzt noch verbringen sie gemeinsam viel Zeit. An den kalten Wintertagen spielen sie zusammen Domino oder Karten. Und seitdem ihr Vater Ahmet einen Computer gekauft hat, sitzen die beiden zusammen davor, sobald sie mit den Hausaufgaben fertig sind. Gülpembe spielt sehr gerne Computerspiele.

Allerdings ändert sich die Beziehung zwischen den beiden

Geschwistern, als der Vater Ahmet beauftragt, auf seine Schwester aufzupassen. Ahmet wehrt sich zunächst dagegen. Er möchte sich doch genauso wie seine Freunde draußen auf den Straßen herumtreiben. Er liebt Fußball. Seitdem er zum Torwart gewählt wurde, kann er an nichts anderes mehr denken. Warum muss er denn jetzt auf einmal den Babysitter spielen? Wird er denn nicht mehr unbefangen seinen Spaß haben können? Ahmet gefällt diese Verantwortung überhaupt nicht, die ihm von seinem Vater aufgezwungen wird. Außerdem geht es ihm total auf die Nerven, dass er sich an dem Nachbarssohn Hüsamettin, diesem Kartoffelsack. ein Beispiel nehmen soll: „Schau doch, Hüsamettin ist ein toller älterer Bruder, er hat immer ein Auge auf seine drei Schwestern." Für Ahmet ist Hüsamettin ein richtiger Idiot. Der denkt doch nur ans Mampfen: Nüsse, Chips, Hamburger, Eis. Er nascht ununterbrochen. Wenn er nur zwei Schritte macht, ist er gleich außer Atem und kann sich dann nicht mehr vom Fleck bewegen. Falls er so weiter macht, wird er in zwei Jahren seinen fetten Hintern überhaupt nicht mehr rühren können. Was soll's? Seinen Ärger darüber, dass er zum Gespött aller geworden ist, lässt dieser Depp an seinen Schwestern aus. Sein Gehabe zieht ja auch nur bei seinen kleinen Schwestern. Unter seinen Freunden dagegen erweist er sich als Feigling.Ihre Beleidigungen schluckt er ohne ein Wort hinunter, aber die Mädchen kriegen sein dummes Geschwätz ab! Wenn er ein Mann ist, dann soll er sich doch auch bei seinen Freunden so aufspielen wie bei seinen Schwestern! Dann sehen wir, ob er was taugt! Soll ich mir etwa an diesem Volldepp ein Beispiel nehmen! Unfassbar! So wehrt sich Ahmet zunächst innerlich gegen seine Aufpasserrolle – aber dann übernimmt er sie doch.

Vor allem nach der Schule fängt er Gülpembe regelmäßig ab und lässt sie erst gehen, nachdem er sie zurechtgewiesen hat: „Mach bloß nichts, was die Alten ärgern könnte und geh auf direktem Wege nach Hause, ohne dass du dich irgendwo aufhältst, verstanden?" Manchmal versucht er sie allerdings zu trösten: „Heute Abend spielen wir dann etwas zusammen, abgemacht?", „Da gibt es ein tolles neues Spiel, Kerem hat

es mir gegeben, du wirst es mögen.", „Nach dem Fußballspiel bringe ich dir Schokolade mit, und zwar von deiner Lieblingssorte mit Kokosnuss." Eigentlich hat Ahmet ja nichts an Gülpembe auszusetzen (sie ist doch nur arm dran!). Er kann nur dem Gerede der Eltern nicht ausweichen:
„Passt du denn wirklich auf deine Schwester auf?"
„Um wie viel Uhr ist sie aus der Schule gekommen? Mit wem hat sie geredet?"
„Wo steckst du denn die ganze Zeit? Heute kam Gülpembe schon wieder alleine nach Hause."
„Es gibt überall bösartige Menschen. Und wenn ihr etwas zustößt, dann wirst du dafür verantwortlich sein!"
„Du Esel! Wie oft haben wir dir schon gesagt, dass du auf deine Schwester aufpassen sollst!"
„Mein Sohn, mein lieber Sohn, du willst doch nicht, dass hier in der Fremde eine Schande über uns kommt!"
„Die Mädchen sind unberechenbar. Du bist der große Bruder, wenn du nicht auf sie acht gibst , wer soll es dann tun?"
Manchmal sagt Ahmet zu allem ja, was seine Eltern sagen, aber macht trotzdem das, was er für richtig hält. Und manchmal widersetzt er sich den Eltern sogar: „Mutter, ich bin doch kein Babysitter, alle machen sich schon lustig über mich!". Manchmal sagt er gar nichts. Aber mit jedem Mal nerven ihn seine Eltern mehr. Gülpembe ist ihm ständig ein Klotz am Bein. Am meisten geht ihm allerdings Gepo, dieser Plagegeist, auf die Nerven. Wenn es irgendwie möglich wäre, würde er entweder seine Familie loswerden oder diesen Gepo erwürgen.
Eines Tages, als er gerade auf dem Weg zum Fußball ist, sieht er von Weitem Gülpembe mit ihrer Schultasche kommen. Aber was macht sie denn da? Um Gotteswillen, sie wirft ihre Haare nach hinten und schwingt sich kokettierend hin und her! Und einer ihrer Klassenkameraden ist hinter ihr her, wie heißt er denn noch mal, Klaus? Schaut mal diesen durchtriebenen Klaus an, er zieht ständig an ihrer Schultasche und lässt sie nicht los. … Gülpembe versucht, ihn

loszuwerden, aber Klaus ist sehr hartnäckig. Und dann kichert sie. Was bedeutet wohl dieses alberne Kichern? Das fehlte ihm ja noch, jetzt muss er wahrhaftig den beiden hinterher, obwohl er zum Fußball will. Plötzlich überkommt ihn eine Wut. Hat er sie nicht genug gewarnt, dass sie schnell nach Hause soll, ohne sich irgendwo aufzuhalten? Sie hat ihn anscheinend gar nicht ernst genommen. Und jetzt haben sie den Mist am Hals. Verdammt, jetzt muss er sich darum kümmern …

Ahmet stellt sich Gülpembe und Klaus in den Weg. Er mustert sie von oben bis unten. Die beiden bleiben stehen, wie gelähmt. Sie wissen nicht, was sie sagen oder tun sollen.

Ahmet nimmt sich zuerst diesen Waschlappen Klaus vor und macht ihn ganz schön zur Sau.

Diese Deutschen sind echte Angsthasen! Bevor Ahmet überhaupt in die Gänge kommt, bekommt Klaus schon ein kreidebleiches Gesicht. Er gibt ein paar unverständliche Laute von sich und verschwindet augenblicklich. Vielleicht hatte der Depp davor Angst, dass Ahmet ein Messer herausholt. Die Türken, so denken diese Deutschen, zücken ja sofort ein Messer … In dem Moment kann Ahmet sein Lachen gerade noch zurückhalten. Doch eigentlich ist ihm gar nicht nach Lachen zumute. Die Deutschen sind eine Ansammlung von Feiglingen! Und sie wissen noch nicht einmal, wie man Mädchen anmacht.

Nachdem Ahmet mit Klaus durch ist, packt er Gülpembe und zerrt sie nach Hause. Diesmal ist er nicht zu faul, um sie nach Hause zu begleiten. Unterwegs macht er sie fertig:

„Habe ich dir denn nicht gesagt, du sollst direkt nach Hause, ohne zu trödeln?"

„Was sollte das überhaupt? Glaubst du, ich habe es nicht gesehen, wie du mit diesem Jungen herumgemacht hast? Vergiss bloß nicht, dass du keine Deutsche bist."

„Wegen dir verpasse ich das Spiel, verdammt!"

„Ich habe euch alle so was von satt!"

„Als ob ich kein eigenes Leben hätte!"

Gülpembe sagt kein Wort, aber ihre Augen sind voller Tränen. Als sie nach Hause kommen, übergibt er sie ihrem Vater. Sie sollen endlich mal sehen, dass er sehr wohl auf seine Schwester aufpasst. Wirklich schade um das Spiel, er ist jetzt schon zu spät.

Zu Hause bricht natürlich die Hölle los. Zwar gibt es keine Schläge, denn Gülpembes Familie ist ja eine moderne Familie, aber es hagelt endlose Zurechtweisungen und Drohungen. Vater und Mutter knüpfen sich ihre Tochter separat vor. Besonders die Worte ihres Vaters verletzen Gülpembe.

„Wenn das Weibchen nicht mit dem Schwanz wedelt, folgt ihm das Männchen auch nicht, verstehst du?"

„Sei froh, dass du hier lebst und nicht in unserem Dorf. Sonst hättest du jetzt eine Tracht Prügel bekommen!"

„Wir wollen doch nur, dass du eine gute Bildung erhältst und ein anständiger Mensch wirst!"

„Anständig wird man aber nicht nur, indem man gute Noten bekommt, verstehst du?"

„Von jetzt ab habe ich ein Auge auf dich. Wenn ich herausfinde, dass du mit Jungs herum machst, dann … "

„Dein kostbarster Besitz ist deine Ehre, das darfst du nie vergessen!"

Strenge Überwachung

Nach diesem Vorfall bekommt Ahmet mehr Macht innerhalb der Familie. Er ist jetzt genauso eine Autorität wie der idiotische Hüsamettin. Gepo ist richtig stolz auf ihn. Es ist also doch nicht so schwer und lästig, die Rolle des älteren Bruders zu übernehmen. Am meisten hat er diesmal aber bei seiner Mutter gepunktet: Obwohl er ein Fußballspiel hatte, hat er auf seine Schwester aufgepasst. „Bravo, mein Sohn! Du bist der beste Bruder der Welt."

Dies führt dazu, dass das nervende Gerede der Eltern endlich aufhört. Ahmet atmet auf. Gülpembe hingegen wird ab diesem Zeitpunkt streng überwacht. Eine Zeit lang bringt ihre Mutter sie sogar zur Schule und hält sie dabei fest an der Hand . Und bevor sie zur Mittagsschicht geht, holt sie Gülpembe wieder von der Schule ab. So traut sich kein Klaus, kein Hans mehr in ihre Nähe.

Gülpembe möchte während dieser Märsche mit ihrer Mutter zur Schule und zurück vor Scham am liebsten im Boden versinken. Wenn sie unterwegs auf Bekannte trifft, schaut sie sofort weg. Und ihre Wangen werden rosigrot.

In der Klasse starren die Kinder sie seltsam an und flüstern. Gülpembe versucht es zu ignorieren und sich so normal wie möglich zu verhalten, als ob nichts wäre. Als wäre es das Natürlichste von der Welt, dass ein schon zehnjähriges Mädchen jeden Tag von ihrer Mutter bis zur Schule begleitet wird.

Wir werden in unsere Heimat zurückkehren

Als sich nach diesem Vorfall die Beziehung zwischen Gülpembe und Ahmet immer weiter verschlechtert hat, passiert etwas Unerwartetes. Ahmet wird in die Türkei geschickt. Ganz so unerwartet war das eigentlich doch nicht, denn die Familie überlegt schon seit längerer Zeit, ob sie in die Türkei zurückzukehren soll. Tag und Nacht wird darüber geredet. Es wird hin und her überlegt. Es wird geträumt.

Gülpembe jedoch will davon gar nichts wissen. Sie mag ihre Schule, ihre Lehrer und mit ihren Klassenkameraden versteht sie sich auch gut, auch wenn sie sich von ihnen relativ fern hält. Wenn sie an die Türkei denkt, hat sie gar nichts Konkretes vor den Augen. Berge, Hänge, Schafe, Dörfer – das ist alles, was ihr zu diesem fernen und fremden Land einfällt.

Dabei wird zuhause ständig nur darüber gesprochen. Die Eltern erwägen sogar, nur die Kinder in die Türkei zu schicken, ohne auch selbst zurückzukehren: Es ist ja so schwer, seine Kinder in der Fremde richtig aufzuziehen! Zunächst schicken wir die Kinder, und wenn wir genug Geld verdient haben, folgen wir ihnen ...

Für Gülpembe hören sich diese Begriffe „Zurückkehren" und „geschickt werden" stets wie eine Drohung an. Daher bemüht sie sich jetzt sehr, sich an die von Gepo vorgeschriebenen Regeln zu halten. Sie tut alles, was ihre Eltern verlangen.

Auch Ahmet will nicht in die Türkei. Alle seine Freunde sind doch hier. Er bittet die Eltern bleiben zu dürfen, er weint und bettelt. Er verspricht allen hoch und heilig, dass seine Noten innerhalb kürzester Zeit in die Höhe schießen werden. Es hilft nichts, auch wenn Ahmet alles versucht. Da läuft er eines Tages von Zuhause weg und übernachtet bei seinem Freund Ismail. Bevor Ismails Vater die Eltern anruft und sie über Ahmets Verbleib informiert, herrscht zu Hause ein Chaos. Die Mutter weint ununterbrochen, Gülpembe ruft überall an und fragt nach ihrem Bruder. Der Vater ist kurz davor, zur Polizei zu gehen. Sorge, Angst, Aufregung, Wut …

Schließlich bleiben Ahmets Bemühungen fruchtlos. Sein Vater bleibt stur. Sogar die Nachbarn reden darüber, dass Ahmet nur noch Fußball im Kopf hat und kaum zur Schule geht. Es treffen in der Tat mehrmals Mahnbriefe von der Schule ein. In der Fremde entwickelt sich dieses Kind immer mehr zu einem Nichtsnutz. Er spielt die ganze Zeit Fußball und macht sonst nichts. Will er denn ein Fußballer werden?

Am meisten ärgern den Vater die Tattoos auf Ahmets Armen und auf seiner Brust. Die hat er sich genauso wie bei seinen nichtsnutzigen Freunden machen lassen. Sein Sohn soll aber doch zur Schule gehen, studieren und einen anständigen Beruf erlernen. Er soll nicht steckenbleiben wie seine Eltern. Das ist alles, was er will. Sein Sohn ist auf einem ganz schlechten Weg geraten. Er ähnelt immer mehr seinen nichtsnutzigen Freunden und den Typen, mit denen er Fußball spielt. Mit denen ist sonst ja überhaupt nichts anzufangen.

So schreibt der Vater während eines Familienbesuchs in der türkischen Heimat Ahmet an einem privaten Internat in Izmir ein. Er ignoriert dabei sowohl Ahmets Tränen als auch die der Mutter. Er bezahlt eine Riesensumme an die Schule, ohne sich ein einziges Mal darüber zu beklagen. Das Allerwichtigste ist ihm, dass dieses Kind eine gute Bildung erhält und später einen gescheiten Job hat.

Zwei Jahre bleibt Ahmet in Izmir. Gülpembe bedauert ihn zwar, ist aber andererseits ganz glücklich darüber, dass der Aufpasser jetzt weit weg ist. Denn seitdem Ahmet die Rolle des älteren Bruders aufgezwungen wurde, haben sich die beiden Geschwister nicht mehr verstanden. Die Mutter allerdings vermisst ihren Sohn sehr. Jeden Abend weint sie am Telefon. Nach einer Weile gibt die Familie die Rückkehrpläne auf. Der Traum, in die Heimat zurückzukehren, wird auf eine ungewisse Zukunft verschoben. So kommt Ahmet nach Deutschland zurück.

Ich bin doch kein Kind mehr oder: Ein Leben voller Verbote

„Ich bin sehr früh erwachsen geworden. Als die anderen Kinder noch mit Puppen spielten, war ich schon eine kleine junge Frau."
Auch sie hat sehr gern mit Barbiepuppen gespielt, die lange blonde Haare, knallblaue Augen, Miniröcke und hohe Stöckelschuhe haben. Aber als sie zehn wird, stellt sie fest, dass dieser Puppenkram weder ihren Eltern noch dem Gepo gefällt.
Ein so großes Mädchen spielt doch nicht mit Puppen! Abschätzige Blicke, stichelnde Worte … Schließlich hält sie es nicht mehr länger aus und packt ihre Barbiepuppen mit ihren schönen Kleidern sorgfältig in eine Kiste. So findet eine Art von Puppenbegräbnis statt. Die Kiste wandert hinten in den Schrank. Das Problem scheint gelöst.
Aber eigentlich fängt das Problem genau an diesem Punkt gerade an. Denn indem Gülpembe die Puppen wegräumt, akzeptiert sie die neue Rolle, die ihr nun aufgezwungen wird. In ihrer Freizeit hilft sie ihrer Mutter zu Hause, sie erledigt Hausarbeiten, kocht, kauft ein, bewirtet Gäste. Kurz, sie lernt, wie ein anständiges Mädchen sich zu verhalten hat. Und sie verhält sich genauso, wie es von ihr erwartet wird.
Mit ihren Freunden kommt sie zwar gut klar, aber irgendwie ist sie nicht eine von ihnen. Sie darf nichts mit ihnen unternehmen. Ihre Freunde gehen zusammen Schwimmen, ins Kino, zur Eisdiele, zum Tanzen … Wenn sie etwas vorschlagen, muss Gülpembe es immer ablehnen. Manche Jungs aber finden gerade ihre Unzugänglichkeit attraktiv. Wie eine unerreichbare Prinzessin aus einem Märchen …

Und deswegen scharen sie sich um sie wie die Motten um das Licht. Gülpembe ist ein interessantes Mädchen. Sie zu verstehen, ist nicht einfach. Aber warum darf sie nie etwas mit ihnen unternehmen? Warum erlauben es ihre Eltern nicht?

„Ich bin Türkin", antwortet Gülpembe traurig. Zu sagen „Ich bin Türkin" heißt, eine Aussage zu machen wie „Ich bin behindert", „Ich bin ein Krüppel" oder „Ich bin blind".

Niemand verliert ihr gegenüber ein Wort darüber. Niemand will sie verletzen oder beleidigen. Allerdings spürt sie jedes Mal die auf sie gerichteten neugierigen oder bedauernden Blicke. Gülpembe? Sie wird doch sowieso nicht kommen, ihre Familie wird es ihr nicht erlauben. Auch wenn sie so hübsch und so attraktiv ist wie die Prinzessinnen aus den Märchen, reißt sich keiner ihrer Freunde darum, einen Märchenhelden zu spielen. Denn nur in den Märchen gewinnen die Helden immer und ist das Ende immer gut. Im wirklichen Leben ist es leider nicht so. Z.B. gibt es an der ganzen Schule keinen einzigen, der von dem Vorfall mit Klaus nichts mitbekommen hätte. Niemand will sich solche Probleme aufhalsen. Es gibt ja genug attraktive Mädchen. So lassen sie Gülpembe in Ruhe.

Die einzige Schulaktivität, an der sie teilnimmt, ist eine Blockflötengruppe. Nur, alle anderen Kinder in dieser Gruppe sind drei bis vier Jahre jünger als Gülpembe. Aber da Gepo ihr sowieso nicht erlauben wird, an den Tanz-, Theater, Kino- und Sportkursen teilzunehmen, gibt sie sich mit der Blockflötengruppe zufrieden. Zwar hänselt niemand sie, dass sie mit diesen kleinen Kindern Musik macht, aber Gülpembe ist trotzdem sehr unglücklich. Sie findet keinen Gefallen an dieser Blockflötengruppe. Obwohl sie musikalisch talentiert ist und ihr Musiklehrer sie auf Händen trägt, hasst sie dieses Geflöte innerlich, Musik überhaupt.

„Wäre denn Musikmachen nicht ein Ausweg für dich gewesen?" frage ich sie.

„Unter den damaligen Umständen auf keinen Fall", antwortet sie, „und obwohl inzwischen so viel Zeit vergangen ist, mag ich immer noch keine Musik hören. Denn Musik erinnert mich an Unterdrückung und Verbote meiner Kindheit."

Freundschaften sind etwas sehr Wertvolles, aber man muss sie sorgfältig pflegen. Das vermag Gülpembe jedoch nicht, denn Gepo verbietet es ihr. Ununterbrochen sind seine finsteren Blicke auf sie gerichtet. Er lässt sie nicht in Ruhe und mischt sich in alles ein. Sogar wenn sie ganz für sich sein und etwas in ihr Tagebuch schreiben will, was nicht zu der ihr aufgezwungenen Rolle passt. Das Tagebuch ist ein Geschenk ihrer Tante und hat ein klitzekleines Schloss. Jedes Mal nun, wenn sie sich an ihren Schreibtisch setzt, um etwas da hinein zu schreiben, taucht Gepo hinter ihr auf und kontrolliert ihr Schreiben. Gülpembe hat eigentlich so viele Sorgen, die sie ihrem Tagebuch anvertrauen will. Aber wegen Gepo ist sie dazu nicht in der Lage. Sie wird blockiert und kann nicht einen einzigen Satz hinschreiben. Stundenlang sitzt sie vor ihrem Tagebuch und denkt nach. Dann legt sie es leer in den Schrank zurück. Gepo steht da und lächelt boshaft.

Wäre es denn eine Lösung, zu lügen? Gülpembe möchte nicht lügen. Denn die Angst, die sie nach jener Geburtstagsfeier spürte, hat sie immer noch nicht vergessen können. Und sie glaubt ganz genau zu wissen: Wenn sie noch einmal beim Lügen erwischt wird, werden ihre Eltern sie definitiv in die Türkei schicken. Also bleibt ihr nichts anderes übrig, als die ihr aufgezwungene Rolle so gut wie möglich zu spielen.

Wie in einem Vakuum

Gülpembes Mutter kann ihre Tochter besser verstehen als der Vater, da auch sie als Kind sehr unterdrückt wurde. Sie hatte sogar einen ganz schlimmen Bruder, der ein richtiger Nichtsnutz gewesen ist. Er hat alles, was in seiner Macht stand, getan, um sie daran zu hindern, zur Schule zu gehen. Vielleicht war er neidisch, da er selber in der Schule nicht gut war und sie darum auch frühzeitig verließ . So fing er an, zu Hause so lange hässliche Gerüchte über seine Schwester zu verbreiten, bis man sie tatsächlich schon nach der achten Klasse von der Schule nahm. Dabei war sie eine sehr gute Schülerin und bekam immer Auszeichnungen. Der Lehrer versuchte alles, dass sie weiter zur Schule gehen konnte. Er kam mehrmals zu ihnen nach Hause, um persönlich mit der Familie zu reden. Er versuchte, ihnen klar zu machen, wie talentiert sie war. Er sagte, er würde für sie ein Stipendium suchen. Ihr Vater aber blieb fest entschlossen, sie nicht weiter zur Schule zu schicken: Nicht einmal ihr älterer Bruder geht zur Schule, was hat denn sie dort zu suchen!

Daher ist es der sehnliche Wunsch ihrer Mutter, dass Gülpembe das schafft, was sie selbst nicht schaffen konnte. Warum sind sie denn sonst nach Deutschland gekommen, warum mussten sie sonst in der Fremde so viel über sich ergehen lassen? Alles doch nur für ihre Kinder.

Gülpembe möchte mit ihrer Mutter reden und sich ihr öffnen. Aber Gepo erlaubt es nicht. Und solange sie sich nur genau an Gepos Regeln hält, gibt es keine Probleme und sie darf weiterhin zur Schule gehen. Und diese Regeln sind unanfechtbar.

Gülpembe findet ihrer Mutter gegenüber nicht die richtigen Worte, um ihren Kummer zu beschreiben. Die Mutter freut sich ja innerlich so darüber, dass ihre Tochter es schafft, was ihr selbst nicht vergönnt war, und so merkt sie gar nicht, wie unterdrückt das Mädchen sich fühlt. Gülpembe schweigt, genauso wie es von ihr erwartet wird. Die Mauer der Kommunikationslosigkeit zwischen ihr und ihrer Familie scheint unüberwindbar zu sein.

Ein weiterer Vorfall, der ihr noch lange weh tut: Ein Klassenausflug steht an. Zunächst wird die gesamte Klasse nach Münster fahren, um ein Museum zu besuchen. Dann wird eine kleinere Gruppe von vier oder fünf Schülern nach Bochum fahren. Ihre Mutter muss die Erlaubnis dafür schreiben. Aber noch bevor diese das Papier, das sie unterschreiben soll, anschaut, stellt sich Gepo schon dagegen. Man lässt doch kein Mädchen in so einer Gruppe wegfahren. Was ist, wenn ihr etwas zustößt? Wie soll die Mutter das dann dem Vater erklären?

Dass die Mutter überhaupt kein Verständnis zeigt und ihr mit ihrem Vater droht, ist das, was Gülpembe am meisten verletzt. Wie oft in ihrem Leben wurde ihr schon mit diesen Worten gedroht: „Ich erzähle

es deinem Vater!"
Gülpembe berichtet mit Tränen in den Augen ihrem Lehrer von der Absage ihrer Mutter. Daraufhin möchte der Lehrer mit der Mutter persönlich sprechen. Er glaubt, dass er sie überzeugen kann. Nun aber ist es plötzlich Gülpembe, der diese Idee nicht gefällt: Hätte sie doch lieber gar nichts gesagt! Es könnte, droht Gepo, jetzt so aussehen, als ob sie sich bei dem Lehrer über die eigene Mutter beschwert hätte …
Dann aber geschieht etwas völlig Unerwartetes, ein Wunder. Bevor ihr Lehrer überhaupt mit der Mutter hat sprechen können, gibt ihr Vater plötzlich die Erlaubnis. Er hat sich das Schreiben ganz genau angesehen und nichts auszusetzen. So unterschreibt er auf der Stelle. Das Problem hat eine überraschende Lösung gefunden. Damit sieht es so aus, als ob alles in Ordnung wäre: Gülpembes Mutter war erst ein wenig besorgt, der Lehrer wollte vermitteln, und der Vater hat es erlaubt. Das ist alles. Gar keine Probleme, alles glatt wie ein Tischtuch. Nur die Stürme, die in Gülpembe getobt haben … Die Sorgen, die Ängste, die Scham- und Schuldgefühle, die an ihr nagen, und ihre fast übermenschliche Anstrengung, all diese Gefühle zu verstecken … Und endlose Tränen, die sie nachts im ihrem Bett vergießt … Das Ergebnis hiervon ist, dass sie den Ausflug überhaupt nicht genießen kann. Am Ende ist es tausendmal besser, von Anfang an aufzugeben, als das alles immer wieder durchstehen zu müssen …
Gepo lächelt wieder verschlagen. Jetzt habe ich dich, junges Fräulein, du gehörst mir … Nach diesem nervenzerrenden Vorfall steht Gülpembes Entscheidung fest. Sie wird sich nie wieder wegen einer Erlaubnis für irgendeine Schulveranstaltung an ihre Eltern wenden. Ab jetzt wird sie nie wieder an einer außerschulischen Veranstaltung teilnehmen, sei es ein Theaterbesuch oder ein Picknick. Sie hält sich auch so weit wie möglich von ihren Mitschülern fern. In Situationen, in denen sie sie nicht loswerden kann, ohne eine Erklärung abzugeben, sagt sie mit einem ausdruckslosen Blick: „Ich bin Türkin". Es ist so, als ob sie in einem Vakuum lebte. Zwischen ihr und ihrer Umgebung gibt es eine selbsterrichtete unsichtbare Mauer.

Die Tür öffnet sich nur ein Spalt

Während ihres Studiums ändert sich in Gülpembes Leben nichts. Sie wohnt weiterhin bei ihrer Familie. Ihre Freunde, die von zu Hause ausziehen, fangen ein ganz anderes Leben an. Daran kann sie nicht teilnehmen. Zum ersten Mal lernt sie andere junge Türken mit Migrationshintergrund kennen. Aber auch deren Welt ist Gülpembe zu fremd. Die meisten jungen Frauen aus Migrantenfamilien führen ein Doppelleben. Fast alle haben einen Freund, den sie vor ihrer Familie geheim halten. In Gülpembes Leben bleibt alles beim Alten. Dadurch unterscheidet sie sich von ihren Kommilitoninnen. Sie ist genauso einsam wie früher. Sie schließt sich keiner Gruppe an. Sie führt weiter ein Leben, das sich nach den strengen Regeln ihrer Eltern richtet. Sie ist weiterhin in einem Vakuum, hinter unsichtbaren Mauern.
Die Regeln sind allerdings nicht mehr so streng wie früher, Gepo macht ihr nicht mehr so oft Angst. Sie hat ihn sogar fast vergessen. Dadurch ist sie zwar entspannter, aber trotzdem ist da ein ständiges Gefühl des Unbehagens, das sie nicht so genau beschreiben kann. Jahre später wird sie rückblickend feststellen, dass dieses Gefühl immer noch durch den Gepo verursacht wurde, der noch lange ein unzertrennlicher Teil von ihr blieb, auch wenn sie sich bemühte, ihn allmählich loszuwerden. Aber in den ersten Jahren ihres Studiums ist sie noch nicht so weit.

**Ein Leben in Schubladen und
die manipulierende Kraft der Sprache**

Gülpembe ist dagegen, dass man Menschen in Schubladen steckt und z. B. die, die aus der Türkei kommen, als Islamisten, Nationalisten oder Kemalisten abstempelt. Sie möchte ihr Leben unabhängig von solchen Kategorisierungen gestalten. Die meisten ihrer Freunde mit Migrationshintergrund dagegen verinnerlichen solche Schubladen-Begriffe, ohne darüber nachzudenken, und werden manchmal viel zu schnell und unüberlegt Teil einer ideologischen Gruppierung.

Im Rahmen ihres Studiums interessiert sich Gülpembe für geschlechterspezifische Fragen und Probleme. Wie reagiert z.B die Literatur darauf oder die Sprache ? Wie drücken sich Männer und wie Frauen aus? Sie erforscht die Sprache des Mannes und der Frau. Natürlich wird sie deshalb sofort als Feministin stigmatisiert – wieder eine Schublade.

Aber was genau ist denn Feminismus? Warum verbindet man diesen Begriff nur mit negativen Inhalten, die Abneigung auslösen? Warum werden diejenigen, die die Geschlechtergleichstellung verfechten, sofort als Feministen etikettiert? Welche Weltanschauung und Ideologie steckt eigentlich dahinter?

Wir unterhalten uns über Sprache. Wie die Sprache zu einem Instrument der Manipulation bzw. Unterdrückung wird, wie sie die Menschen beeinflusst und formt. Sie erzählt mir, dass sie all das an den Aussagen und dem Verhalten ihrer Freunde beobachtet.

Andererseits denkt sie, dass auch sie selbst von den Möglichkeiten der Sprache als Kommunikationsmittel gar nicht genug Gebrauch zu machen versteht. „Einerseits kann ich so viele Sprachen, andererseits gar keine, denn ich kann über sie ja noch nicht frei verfügen." Es ist, als würde nicht Gülpembe die Sprache sprechen, sondern die Sprache Gülpembe. Sie hat es ja nie gelernt, ihre Gefühle und Gedanken auszudrücken. Jedes Mal, wenn sie ihren Mund öffnet, muss sie an Gepos Sprachregelungen denken. Die einzige Sprache, die sie perfekt beherrscht, ist die Gepo-Sprache. Ist jetzt nicht der richtige Zeitpunkt gekommen, diese Sprache endlich zu vergessen?

Die Seiten des Tagebuchs, das sie als Kind geschenkt bekam, sind komplett leer. Was Gülpembe bisher nur gelernt hat, war, zu schweigen, sich zu verstecken und seine innere Welt nicht nach außen zu offenbaren. Jetzt will sie sprechen. Aber mit wem denn? Und wie? Und wird sie das überhaupt können?

„Du redest doch gerade mit mir" antworte ich. „Und hast doch eine Menge von dir erzählt".

Vor dem Gesetz

Wozu studiert man? Nur um einen akademischen Beruf zu finden? Das Studium muss doch ein tieferes Ziel haben, sollte es jungen Menschen nicht die Kunst des Denkens und Hinterfragens vermitteln? Es muss das Leben eines Menschen verändern können. Den Abschluss zu machen, ist gar nicht so schwierig. Das Schwierige ist, sich selbst zu finden. Wer bin ich, was will ich tun, welche Werte habe ich, wie sehe ich das Leben? – Man muss sich bemühen, auf diese Fragen Antworten zu finden.

„Ich glaube, dass ich erst jetzt lerne, vieles zu hinterfragen", sagt Gülpembe mit einem nachdenklichen Gesicht. „Ich fühle, dass die Werte, die ich seit meiner Kindheit ungewollt verinnerlicht habe, langsam aber sicher ihre Bedeutung verlieren."
„Aber etwas auf einer rationalen Ebene zu hinterfragen und zu kritisieren, bedeutet noch nicht, dass man es gänzlich los wird, oder?"
In Kafkas Parabel „Vor dem Gesetz" versucht ein Mann vom Land, den Eintritt in das Gesetz zu erlangen. Der Türhüter, der das Gesetz bewacht, hindert ihn daran. Auch wenn er hineinginge, würde er nicht weiterkommen, da drinnen größere Hindernisse auf ihn warten. Der Mann versucht alles, um in das Gesetz eintreten zu können, er schafft es aber nicht einmal, den Türhüter zu besänftigen oder zu umgehen. So wartet er sein ganzes Leben lang umsonst vor der Tür. Und erst am Ende seines Lebens, als er keine Kraft mehr hat, erfährt er, dass diese Tür nur für ihn bestimmt war.
Gülpembe will möglichst bald durch die Tür des Gesetzes eintreten, aber wie wird sie es schaffen?

Gepo-Sprache

Gülpembe und ich sprechen miteinander auf Deutsch, denn sie kann sich auf Deutsch ein bisschen besser ausdrücken. Gepos Muttersprache dagegen ist Türkisch und wenn sie auf Deutsch redet, spürt sie seinen Einfluss viel weniger. Deutsch entspannt sie. Deutsch ist für sie die Sprache der Freiheit. Gülpembe kann auf Deutsch sehr gut nachdenken, analysieren und den Problemen auf den Grund gehen. Die Fähigkeit, Probleme distanziert zu betrachten, hat sie nur durch die deutsche Sprache entwickeln können.

Ich erinnere Gülpembe daran, dass Gepo früher auch Deutsch wie seine Muttersprache sprechen konnte, aber jetzt scheint er diese Sprache ziemlich vergessen zu haben. Meist versteht er nur die Hälfte von dem, was Gülpembe sagt, oder er versteht gar nichts. So kann er sie schwerer kontrollieren. Daher wehren sich manche Menschen mit Migrationshintergrund dagegen, richtig Deutsch zu lernen. Wenn sie es lernen, was wird dann aus ihrem lieben Gepo?

Wenn ich an Gepo denke, fällt mir Döndü ein. Döndü ist Studentin wie Gülpembe. Sie ist in einer Wohnsiedlung in Duisburg aufgewachsen, in der viele Türken leben. Bis sie zehn war, hat sie weder einen einzigen Deutschen getroffen noch ein Wort Deutsch gehört, weder in der Schule noch auf der Straße.

„Ich kann mich erinnern, dass ich an meiner neuen Schule einen deutschen Lehrer so neugierig anschaute, als ob er von einem anderen Planeten käme", hatte mir Döndü einmal erzählt.

Dies ist ein typisches Beispiel für die bedingungslose Macht Gepos im Gettoleben. Anderseits unterstützen gerade diese Multikulti-Deutschen Gepo von Herzen. Sie fördern und hätscheln die Gettoisierung, Moscheenbau, Korankurse, Hodschas und Hadschis.

Gülpembe hört mir mit aufgerissenen Augen zu, sie ist überrascht darüber, dass ich Gepo kenne. „Vergiss nur nicht, dass ich aus einer Generation bin, die sich in der Türkei und auch in Deutschland gegen Gepos aufgelehnt hat" sage ich lachend.

Ich will nicht mehr die „andere" sein

Ursprünglich wollte Gülpembe Medizin studieren, dann hat sie sich jedoch für Türkisch und Englisch entschieden. Der Grund dafür war vielleicht der Gedanke, in die Türkei zurückzukehren. Die Familie hat ständig Sehnsucht nach der Heimat und möchte zurück. Auch Gülpembe malt sich aus, dass sie sich dort ein neues Leben aufbauen könnte. Mit einer guten Ausbildung, warum eigentlich nicht? Sie kann doch nicht ihr ganzes Leben lang die Rolle der „anderen" spielen und sich nicht zugehörig fühlen. Vielleicht kann sie sich ja in der Türkei ein neues Leben aufbauen und muss nicht mehr die „andere" sein. So ist für sie neben Englisch auch Türkisch sehr wichtig. Ihr Türkisch ist gut, sie legt auch sehr viel Wert darauf, alle Kurse von Literatur- bis Sprachwissenschaft zu besuchen, und bemüht sich tagtäglich, ihre Türkischkompetenz zu verbessern. In ihren wissenschaftlichen Arbeiten ist sie sehr erfolgreich. Sie hat ja auch eine gute Basis, da sie anders als ihre Kommilitoninnen mit Migrationshintergrund auf einer sehr guten Schule war. Also sie hat Trümpfe in der Hand, sie muss sie nur richtig einsetzen.

Ich versuche, Gülpembes besonderes persönliches Dilemma genau zu verstehen: Einerseits betrachtet sie Türkisch als Gepos Sprache und will daher gar nicht Türkisch sprechen, andererseits studiert sie gerade Türkisch. Einerseits kann sie seit ihrer Kindheit noch nicht einmal den Gedanken ertragen, mit der Familie in die Türkei zurückzukehren, andererseits kann sie sich vorstellen, für sich selbst dort ein neues Leben aufzubauen. Einerseits macht sie einen Schritt nach dem anderen auf dem Weg ins Freie, andererseits kann sie sich von ihrer Familie nicht loslösen. Ihr Leben ist voller Widersprüche. Vielleicht bin ich aber auch auf der falschen Spur, genauso wie diejenigen, die Gülpembe in eine Schublade stecken wollen. Es gibt kein Schwarz und Weiß, selbstverständlich ist das Leben voller Widersprüche und Konflikte. Andererseits ist Gülpembe noch nicht am Ziel. Sie ist noch auf der Suche.

Wohin wird ihre Suche sie führen?

Schritt für Schritt auf dem Weg ins Freie

Eine Antwort auf diese Frage bekam ich, als ich sie ein Jahr nach ihrem Abschluss an der Universität wiedertraf. Sie war mitten im Referendariat, hatte also noch ein Jahr vor sich, wirkte aber auf einmal sehr selbstbewusst. Ihre Augen leuchteten. ein Lächeln breitete sich über das ganze Gesicht aus.

„Sie haben mich zum richtigen Zeitpunkt erwischt", sagte sie. „Ich habe viel zu erzählen. Seit fast einem Jahr lebe ich von meinen Eltern getrennt. Dadurch dass ich mich von ihnen losgerissen habe, bin ich ein ganz anderer Mensch geworden. Ich lebe jetzt nur noch so, wie ich es für richtig halte. Ich will mich vor niemandem mehr rechtfertigen. Und ich weiß jetzt auch, wo ich leben will und was ich tun will. Ich werde in Deutschland bleiben."

Der hauptsächliche Grund für Gülpembes definitive Entscheidung aber ist, dass sie sich von ihrem Freund Engin getrennt hat, der in der Türkei lebt und ein Verwandter von ihr ist. Sie hatten sich vor zwei Jahren kennengelernt, genauer gesagt: sie wurden einander vorgestellt, als Gülpembe mit ihrer Familie in der Türkei im Urlaub war. Sie mochten sich auf Anhieb. Die ganze Familie hat dann diese Beziehung unterstützt. Man wollte sie sogar auf der Stelle sich verloben und innerhalb von ein paar Monaten heiraten lassen. Gülpembe allerdings wollte ein bisschen Zeit haben. Und da ihr Vater sie in ihrem Wunsch unterstützte, hat keiner gewagt, etwas zu sagen.

„Das Schwierige war, dass ich mich so in ihn verknallt hatte. Sie müssen sich vorstellen, ich bin immer allein gewesen, ich habe noch nicht einmal Freundinnen gehabt, geschweige denn Freunde."

Und dann taucht plötzlich ein sehr gut aussehender junger Mann auf. Und niemand hat etwas dagegen, dass sie für ihn etwas empfindet und das auch zeigt. Ganz im Gegenteil, Jung und Alt, jeder in der Familie unterstützt diese Beziehung. Wie schön es ist, dass es mit diesen beiden klappt … Und sie sind wirklich füreinander bestimmt. Diese Turteltauben …

Gülpembe schwebt im siebten Himmel. Wenigstens während der Urlaubswochen damals. Aber dann, nach der Rückkehr nach Deutschland, an die Uni, nach erfolgreichem Examen, Beginn des Referendariats – allmählich kommt sie wieder zur Vernunft. Sie befindet sich ja erst am Anfang ihres eigenen Lebens. Sie lernt gerade erst auf ihren eigenen Füßen zu stehen. Sie muss doch noch zu sich selbst finden, ihre Möglichkeiten und Talente entdecken. Sie hat begonnen, sich ein eigenes Leben in Deutschland aufzubauen, warum soll sie denn so überstürzt heiraten und in die Türkei ziehen? Nur wegen einem bis-schen Verliebtsein?

Während ihres Studiums hatte sie einmal ja sehr ernsthaft an eine mögliche Rückkehr in die Türkei gedacht und war dann so hin und her geschwankt. Jetzt, als ich sie wiedersehe, denkt sie überhaupt nicht mehr daran. Sie will hier Lehrerin werden. Sie will hier leben.

„Erst während meines Studiums lernte ich mich richtig kennen und habe dadurch allmählich mehr Selbstvertrauen gewonnen", sagt sie rückblickend. „Beispielsweise war ich als Tutorin tätig. Es war wirklich toll, die Studienanfänger anzuleiten, ihnen zu helfen. Damals habe ich das erste Mal gemerkt, dass ich es schaffen könnte, als Lehrerin zu arbeiten."

Sie hat auch großen Erfolg im Referendariat. Alle in ihrer Umgebung respektieren sie. Sie reist sogar für mehrere Monate nach England, besucht dort einen Intensivkurs, nimmt an verschiedenen kulturellen Veranstaltungen und Ausflügen teil, lernt neue Menschen und Orte kennen. Und nach all dem stellt sie eines Tages fest: Sie hat ihr Sprachproblem, das ein Ausdrucks- und Kommunikationsproblem war, plötzlich überwunden.

„Können Sie sich vorstellen, jetzt kann ich reden", sagt sie voller Aufregung. „Ich kann meine Gefühle, meine Gedanken wirklich ausdrücken. Das ist ein tolles Gefühl, das ich gegen nichts eintauschen würde."

Wenn sie in den Spiegel schaut, sieht sie zum ersten Mal in ihrem Leben nicht den argwöhnischen Gepo, sondern eine junge Frau mit sehr viel Selbstvertrauen. Endlich sieht sie sich selbst, so wie sie ist, lebt und atmet. Sieht sie sich mit ihrem eigenen Leben. Über das nur sie allein bestimmen darf. Gibt es ein größeres Glück?

Die Hindernisse im Gesetz

Gülpembe hat es also vermutlich endlich geschafft, den Türhüter zu überwinden und in das Gesetz einzutreten. Das ist wirklich ein großer Schritt … Aber genauso wie der Türhüter gewarnt hatte, es gebe drinnen noch größere Hindernisse, begegnet sie tatsächlich neuen Problemen. Und eines davon ist Engin. Er ist und bleibt, angeblich, unsterblich in Gülpembe verliebt und möchte unbedingt mit ihr zusammenleben. Darum könnten sie sich überall niederlassen, wo Gülpembe es möchte. Sie dagegen kann sich weder vorstellen, in die Türkei zu ziehen, noch dass Engin nach Deutschland kommt. Er kann ja kein Wort Deutsch, wie soll er in Deutschland überhaupt klarkommen?
Aber Engin meint, dass Liebe Wunder bewirkt. Die Sprache kann er ganz schnell lernen, das ist doch überhaupt kein Problem.
Aber was wird er tun? Wo wird er arbeiten? Was für eine Zukunft stellt er sich vor?
Das ist doch kinderleicht, er kann überall arbeiten, er ist sehr talentiert. Sein Vater kann ja auch ein bisschen nachhelfen. Und dann wird Gülpembe sowieso Lehrerin, finanzielle Probleme werden sie also nicht haben. Was will man mehr?
Gülpembe jedoch sieht das alles ganz anderes. Schon bei dem Gedanken an einen Importbräutigam gruselt es ihr. Ein Importbräutigam hat doch ähnliche Probleme wie eine Importbraut. Importbräute werden zu Hause dermaßen eingeschlossen, dass sie sich nicht selbständig bewegen können. Sie kennt so viele Frauen, die mit großen Träumen nach Deutschland kamen und dann gerade hier tief enttäuscht wurden. Auch ein Importbräutigam hat es sehr schwer. Meistens lässt er dann seinen Frust darüber, dass er sich den neuen Lebensbedingungen nicht anpassen kann, an seiner Frau aus. Nur ein

ganz kleiner Teil solcher Ehen bleibt haltbar. Gülpembe hat Freundinnen, die eine solche unglückliche Ehe führen oder eine Scheidung durchmachen oder deshalb in psychologischer Behandlung sind.

Sie versucht Engin klarzumachen, welche Probleme sein Umzug nach Deutschland verursachen würde. Engin lacht darüber und nimmt sie überhaupt nicht ernst. Schließlich findet Gülpembe die Kraft, eine Entscheidung zu treffen. Sie wird ganz bestimmt nicht heiraten. Engin und sie stammen aus völlig verschiedenen Welten. Ihre Denkweisen, ihre Gefühle und ihre Weltanschauungen unterscheiden sich gewaltig voneinander. Alles, was für Gülpembe wichtig ist, hat für Engin gar keine Bedeutung. Wie ein Nichtsnutz lebt er in den Tag hinein, macht sich gar keine Gedanken, hat gar keine Pläne. Er ist wie ein Kleinkind. Wie kann denn da eine Ehe gut gehen?

Kaum hat Gülpembe ihre Entscheidung mitgeteilt, da ist die Hölle los: So etwas geht doch überhaupt nicht. Das kann man doch nicht machen, nachdem man jahrelang mit dem Jungen ausgegangen ist und ihm so viele Hoffnungen gemacht hat. Das ist doch unzumutbar.

Was heißt da „ausgegangen"? Sie haben sich doch immer nur E-Mails geschrieben. Klar, im Urlaub haben sie sich oft gesehen, sind zusammen spazieren gegangen, haben Eis gegessen, im Teegarten gesessen und ab und zu auch mal Händchen gehalten. Das ist alles.

Aber das ist doch mehr als genug. Was sollte denn noch sein? Wir sind doch keine Deutschen. Unglaublich dieses Verhalten … Und was werden die Nachbarn sagen? Und erst die Verwandten? Wie sollen wir denen ins Gesicht schauen? Ach, warum musste das passieren, jetzt werden alle über uns reden, wir sind total blamiert …

Wir pfeifen auf den Gepo!

Gepo tobt vor Wut. Ist Gülpembe denn völlig verrückt geworden?
Aber wen interessiert heute noch, was Gepo denkt? Gülpembe ist fest entschlossen, nicht nachzugeben. Sie widersteht mit ganzer Kraft.

Jahrelang hat sie gearbeitet, ist zur Schule gegangen, hat studiert und hat etwas auf die Beine gestellt. Das war alles andere als leicht. Denn niemand hat ihr die Hand gereicht, niemand hat ihr geholfen. Sie musste ganz alleine ihren Weg finden. Und jetzt wird sie ihr Leben nicht mehr danach ausrichten, was die anderen wohl sagen würden. Nein der Gepo darf ihr Leben nicht mehr bestimmen.

Gülpembe findet es vor allem nervend, dass Engin nach dem Abbruch von vielen Gesprächen, E-Mails, Telefonaten mit ihr nun ihre Mutter anruft und sie weinend darum bittet, die Tochter doch bitte, bitte umzustimmen – wie ein verwöhntes Kind, dem das Spielzeug weggenommen wurde. Und als ob das noch nicht genug wäre, ruft auch Engins Mutter jeden zweiten Tag in Deutschland an und sorgt für einen richtigen Tumult.

Gülpembes Mutter ist sowieso allzu bereit, dieses ganze dumme Geschwätz ernst zu nehmen. Sieh doch, er ist unsterblich in dich verliebt, er ist total verrückt nach dir. Seine Mutter hat erzählt, dass er keinen Bissen mehr in den Mund nimmt.

Wenn er sich etwas antut, wirst du dein Leben lang die Schuld daran tragen.

Aber es ist gerade diese nervende Art und Weise, wie Engin und seine Familie sich verhalten, die Gülpembe so richtig die Augen öffnet. Dieser große Junge mit den grünbraunen Augen und lockigen Haaren, in den sie sich auf den ersten Blick verliebt hatte, verwandelt sich vor ihren Augen plötzlich in ein weinerliches Muttersöhnchen. Er ist noch nicht reif genug, vielleicht wird er es auch nie werden. In seinem ganzen Leben hat er nie eigene Entscheidungen getroffen, ist immer verwöhnt worden, hat nicht gelernt, auf seinen eigenen Füßen zu stehen. Er ist wie ein kleiner Junge. Wie konnte sie sich überhaupt in diesen Mann verlieben? Sie kann sich selbst nicht mehr verstehen.

Aber sie muss hier noch ein weiteres Hindernis überwinden. Denn diesmal versucht Gepo in seiner gerissenen Art sie zu überlisten:

„Lass uns doch in den Ferien in die Heimat fahren und allen Verwandten die Situation erklären", sagt er. „Schau mal, ich ver-

spreche, dass ich dich in Zukunft in Ruhe lasse. Alles was ich von dir verlange, ist, dass du für eine Woche zusammen mit deiner Mutter dorthin fährst und alles genau klarstellst. Niemand soll beleidigt oder traurig sein. Das ist alles. Du willst doch nicht, dass sich deine Eltern total blamieren oder? Mach doch dem Ganzen ein würdiges Ende und brich dabei niemandem das Herz, damit alles einen guten Ausgang nimmt."
Aber Gülpembe hört längst nicht mehr auf Gepo. Sie nimmt weder seine Drohungen und Beschuldigungen, noch seine Bitten und betörenden Worte ernst. Und diesen Vorschlag von ihm, in die Türkei zu fahren, um vor den Verwandten Rechenschaft abzulegen, findet sie nur noch absurd. Niemandem schuldet sie Rechenschaft, was für eine Rechenschaft denn überhaupt? Ist das nicht ihr eigenes Leben? Sie fällt nicht mehr darauf herein, sich mit netten Worten wie ‚Respekt vor den Älteren' und ‚Loyalität zur Familie' diese muffige Gepo-Kultur als die türkische Kultur verkaufen zu lassen.

Die Geschwister halten zusammen

Ihr älterer Bruder Ahmet, der einst ihren Aufpasser hatte spielen müssen, hilft Gülpembe nun sehr dabei, Gepo gänzlich loszuwerden. Denn bevor das Gepo-Gespenst seine Schwester zu quälen begonnen hatte, war es ihm selbst entgegengetreten. Er hat es aber irgendwie geschafft, Gepo zu überwinden. Aus diesem Grund ist seine Beziehung zu den Eltern nicht mehr so gut wie früher. Die Ursache dafür ist ein kurdisches Mädchen, in das sich Ahmet während seines Studiums verliebt hat. Die ganze Familie ist gegen diese Beziehung, hat doch die Mutter für Ahmet schon längst ein passendes Mädchen aus ihrem Dorf ausgesucht. Da beide Familien einverstanden sind, sehen alle die Verbindung als eine fest beschlossene Sache – aber nicht dieser Ahmet! Als die Eltern, besonders die Mutter, stur darauf beharren, wird Ahmet innerlich so empört, dass er schließlich, ohne Rücksicht auf ihre Tränen, das Elternhaus einfach verlässt. Später jedoch bereuen die Eltern ihre Sturheit und akzeptieren, dass er um die Hand des kurdischen Mädchens anhält. Ahmet jedoch will von seinen Eltern lange Zeit nichts wissen. Es dauert noch ziemlich lange, bis sein Ärger ihnen gegenüber verflogen ist.

„Mein älterer Bruder Ahmet war immer ein Beispiel für mich", erzählt Gülpembe. „Ich hatte ja erzählt, dass wir uns in unserer Kindheit eine Weile nicht so gut verstanden, als Gepo ihn in der Hand hatte. Das war aber wirklich nur ganz kurz. Als er dann zwei Jahre in die Türkei geschickt wurde, war es für ihn zwar nicht leicht, aber gleichzeitig eine Art Rettung. Fern von der Familie war es für ihn einfacher, seinen eigenen Weg zu finden."

Jetzt sieht Gülpembe selbst, wie er gekämpft und es geschafft hat, Gepo loszuwerden. Gepo war für Ahmet genauso ein Plagegeist wie für Gülpembe. Aber anders als sie, ist Ahmet den Gepo-Regeln nicht blindlings gefolgt. Er hat aber auch noch erheblich mehr als Gülpembe darunter gelitten, als Ausländer in Deutschland zu leben. Denn er ist nicht in eine so gute Schule gegangen wie sie. Die Lehrer an seiner Schule hatten die Nase voll von Ausländern. Aus diesem Grund hatte Ahmet ein viel schwierigeres Leben als seine Schwester. Es ist so schön, dass sie und Ahmet sich nach all den Jahren jetzt wieder gut verstehen und sich einander vertrauensvoll öffnen können, auch im gemeinsamen Rückblick auf den Kampf mit Gepo, den jeder für sich durchstehen musste.

„Ja, das ist schön, aber das Allerwichtigste ist doch das eigene Leben. Es gibt nichts Bedeutenderes und Wertvolleres. Das habe ich jetzt verstanden."

Gülpembe kann erst jetzt, nach ihrem Uni-Abschluss, ihre Freiheit ausleben. Gepo, der in ihrer Kindheit ihr Leben zur Hölle gemacht hat, verschwindet lautlos aus ihrem Leben. Genau wie ihr Bruder wird auch sie ihn nie wieder sehen, hofft sie.

„Es gab einen permanenten Kampf in mir. Auf der einen Seite die stille, introvertierte Tochter, die sich strikt nach den Regeln verhält, auf der anderen Seite ein Mädchen, das zur junges Frau heranwächst, die ihr eigenes Leben aufbauen und ihre eigene Sprache finden will. Dieser innere Konflikt war manchmal sehr schmerzhaft. Aber jetzt ist es endlich vorbei."

Die Zukunft gestalten

Wenn sie an die Zukunft denkt, hat sie einen breiten und offenen Weg vor Augen. Sie will diesen Weg allein gehen. Sie will ihre Möglichkeiten und ihre Fähigkeiten entdecken. Sie will alles nachholen, was sie in den letzten Jahren verpasst hat. Sie will sich diese Zeit nehmen.
Wenn sie eines Tages einen Partner haben sollte, soll dieser Mensch auf der gleichen Wellenlänge wie sie sein. Er soll ein guter Freund sein, mit dem sie über alles reden, diskutieren und vieles teilen kann. Wenn sie eines Tages Kinder haben sollte, will sie sie liberal erziehen können. Sie sollen Gepo niemals kennenlernen. Ihre Kinder müssen ihre eigenen Wege selbst erkunden können und lernen, eigenverantwortlich zu handeln. Das kann man nur durch eine vertrauensvolle Beziehung erreichen. Die Kinder müssen ihrer Mutter vertrauen und sie als eine Freundin sehen können. Das, was sie nicht erleben konnte, sollen ihre Kinder unbedingt erleben. Aber es ist noch viel zu früh, über all das nachzudenken. Sie muss zuerst sich selbst finden. Und dafür braucht sie Zeit.

Heute

Gülpembe unterrichtet heute an einer Schule, an der Migrantenkinder in der Mehrheit sind. Sie ist allerdings unzufrieden. Denn es gibt dort viele Probleme, die einige dieser Kinder verursachen. Es gibt Gangs, Schlägereien, Gewalt … Tagtäglich gibt es in der Schule irgendwelche Vorfälle, bei denen die Polizei eingreifen muss. Fensterscheiben gehen zu Bruch, Computer werden beschädigt, Bilder oder Poster an den Wänden werden zerrissen, Automaten werden aufgebrochen, Drogen werden verkauft und es gibt Auseinandersetzungen, bei denen Messer gezückt werden.

Das Allerschlimmste ist, dass ihre Kollegen sich so verhalten, als ob sie Gülpembe für diese Probleme verantwortlich machen würden, nur weil auch sie einen Migrationshintergrund hat. Aus diesem Grund kommt sie mit den deutschen Lehrern überhaupt nicht klar. Fast in jedem Gespräch lässt man sie spüren, dass sie nicht zu ihnen gehört.

Mit Kommentaren wie „Aber du siehst doch überhaupt nicht wie eine Türkin aus!" und mit Fragen wie „Hast du schon mal Kopftuch getragen? Warum denn nicht?" stecken sie Gülpembe sofort in eine Schublade.

In ihrer Kindheit litt sie zwar darunter, anders zu sein, aber solch eine Ausgrenzung hat sie trotzdem noch nie erfahren. Daher weiß sie gar nicht, was sie tun oder sagen soll. Jahrelang kämpfte sie um ihre Freiheit und ihr Hauptziel war es, nicht mehr anders zu sein und sich der Gesellschaft zu öffnen, in der sie lebt. Was hat sie dann noch an dieser Schule verloren, die sie als Migrantin stigmatisieren will?

Ihre Beziehung zu ihrer Familie hat sich verbessert. Niemand mischt sich in ihr Leben ein. Vielleicht haben sie ja in der vergangenen Zeit auch viel dazugelernt. Ihre Eltern sind heute Mitglieder in einem Sportverein. Sie haben deutsche Freunde, mit denen sie sich ab und zu treffen. Sie führen ein ganz anderes Leben als früher. Sie haben sich ihrerseits sehr verändert.

Wenn Gülpembe ihre beruflichen Probleme lösen kann, wird sie sich ein Leben aufbauen können, das ihren eigenen Vorstellungen entspricht. „Es läuft nicht immer alles glatt im Leben", hatte eine Bekannte gesagt. „Die Hindernisse sind doch ein Teil des Lebens. Man muss sie akzeptieren." Das ist schön und gut, aber Gülpembes Leben war immer mit Problemen und Hindernissen beladen. Und hat sie nach ihren Kämpfen nicht das Recht, all das hinter sich zu lassen, zu vergessen und sich ein ihr gemäßes Leben aufzubauen?

Augenblicklich sucht Gülpembe eine Stelle an einer anderen Schule.

Wenn sie nicht bald eine findet, hat sie vor, nach Spanien zu gehen, wovon sie schon früher geträumt hat. Vielleicht studiert sie auch weiter und vertieft ihre Spanischkenntnisse. Man lernt doch nie aus. Das Einzige, worüber sie sich sicher ist: Nach all den Kämpfen könnte sie ihr Leben niemals in einer engen Schublade verbringen. Dass ihr das nicht passiert, dazu ist sie fest entschlossen.

Elâ - Ich will nicht mehr das Kindchen sein

"Nur wer erwachsen wird und ein Kind bleibt, ist ein Mensch.
Die meisten Menschen vergessen ihre Kindheit wie einen alten Hut
oder eine Telefonnummer, die es nicht mehr gilt. Doch die Kindheit ist
etwas was man nie vergessen sollte."

(Erich Kästner)

Ela Langstrumpf

Wer kennt nicht Pippi Langstrumpf, die freche Heldin der weltberühmten Autorin Astrid Lindgren mit den langen, rot gestreiften Wollsocken, dem Gesicht voller Sommersprossen und den roten Zöpfen? Mit ihrer verrückten und extremen Art symbolisiert Pippi Langstrumpf den Widerstand gegen die spießige Welt der Erwachsenen. Sie lebt alleine mit ihrem Pferd in einer kunterbunten Villa, ganz so, wie sie es will, und hat vor nichts Angst. Denn sie ist übernatürlich stark. Selbst einen Polizisten, der sie auf den rechten Weg bringen und aus ihr ein gewöhnliches Mädchen machen will, kann sie überwältigen. Aber für Menschen und Tiere, die Not leiden, hat sie ein großes Herz. Pippi Langstrumpf, die in den fünfziger Jahren auf die Welt kommt und Tabletten nimmt, um nicht erwachsen zu werden und für immer neun Jahre alt zu bleiben, wurde zum Liebling vieler Kinder. Für mittlerweile viele Generationen stellt sie ein Symbol der Freiheit

dar.
Bei einer Theateraufführung, die wir für eine Schule inszeniert hatten, erschien Ela plötzlich als Pippi Langstrumpf. Als ich sie in dieser Verkleidung sah, war ich überrascht. Ich weiß nicht, ob das daran lag, dass ich dachte, die immer angepasste und ruhige Ela passe doch ganz und gar nicht in diese Rolle, oder das Gefühl hatte, bei ihr breche vielleicht eine innere Rebellion aus, die mir bis dahin unbekannt geblieben war.
Ela sagt, dass Pippi Langstrumpf in ihrer Kindheit ihre beste Freundin gewesen sei und dass sie nie genug davon habe bekommen können, ihre Geschichten zu lesen ...
Während sie von Pippi Langstrumpf erzählt, stelle ich mir die kleine brave Ela vor: wie sie die Angebote ihrer unternehmungslustigen Klassenkameraden, zum Beispiel ins Kino zu gehen eine Party zu veranstalten, von vornherein abschlägt mit den Worten „Nein, ich habe keine Lust", oder „Ich habe heute etwas anderes vor" - in der weisen Voraussicht, dass ihre Eltern es ihr sowieso nicht erlauben; wie sie dann aber nach Hause kommt und sich in den verrückten Geschichten von Pippi Langstrumpf vergräbt ...

Eine kleine Schraube in einem großen Räderwerk

Elas Familie stammt aus einem alevitischen Dorf in der Nähe von Malatya. Ihre Großeltern mütterlicherseits kamen in den sechziger Jahren nach Deutschland. Ihr Vater war erst sechzehn, als er nach Deutschland kam. Nach einer kurzen Ausbildung bekam er bei Ford eine Stelle als Arbeiter. Die Männer, die sich in dieser Zeit in Deutschland behaupten konnten, holten, nachdem sie sich mehr oder weniger eingerichtet hatten, meist ihre Familien zu sich. So kamen aus diesem Dorf ungefähr sechzehn, siebzehn Familien in den sechziger und siebziger Jahren nach Deutschland.
Als Elas Mutter heiratete, war sie erst sechzehn. Ihr sehnlichster Wunsch war es weiterhin zur Schule zu gehen. Aber ihre Familie war

so arm, dass sie nur ein Kind zu einer weiterführenden Schule schicken konnte. Und da wurde natürlich der Sohn der Familie vorgezogen. Ob im Sommer oder im Winter, die Großmutter ging jeden Morgen vor Tagesanbruch aus dem Dorf in die Stadt, um dort die Wohnungen der reichen Bewohner Malatyas zu putzen. Auf dem Weg dorthin brachte sie ihren Sohn zur Schule und auf dem Rückweg holte sie ihn wieder ab. Aber der Junge hatte nach einer Weile die Nase voll von der Schule. Na ja, eigentlich hatte er nichts gegen die Schule, aber mit seinen Klassenkameraden verstand er sich nicht besonders gut. Diese machten sich nämlich über ihn lustig, weil er immer gebrauchte Klamotten tragen musste. Schließlich ging er von der Schule ab. Aber laut Ela kann ihr Onkel, auch wenn er keine abgeschlossene Schulausbildung hat, die restlichen Familienmitglieder in den Schatten stellen, so belesen ist er, denn er hat sich selbst weiter gebildet. Er liest viele Zeitungen und Bücher, hinterfragt alles und kennt sich in vielen Dingen aus – in der Politik wie in der Wirtschaft. Seit dem Tod des Großvaters kümmert er sich um die Aprikosenhaine im Dorf und um alle Geschäfte, die damit zusammenhängen.

Für diejenigen Familienglieder, die nach Deutschland migrierten, waren die ersten Jahre sehr hart. Elas Vater gehörte auch zu diesen Leidtragenden. Die schwierigen Arbeitsbedingungen bei Ford und sein fortgesetzter Zigarettenkonsum machten ihn fertig. Er wurde lungenkrank. Nach seiner Behandlung nahm er eine Arbeit als Weichensteller bei der Deutschen Bahn an.

Als Ela zwölf ist, besucht sie ihren Vater einmal an seinem Arbeitsplatz. Sie möchte sehen, was das für eine Arbeit ist und wie er sie macht. Vom Morgengrauen bis zum Abend verbringt sie einen ganzen Tag dort. Denn das ist ihre Hausaufgabe. Im Rahmen des Programms „Lernen durch erleben", müssen die Schüler konkrete Informationen über den Berufsalltag eines Elternteils sammeln und darüber einen Bericht schreiben. Da Ela eine fleißige Schülerin ist, nimmt sie ihre Aufgabe sehr ernst. Sie wird nicht nur das, was sie durch Erlebtes gelernt hat, zu Papier bringen, nein, sie wird das auch mit

Fotos belegen. Wie eine echte Journalistin!

Aber als sie dann mit Stift und Papier gewappnet und mit einer Kamera um den Hals aufgeregt und fröhlich am Arbeitsplatz ihres Vaters eintrifft, traut sie ihren Augen kaum. Ist etwa das seine Arbeit? Und wie merkwürdig und befremdend wirkt ihr Vater in dieser leuchtenden orangefarbenen Weste!

„Vermutlich war das erste Wort, das ich als Kind hörte, ‚Arbeit'. Ständig wurde bei uns zuhause über Arbeit gesprochen. Mein Vater ging morgens früh zur Arbeit und meine Mutter kam um die Zeit von der Arbeit zurück. Jeder hatte eine Arbeit. Wenn von Arbeit gesprochen wurde, stellte ich mir ein lichtdurchflutetes Büro vor, dann einen riesigen Schreibtisch, an dem man gemütlich sitzt und etwas irgend schreibt oder Akten durchsieht und ordnet, oder so etwas Ähnliches ... In dem Büro meiner Träume stand in einer Ecke sogar ein Fernseher. Schließlich möchte man doch ab und zu einmal fernsehen, oder nicht?"

Aber diese Arbeitswelt in Elas Vorstellung, hat nichts mit dem gemeinsam, was sie aus erster Hand am Arbeitsplatz ihres Vaters erfährt. Dunkelheit, Kälte, Staub, ständiges Getöse der Maschinen ...Wie bedrückend, schwer und aufzehrend doch die Arbeit ihres Vaters ist! Sie findet es vor allem erschreckend, dass Weichenstellerei eine Arbeit für nur eine einzelne Person ist und große Konzentration verlangt. Ihr Vater muss stundenlang arbeiten, ohne wahrzunehmen, was in seinem Umfeld passiert, oder gar sich mit seinen Kollegen zu unterhalten. Es ist, als ob ihr Vater, der für sie bisher die größte und wichtigste Person in ihrem Leben war, nichts anderes ist als eine kleine Schraube in einem riesigen Räderwerk..

Eda ist verstört. Sie denkt, ihr Vater verdiene unter keinen Umständen solch eine grauenhafte Arbeit. Zuhause jedoch versucht sie ihr immer größer werdendes Unbehagen zu unterdrücken und erzählt traurig nur ihrer vier Jahre jüngeren Schwester Hale von dem, was sie an dem Tag alles erlebt hat. Hale aber zuckt mit den Schultern und sagt: „Was denn? Sei doch froh, dass Papa nicht in der Fabrik arbeitet!"

Die Familie

Hale ist jünger als Ela und vollkommen anders. Eigentlich ist es ist mehr so, als ob Ela die jüngere und Hale die ältere Schwester wäre. Hale lebt nicht wie Ela in einer rosaroten Traumwelt, sie ist nüchtern und realistisch und vor allem weiß sie, was sie will. Auch hat sie überhaupt kein Interesse daran, ein Musterkind zu sein. Die anderen interessieren sie nicht die Bohne. So gelingt es ihr immer wieder, ihren Willen durchzusetzen.

Obwohl sich die Schwestern vollkommen voneinander unterscheiden, haben sie auch Gemeinsamkeiten. Beide sind klug, widerstandsfähig, fleißig und gut in der Schule. Schließlich machen beide ihr Abitur und gehen anschließend zur Universität. Hale studiert Jura, Ela Biologie und Türkisch. Sie will Lehrerin werden. Auch kann sie für ihre gesamten Studienkosten selbst aufkommen. Vor ihrem Studium hat sie nämlich eine Ausbildung zur Krankenschwester gemacht. So kann sie an den Wochenenden in einem Krankenhaus arbeiten, ist finanziell unabhängig und kann sogar ihre Familie unterstützen.

Die einzigen Kinder in der ganzen Verwandtschaft, die studieren, sind Ela und Hale. Und das ist für den gesamten Familienkreis doch eine ganz besondere Sache. Vor allem für ihre Mutter, die heute noch zutiefst bedauert, dass sie selbst nicht studieren konnte. Der Erfolg ihrer Töchter ist ja ihr Erfolg. Seit die Mädchen denken können, werden sie wegen ihres Fleißes und wegen ihren guten Noten überall als Vorbild gezeigt. Hale ist es eigentlich egal, ob sie ein Vorzeigekind ist oder nicht, aber Ela ist es nicht egal. Denn sie wünscht sich, dass jeder sie mag und schätzt.

„Nachdem ich die Arbeitsstelle meines Vaters gesehen habe, wurde für mich mit einem Mal alles klar. Ich habe verstanden, warum unsere Eltern, und vor allem unsere Mutter, so sehr darauf bestanden haben, dass wir studieren. Als sie damals aus Armut nach Deutschland migrierten, haben sie nämlich vieles auch verpasst. Wenn mein Vater in der Türkei geblieben wäre, dann hätte er bestimmt Abitur gemacht und studiert. So hätte er dort einen besseren Beruf, eine bessere Stellung als hier. Und wenn die Familie meiner Mutter nicht so arm wäre, dann hätte auch sie ein völlig anderes Leben haben können. Aus diesem Grund war ihr einziger Wunsch, dass wir eine sehr gute Ausbildung bekommen. Das Studium gibt uns doch die Chance für Aufstieg und Selbstbestimmung."

Elas Mutter wäre gerne Lehrerin geworden. In der Grundschule war sie die Klassenbeste und half auch ihren Mitschülern bei ihren Hausaufgaben. Vor allem in Mathe war sie unschlagbar. Als sie die Grundschule abschloss, soll der Schuldirektor versucht haben, Elas Großvater zu überreden, das Mädchen weiterhin zur Schule zu schicken. Aber die finanzielle Situation der Familie war so schlecht, dass es gleichgültig war, ob sie die Beste in ihrer Klasse war oder nicht. Da half all das gutmeinte Zureden des Lehrers und des Schuldirektors überhaupt nichts. Der Großvater, der nur den Sohn fördern wollte, war nicht umzustimmen.

Ela denkt, dass ihre Mutter vor allem in den ersten Jahren ihrer Ehe in Deutschland sehr gelitten habe, weil sie in einem fremden Land lebte und praktisch mit niemandem sprach. Denn zu Hause habe man auch kaum gesprochen, besonders ihr Vater sei alles andere als gesprächig gewesen, er habe ja nie gelernt, seine Gefühle auszudrücken. Er könne nicht einmal weinen. Das hat dann auch die Tochter lange gehemmt. Das junge Paar lebte zwar nicht im gleichen Haus wie die Eltern des Mannes, aber dennoch stand es unter ihrer ständigen Kontrolle. Sämtliche Entscheidungen wurden vom Großvater getroffen. Er war es auch, der der jungen Schwiegertochter nicht erlaubte, einen Sprachkurs zu besuchen.

Aber im Laufe der Jahre gelingt es der Mutter, ihren eigenen Weg zu gehen. So macht sie zum Beispiel den Führerschein, ohne dass es irgendjemand mitbekommt. Dann geht sie auch alleine zum Arzt, obwohl sie nur wenige Wörter Deutsch spricht. Schließlich schreibt sie sich in der Volkshochschule endlich doch für einen Deutschkurs ein und kümmert sich überhaupt nicht mehr darum, wer ihr was sagt. Sie lernt Deutsch sogar in recht kurzer Zeit. Doch ihre Hausaufgaben muss sie sich ab und zu schon mal von den Kindern kontrollieren lassen. Da diese von ihren eigenen Hausaufgaben die Nase voll haben, kommt ihnen das manchmal wie eine Zumutung vor. Aber die Mutter lässt nicht locker. Sie muss sich um jeden Preis weiterbilden.

Die kleine Ela beobachtet, wie ihre Mutter Schritt für Schritt mehr Unabhängigkeit erlangt. Wie sie sich einen Job sucht, weil sie es leid ist, nur Hausfrau und Mutter zu sein. Wie sie zunächst als Reinigungskraft in einem Unternehmen zu arbeiten anfängt. Und wie sie, aus gesundheitlichen Gründen, nach einer Weile diesen Job wieder aufgibt.

Nun ja, auch abgesehen von den gesundheitlichen Gründen, ist dieser Job eigentlich gar nicht nach dem Geschmack der Mutter. Denn ihre Arbeitskollegen sind ebenfalls alle Ausländer, vor allem Griechen und Serben. Dabei möchte sie doch so viel wie möglich Deutsch sprechen, damit sich ihre Sprachkenntnisse verbessern. Nach kurzer Zeit findet sie einen Job in einer Konditorei. Dort gefällt es ihr richtig gut. Und hier sind ihre Kollegen Deutsche. Ihr Deutsch wird von Tag zu Tag besser.

In der Konditorei herrscht eine fröhliche und gelassene Atmosphäre. Die Frauen unterhalten sich viel miteinander und albern gern miteinander herum. Die Mutter passt sich schnell an ihr Umfeld an und ist sehr bald eine von ihnen. Sie fühlt sich dort pudelwohl.

Aber dennoch bedauert sie es sehr, dass sie nicht studieren oder einen anständigen Beruf hat erlernen können. Ela ist der Meinung, dass ihre Mutter durchaus noch in der Lage sei, eine Ausbildung zu machen. Lehrerin beispielsweise wäre doch ein idealer Beruf für sie. Aber die Mutter lässt sich nicht darauf ein. Wer weiß, vielleicht hat sie nicht den Mut dazu oder aber Angst davor, was die anderen sagen werden. „Ist doch so, man erwartet von einer Frau über vierzig, dass sie sich mit ihrer Situation abfindet und brav zuhause sitzt, anstatt ständig etwas Neues zu lernen und sich womöglich sogar mit fremden Kindern abzugeben."

Ihr Mann, Elas Vater, ist nicht einer dieser tyrannischen Typen, er hält sich mehr im Hintergrund und ist sehr zurückhaltend. Dennoch kann er sehr lustig sein. Ab und zu macht er dann Witze, ansonsten schweigt er. Ela sagt, ihr Vater sei ein sehr wacher Kopf. Man merkt es ihm nur nicht an. Und woran liegt das? Wohl daran, dass er nie gelernt hat, sich auszudrücken? Oder an dem Gefühl der Einsamkeit, das sein Beruf und die Lebensbedingungen hervorgerufen haben? Oder daran, dass er einfach introvertiert ist? Ela weiß nur, dass ihr Vater eine starke Persönlichkeit ist. Das merkt man ja auch schon daran, dass er kein Macho-Gehabe wie viele andere türkische Männern hat, dass er nicht in diesen rauchigen Kaffeehäusern herum hockt, in denen nur Männer miteinander tratschen, fernsehen oder Backgammon spielen, und dass er überhaupt keinen Wert darauf legt, was andere denken und sagen.

„Kindchen"

Die Eltern erwarten von ihren Kindern, dass sie ordentlich, fleißig, sittsam sind. Aus diesem Grund erlauben sie es ihnen nicht so schnell, dass sie sich mit jedem treffen und sich hier und dort herumtreiben. Als Ela noch in die Grundschule geht, muss sie ihre Eltern regelrecht anflehen, wenn sie einmal mit ihren Schulfreunden etwas unternehmen will. Dann fährt ihr Vater sie zu dem gewünschten Ort und holt sie auch wieder von dort ab. Schließlich ist Ela von dieser ewigen Bettelei um Erlaubnis und diesem Hin- und Hergefahrenwerden so genervt, dass sie resignierend von sich aus beschließt, nirgendwo mehr hinzugehen. Wenn ihre Schulfreunde mit neuen Angeboten kommen, kann sie sich mit schon im Vorhinein ausgedachten Ausreden aus der Affäre ziehen. Aber sie muss höllisch darauf achten, dass diese glaubwürdig klingen. Denn wenn die Freunde mitbekommen, dass sie in Wahrheit nur darum nicht mitkommt, weil ihre Eltern dabei Schwierigkeiten machen, könnten sie sie doch auslachen. Und gerade davor hat sie eine Heidenangst. Dabei möchte sie doch nur alle Erwartungen erfüllen. Niemand weder ihre Lehrer, noch ihre Freunde, noch ihre Eltern, noch ihre Schwester soll sich lustig über sie machen dürfen. Alle sollen sie gern haben und respektieren.

„Ich hatte immer Angst, irgendetwas falsch zu machen. Aber es war richtig anstrengend, ständig auf der Hut zu sein."

Am meisten hat Ela davor Angst, dass man absurde Gerüchte über sie in Umlauf bringt. Als sie vierzehn ist, geht sie mit einer ihrer Freundinnen in ein Café. Eine Nachbarin sieht sie zufällig. Als ob es nicht schon reichen würde, dass sie noch am gleichen Abend Elas Mutter hinterbringt, dass sie Ela in einem Café gesehen habe, sie erzählt auch noch, Ela hätte geraucht. Dabei ist das eine dreiste Lüge! Um ihrer Mutter zu beweisen, dass sie nicht raucht, räumt sie den ganzen Inhalt ihrer Tasche und ihres Schranks vor den Augen ihrer Mutter aus. Ihre Sachen werden dann tatsächlich einzeln genau und misstrauisch untersucht und das tut ihr sehr weh. Sie kommt sich ganz klein vor. Was sie vielleicht am meisten verletzt, ist jedoch, dass ihre Mutter nicht ihr, sondern ihrer tratschenden Nachbarin glaubt.

Während Ela von dieser Geschichte erzählt, erinnere ich mich an ein Psycho Spiel, das ich einmal mit meinen Studenten gemacht habe. Im Rahmen des Themas Ängste, Obsessionen und fixe Ideen sollte jeder aufschreiben, wovor er am meisten Angst hat. Bei der Auswertung fiel mir auf, dass die meisten Studentinnen außer der Angst vor dem Verlust eines Familienmitglieds oder Freundes, einen Horror vor der Gerüchteküche hatten, vor Klatsch und Tratsch, Lüge und Verleumdung, Beschuldigung und Bloßstellung. Das deutet darauf hin, dass der emotionale Druck, der im Migrantengetto aufgebaut wird, indem man sich gegenseitig ständig beobachtet und kontrolliert, immens sein muss. Und besonders leiden darunter die Mädchen, weil auf sie dieser Druck am stärksten ausgeübt wird. Und unter ihnen spüren wiederum die ihn am quälendsten, die ihn zu sehr verinnerlicht haben.

Was für Ela am schlimmsten ist: Sie hat niemanden, dem sie sich öffnen und ihr Herz ausschütten kann. Natürlich ist da ihre Schwester. Aber es ist leider unmöglich, dass Hale sie versteht, der es ganz egal ist, wer was gesagt oder getan hat. Somit macht sie sich nicht so große

Sorgen wie Ela, und erreicht auch alles, was sie will. Vielleicht liegt das Problem einfach darin, dass Ela versucht, jeden zufriedenzustellen. Einerseits will sie ihrer Familie, an der sie sehr stark hängt, alles recht machen, und andererseits will sie auch ihren eigenen Weg finden. Und das in Einklang zu bringen, dürfte nicht so leicht sein.

Eigentlich will die Familie nur, dass Ela und ihre Schwester unter den bestmöglichen Umständen aufwachsen, eine gute Ausbildung erhalten und einen angesehenen Beruf erlernen. Aus diesem Grund ist es nur verständlich, dass sie ihre Töchter in einer ihnen fremden Gesellschaft nicht aus den Augen lassen. Die Mädchen werden darauf getrimmt, sich richtig zu benehmen und nicht unangenehm aufzufallen. Vor allem sollen sie sich vor Jungen in Acht nehmen. So ermahnt die Großmutter die beiden Geschwister beispielsweise, sich im Schwimmunterricht ja von den Jungen fernzuhalten. Hale nimmt das Gerede der Alten nicht sehr ernst, aber Ela lässt sich so etwas nicht zweimal sagen.

Die Familie ist jedoch nicht so konservativ, wie es auf den ersten Blick scheint. Sie bekommen immer die Erlaubnis, an Veranstaltungen teilzunehmen, die die Schule organisiert, zum Beispiel an Schulausflügen oder ähnlichem. Wenn auch mit großer Mühe. Der Klassenlehrer muss jedesmal auf die Mutter einreden, um sie zu überzeugen.

Ela und Hale haben Glück, dass sie nicht in einem Viertel leben, in dem überwiegend Immigranten leben. Deswegen ist die Zahl der Immigrantenkinder in ihrer Schule fast gleich Null. So fallen sie nicht als Gruppe auf, ziehen also nicht die bekannten Vorurteile auf sich. Ganz im Gegenteil, sie werden von den Lehrern als Individuen wahrgenommen und sogar als besonders gute Schülerinnen gehätschelt. So entfällt weitgehend der Getto-Druck.

„Wären wir in einem konservativen Umfeld unter ständiger Beobachtung aufgewachsen, dann wäre unser Leben sicherlich anders verlaufen. So denke ich, dass wir einfach Glück hatten, mal abgesehen von dieser Nachbarin, die dieses eine Gerücht in die Welt gesetzt hatte. Außerdem hatten wir sehr viele deutsche Nachbarn, mit denen sich meine Mutter traf und denen sie vertraute. Zum Beispiel unsere alte Vermieterin. Die forderte meine Mutter immer mit Nachdruck auf, sie solle uns mehr Freiheit gönnen und uns nicht von den deutschen Kindern abschotten. Du hast doch vernünftige verantwortungsvolle Kinder, du kannst ihnen voll vertrauen', sagte sie. Und meine Aufgabe sah ich eben darin, meiner Mutter, und ihr ständig zu beweisen, wie vernünftig und verantwortungsvoll ich war, um ihr gerade in die Augen schauen zu können."

Elas Besessenheit, immer ein Vorbild sein zu wollen, rührt wahrscheinlich daher, dass sie das erste Kind der Familie ist. Sie wächst nicht nur unter dem Einfluss der Eltern auf, sondern auch dem der Großeltern und der vielen Tanten, die sie mit Liebe überschütten, sie behüten und verwöhnen. Ist das das Glück der Erstgeborenen? Da ist sie sich nicht so sicher. Wenn sie zurückblickt, stellt sie fest, dass sie weniger an ihrer Familie hängt, als von ihr abhängt. Und das befremdet sie. Sie muss doch endlich auf ihren eigenen Beinen stehen, ihre eigenen Entscheidungen treffen, kurz: erwachsen werden ... Heute ist sie zwar finanziell unabhängig, aber sie ist ihrer Meinung nach in emotionaler Hinsicht noch nicht wirklich frei.

„Weil mir ein Gefühl ständig sagt, dass ich nicht nach meinen eigenen Bedürfnissen handle, sondern nach dem Willen von anderen. Die Rollen, die mir in meinem Leben aufgetragen wurden, habe ich sehr gut gespielt. Die Rolle des Kinds, der Schülerin, der Krankenschwester, der guten Tochter. Das alles ist ja schön und gut, aber wer bin ich denn selbst? Was will ich? Wenn ich da an meine Schwester Hale denke ... Sie hat schon von Anfang an gewusst, wer sie ist und was sie will. Egal welche Rolle sie auch spielt, Hale ist eben Hale. Und was ist mit mir? Als wir Kinder waren, nannte meine Mutter Hale immer mit ihrem Namen. Mich nannte sie „Kindchen". Ich habe nie einfach Ela sein düfen."

Während Ela redet, muss ich plötzlich an „Zelig" denken, den wohl beeindruckendsten Film von Woody Allen. In dieser schwarzen Komödie erzählt Woody Allen die Geschichte von Zelig, den er selbst spielt und der aufgrund einer übertriebenen Empathie und Anpassung krank wird. Wen er auch trifft, Zelig sieht sich aus den Augen des anderen und identifiziert sich so stark mit ihm, dass er denkt, er selbst wäre sein Gegenüber. Wenn er sich mit einem Geschäftsmann trifft, wird er zum Geschäftsmann, wenn er zum Psychologen geht, wird er ein berühmter Psychologe, wenn er mit einem Politiker redet, wird er Politiker, der Reden hält. Am Ende wird die Krankheit so absurd, dass sogar seine Haut dunkler wird, wenn er einen Schwarzen sieht. Kurzum, er versetzt und verwandelt sich immer in den anderen, so existiert er selbst gar nicht.

Ela aber ist sich dieser eigenen Neigung, sich selbst immer den anderen anzupassen, schmerzlich bewusst, und darum ist fest entschlossen, sollte sie einmal Kinder haben, diese liberal und ohne Zwänge zu erziehen, sich weniger in ihre Angelegenheiten einzumischen und ihnen weniger Regeln aufzustellen. Für sie ist es wichtig, dass die Kinder schon in einem sehr frühen Alter ihre eigenen Möglichkeiten und Ressourcen entdecken, und dass sie ihren eigenen Weg und nicht den anderer wählen. Mit anderen Worten: Sie sollen sie selbst sein können.

Wege ins Freie

Ich lernte Ela vor ungefähr zwei Jahren kennen. Gleich als ich sie sah, fasste ich Vertrauen zu ihr. Nachdem wir angefangen haben, miteinander in verschiedenen Projekten zu arbeiten, wurde dieses erste Gefühl noch bestärkt. Ihre grundlegenden Eigenschaften sind, dass sie in ihrer Arbeit völlig aufgeht, systematisch und diszipliniert arbeitet, und volle Verantwortung übernimmt. Vielleicht spielt auch ihre Ausbildung als Krankenschwester eine Rolle dabei, dass. sie bei jedem vom ersten Moment an Respekt erweckt. Eine weitere Besonderheit von ihr, die gleich auffällt, ist, dass sie sich nicht wie viele andere junge Frauen herausputzt, sondern sehr natürlich und bescheiden ist. Sie hat sowohl etwas Kindliches, als auch etwas Bemutterndes. Deswegen hat es mich

nicht überrascht, dass sie ein besonderes Interesse für Themen entwickelt hat, die mit Kindern zu tun haben, insbesondere für Kinderliteratur. Als ich Ela von meinem Projekt Wege ins Freie erzählte, hat ihr die Idee, an diesem Projekt teilzunehmen, gefallen. Trotzdem zögerte sie: Ob sie überhaupt etwas Interessantes zu erzählen hätte?
Wir haben uns dann eines Tages bei mir in der Wohnung getroffen und bei Kaffee und Kuchen mit dem Interview begonnen. Da ist mir aufgefallen, dass sie mir immer nur von anderen erzählte. Sie erzählte mir von ihrem Dorf in der Nähe von Malatya, von ihrer Mutter, ihrem Vater und von ihrer Schwester. Es waren immer die anderen, die im Vordergrund standen, nicht sie. Aber während sie von den Menschen erzählte, an denen sie von Herzen hing, erhielt ich auch neue Informationen über sie selbst. Es ist seltsam, aber manchmal, wenn wir von anderen erzählen, können wir indirekt auch etwas über uns erzählen.
Was mir auch auffiel war, dass sie immer mit großer Bewunderung von ihrer Schwester sprach. Beide sind zwar in dem gleichen Umfeld aufgewachsen, aber ihre Einstellungen zum und ihre Reaktionen auf das Leben sind vollkommen unterschiedlich.
Hale ist ein Mensch, der gegenüber jeglicher Ungerechtigkeit und Diskriminierung auf die Barrikaden geht. Es dürfte kein Zufall sein, dass sie Jura studiert.
Ela dagegen möchte im Gegensatz zu ihrer Schwester nur eines: nicht auffallen. Denn nichts hasst sie mehr als Unstimmigkeiten, Stress, Streitereien und Konfrontationen.

Wir werden gebraucht

Die meisten von Elas Freundinnen mit Migrationshintergrund wie sie haben einen Freund im Sinne einer Liebesbeziehung, die sie jedoch vor ihren Familien streng geheim halten. An so etwas wagt Ela noch nicht einmal zu denken. Denn nichts ist ihr wichtiger, als ihre auf gegenseitigem Vertrauen basierende Beziehung zur Familie intakt zu halten: Sie

muss die Erwartungen der Familie erfüllen und darf niemanden enttäuschen.
Trotzdem gibt es etwas, worüber sie sich mit ihrer Mutter nicht einig werden kann. Und das ist ihr Jugendfreund Murat aus ihrem Heimatdorf in der Türkei, der dort inzwischen als Lehrer arbeitet.
Die Mutter hat ja gegen ihn selbst gar nichts einzuwenden, gegen seine Familie aber umso mehr: Viele Jahre zuvor habe sich Murats Familie so sehr mit der Familie von Elas Mutter gestritten, dass ihr Großvater das Dorf sogar verlassen musste.
Aber Ela sind diese uralten Familiengeschichten egal. Sie versteht sich sehr gut mit Murat, den sie seit ihrer Kindheit aus ihren Sommerurlauben kennt. Er hat jedoch kein Interesse an Deutschland und will in der Türkei bleiben: „Die Menschen in Deutschland können ihr Leben irgendwie meistern. Aber die in der Türkei brauchen Menschen wie uns," diese Einstellung ist auch Ela absolut nicht fremd, ihr gefällt Murats Idealismus sehr. Sein Traum ist es, eine Stelle als Lehrer in Ankara zu finden. Auch das gefällt Ela: Das Leben in Ankara ist doch nicht sehr viel anders als ihr Leben in Deutschland. Sie kann es sich durchaus vorstellen, dort zu leben. Vielleicht können sie und Murat eines Tages ja ein Feriencamp für türkische Immigrantenkinder aufbauen. Ein Treffpunkt, der den Kindern, die in Deutschland leben, ihr Heimatland näher bringt - wäre das nicht eine schöne Idee?
Murat übt seinen Beruf mit Begeisterung aus. Die meisten seiner Schüler sind Kurden, sprechen Kurdisch und so können viele von ihnen, wenn sie in die Schule kommen, kaum Türkisch. Aber das ist noch das geringste Problem: Die Bedingungen im Osten sind insgesamt so schrecklich, dass sogar der idealistischste Lehrer von dort weg und in eine Großstadt will. Es überrascht Ela immer wieder, welcher große Graben in der Türkei zwischen den Lebensbedingungen in den Dörfern und denen in den Großstädten liegt.
„Während die Kinder in den Großstädten eine anständige Bildung genießen, werden viele Kinder in den Dörfern, vor allem in den östlichen Gebieten der Türkei noch nicht einmal in die Schule

geschickt. Die meisten Schüler schließen nur die Grundschule ab, jedoch ohne wenigstens richtig Lesen und Schreiben gelernt zu haben." Dieses Gefühl, gebraucht zu werden und zu etwas nutze zu sein, verbindet Ela und Murat sehr stark. Es ist ein Gefühl, dass sie nicht so rational erklären kann. Was sie aber mit großer Sicherheit weiß, ist, dass sie ein großes Bedürfnis hat, anderen zu helfen. Das dürfte wohl auch der Grund dafür sein, dass sie einerseits eine Ausbildung als Krankenschwester gemacht hat, als auch dafür, dass sie Lehrerin werden will.

In der Zeit, bevor Murat in ihr Leben getreten war, hatte sie davon geträumt, eines Tages nach Südamerika oder Afrika zu gehen. Begeistert erzählt sie von einem Chile-Projekt in ihrer Schule, an dem sie damals sehr engagiert teilgenommen hatte. Sie erzählt, wie anschaulich und didaktisch höchst motivierend die gesellschaftlichen, wirtschaftlichen und politischen Umstände in Chile anhand von Ausstellungen, Filmen und Diskussionen in ihrer Schule dargestellt wurden ...

Ob sie damals das erste Mal die Idee hatte, später einen Beruf auszuüben, in dem sie Menschen in Not helfen konnte, oder war ihr diese Idee womöglich noch viel früher gekommen, vielleicht schon, als sie ihr Heimatdorf in der Nähe von Malatya kennenlernte?

Das geliebte Dorf

Elas erste Erinnerungen an ihr Dorf: Felder und Wiesen so weit das Auge reicht, Baumwollfelder, Oliven- und Feigenbäume, Aprikosen- und Pfirsichgärten, Bäche, Hügel, Berge und immer frische, saubere Luft. Vor allem diese vielen Tiere: Kühe, Ziegen, Schafe, Esel, Hühner, Katzen ... Und das Schönste ist, dass sie mit den andern Kindern von morgens bis abends auf den Feldern herumtollen kann, ohne dass sie sich rechtfertigen muss und ohne dass sich irgendein Erwachsener einmischt. Bockspringen, Seilhüpfen, Fangen, Verstecken und viele viele andere Spiele ...Keine Autos, kein Lärm und keine Abgase ... Und der unvergessliche Geschmack des selbstgebackenen Fladens aus Sesampaste oder des Fladens mit vielen Zwiebeln und Kräutern, die ihr ihre Oma morgens in die Hand drückt. Und immer Freundlichkeit. Nie wird sie als ein sogenannter Almancı, ein „Deutschländer", ausgeschlossen.

In diesem Dorf werden die Kinder von den Erwachsenen auf Händen getragen ... Alle wachsen in einer sehr liebevollen sozialen Umgebung auf. Und dann ist da auch noch der allerliebste Großvater der Welt, der die Kinder immer ernst nimmt, ihnen das Dorfleben richtig schmackhaft macht und ihnen sogar erlaubt, bei der Arbeit in den Aprikosenhainen mitzuhelfen ... Das Leben in dem Dorf kommt Ela wie das wahre Paradies vor.

Doch sind die Dorfbewohner sehr arm. Es gibt keinen Strom und kein fließendes Wasser. Sie müssen Wasser aus dem Bach mit Eimern ins Dorf tragen. Waschen können sich die Kinder nur in großen Plastikwannen vor den Häusern. Aufgrund ihrer Armut haben weder die Erwachsenen noch die Kinder anständige Kleider. Die Kinder laufen alle barfuß herum und im Winter ziehen sie geflickte Socken Schicht für Schicht übereinander. Aber all das stört Ela nicht im Geringsten. Diese riesigen schlammverklebten Gummistiefel der Männer sind zwar nicht sonderlich anziehend, aber die bunten Plastikpantoletten der Frauen findet sie hinreißend. Nur mit den geflickten Socken kann sie sich nicht so recht anfreunden, denn wenn die Flickstelle genau unter der Ferse ist, tut das beim Spielen richtig weh.

Trotz der großen Armut ist für Ela das Dorfleben unglaublich aufregend. Angst hat sie nur vor diesen nicht enden wollenden Krankheiten im Dorf. Es gibt hier weder einen Arzt, noch ein Gesundheitszentrum. Wenn jemand ernster krank wird, muss er nach Malatya gefahren werden. Aber einzelne Kranke, vor allem kleine Kinder, halten diese Fahrt manchmal nicht durch und sterben unterwegs. Weil die meisten Dorfbewohner sehr wenig Geld haben, denken sie im übrigen gar nicht daran, zum Arzt zu gehen, außer sie sind sehr schwer krank. Und wenn

sie sich dann endlich auf den Weg machen, ist es oft schon zu spät.
Ela findet es besonders bestürzend, dass zu all dem materiellen Elend noch das zurückgebliebene Bewusstsein der Dorfleute kommt, ihr lähmendes Befangensein in Aberglauben und Traditionen. So hat zum Beispiel Elas Großmutter den Tod eines ihrer Kinder verursacht, weil sie es nicht besser wusste. Ihre kleine Tochter starb an den Masern, einer ganz gewöhnlichen Kinderkrankheit. Als sie Fieber bekam, sagten die Nachbarn, dass man ihr auf keinen Fall Wasser geben dürfe. Also gab die Großmutter ihr tagelang kein Wasser. Schließlich starb das Mädchen unter großen Schmerzen, während sie die Hand ihrer Mutter leckte. Als die Großmutter Ela unter Tränen diese Geschichte erzählt, weint auch Ela mit ihr. Sie weint nicht nur um eine Tante, die sie niemals hat kennenlernen können, sie weint auch um alle anderen Babys und Kinder, die in diesem Dorf krank geworden und gestorben sind.
Wie kann denn das, was Ela erzählt, erklärt werden? Was heißt Zurückgebliebenheit oder Primitivität? Mir tritt hier eine Gemeinschaft vor die Augen, in der sogar eines der natürlichsten menschlichen Gefühle, der Mutterinstinkt, von Aberglauben und kollektiv verbreiteten Dummheiten beherrscht und unterdrückt wird. Es ist alles andere als einfach, das zu verstehen.
„Ich musste zehn oder elf gewesen sein, als ich mir überlegte, Ärztin zu werden, um diesen Menschen zu helfen. Je älter ich wurde, umso mehr stachen mir die Armut, das Elend und die Zurückgebliebenheit in diesem Dorf ins Auge. Hier musste sich doch eines Tages irgendetwas ändern. Meine Erlebnisse damals haben mich offenbar so stark geprägt, dass ich zwar nicht Ärztin, aber zumindest Krankenschwester geworden bin."
Regelmäßig nach den Sommerferien, die Ela natürlich wieder in ihrem Heimatdorf verbracht hat, ist zu Schulbeginn die erste Hausaufgabe, einen Aufsatz über die Ferien zu schreiben. Sie schreibt also ihre Erlebnisse im Dorf mit großer Sorgfalt nieder. Allerdings zensiert sie sich dabei sehr stark, denn auf keinen Fall darf sie irgendetwas

Negatives ausplaudern.

„Einmal war mein Lehrer von meinen Darstellungen des Dorflebens so beeindruckt, dass er meinen Aufsatz der ganzen Klasse vorlas. Es war die Beschreibung eines sehr romantischen Dorfes: ein rauschendes Bächlein, die leichte Brise, die von den grünen Bergen weht, der hellblaue Himmel, die Sonne und zwitschernde Vögel. Ich hätte ja nicht zu schreiben gewagt, dass das ganze Dorf aus fünf, sechs Lehmhütten besteht, in denen es weder Strom noch fließendes Wasser gibt, dass meine Großeltern in einem winzigen Lehmhaus mit einem Schilfdach wohnen und so bitterarm sind, dass sie noch nicht einmal Strickjacken besitzen!"

Verletzungen

Elas Mitschülern dagegen ist es vollkommen egal, was sie da über ihr Dorf erzählt hat, sie wollen davon nichts hören.
„Schon wieder dieses blöde Dorf?"
„Ist doch so, jedes Jahr erzählt Ela pathetisch davon. Als gäbe es nichts anderes auf der Welt als dieses Kaff. Zum Kotzen ist das!"
Elas Augen füllen sich mit Tränen. Sie hat doch nichts Schlechtes über ihr Dorf geschrieben, warum sind die anderen wieder so gehässig?
Was aber soll man dazu sagen, was Hale über dieses Dorf schreibt? Wie passt das mit dem, was Ela schreibt, zusammen?
„Das Elend und die Armut dort sind grauenhaft. In den Häusern gibt es noch nicht einmal Klos. Wer dringend muss, verrichtet sein Geschäft schnell zwischen den Büschen … Im Sommer wimmelt es von Schmeißfliegen. Und alle Kinder haben vor lauter Dreck und Schmutz Abszesse an den Fingern …"
Fast stolz erzählt Hale von den Missständen in ihrem Dorf und übertreibt dabei auch noch maßlos. Es ist ihr ganz egal, wer dazu welche Bemerkung machen wird. Ganz im Gegenteil, vielleicht macht es ihr sogar Spaß, ihre Mitschüler zu provozieren, die überhaupt keine Ahnung davon haben, was Elend ist. Deswegen traut sich bei ihr auch

niemand, etwas zu sagen.

Ela denkt sich, dass ihre Klassenkameraden die Gelegenheit suchen, sich ab und zu über sie lustig machen zu können, weil sie eifersüchtig auf sie sind. Sie ist ja die Klassenbeste und ihr Lehrer bezeichnet sie vor der Klasse oft als eine Musterschülerin. Aber es könnte auch sein, dass es die anderen einfach nervt, wie sehr Ela sich anstrengt, nur ja nicht aufzufallen, sich immer und überall anzupassen, gut dazustehen, ob mit ihren Schulleistungen oder mit ihrem Dorfbild. Ela selbst leidet darunter, sie ist nicht zufrieden mit sich, gern wäre sie wie Hale gefühlsmäßig abgehärteter, ja, das wäre sie sehr gern.

Trotzdem geht sie gern zur Schule, die sie mag, auch wenn sie sich dort manchmal sehr einsam fühlt. Vor allem hat sie die Lehrer gern, von denen sie ja auch sehr viel Zuwendung erfährt. Aber einmal passiert etwas, was sie sehr überrascht und auch verletzt. Im Rahmen eines zweijährigen deutsch-französischen Kulturprogramms wird in ihrer Schule ein Schüleraustausch organisiert, damit die Schüler ihr Französisch bzw. ihr Deutsch verbessern können. Ela ist außer sich vor Freude: Sie wird eine französische Austauschschülerin bei sich zuhause haben! Denn nachdem sie lange auf ihre Eltern eingeredet hat, bekommt sie schließlich die Erlaubnis: Ihre Mutter hat nichts dagegen, dass Ela an diesem Austausch teilnimmt. Wie dankbar sie da ist und wie sehr sie sich freut!

Tagelang stellt sie sich vor, wie sie die Schülerin aus Frankreich als ihren Gast bewirtet, wo sie überall mit ihr hingeht, was sie ihr von in ihrer Stadt alles zeigt. Es muss ihr gelingen, die kleine Französin so gut zu bewirten, dass ihr dieser Besuch unvergesslich bleibt. Voller Aufregung erzählt sie auch ihren Mitschülern von ihren Plänen. Dieses Mal muss sie ja nicht irgendwelche Ausreden erfinden, ihre Eltern sind ja zum Glück nicht wie sonst mit irgendwelchen Verboten angekommen. Zum ersten Mal in ihrem Leben fühlt sie sich nicht wie ein Outsider, zum ersten Mal hat sie das Gefühl richtig dazuzugehören und mitmachen zu dürfen.

Aber dann passiert etwas absolut Unerwartetes und macht ihre ganzen

Träume auf einen Schlag zunichte. Es ist kaum zu glauben, aber ausgerechnet ihr geliebter Französischlehrer, der sie sonst immer unterstützt und der sie wegen ihres Fleißes den anderen immer als Vorbild zeigt, schließt sie einfach aus dem Programm aus. Einfach so, als wäre es das Natürlichste von der Welt. Seine Begründung: Der Zweck des Austauschprogramms sei ja schließlich ein deutsch-französischer Kulturaustausch, deswegen müssten die französischen Schüler selbstverständlich bei deutschen Familien untergebracht werden. Was also habe Ela in diesem Programm zu suchen?
Das will ihr überhaupt nicht einleuchten. Ihre französische Austauschschülerin wird ja doch mit ihr und mit anderen Kindern und Leuten Deutsch sprechen, also wird sie ihr Deutsch gut trainieren können. Und nebenbei kann sie, von Elas Eltern, auch noch ein wenig über die türkische Kultur lernen, vielleicht sogar einige türkische Wörter. Ist das denn nicht prima?
Aber ihr Lehrer findet diese Idee gar nicht prima, er lacht sogar darüber. Auch ihre Mitschüler kichern und schauen Ela höhnisch an ... Ihr Unbehagen wächst. Sie fühlt sich sehr diskriminiert. Zuhause bemüht sie sich um Unterstützung durch ihre Mutter, aber die lässt sie auch im Stich, denn sie scheut sich, in der Schule für ihre Tochter ein Wort einzulegen. So bleibt Ela nichts anderes übrig, als sich in ihr Schicksal zu fügen. Sie kann nichts unternehmen. Aber sie vergisst – wie sollte sie auch? – diese Kränkung nicht.
Heute studiert Ela unter der Woche in Essen und arbeitet an den Wochenenden im Krankenhaus. Sie hat ein durchaus geregeltes Leben. Weil sie sich der deutschen Gesellschaft so weit es nur geht angepasst hat, kommt sie selbst kaum mit Ausländerdiskriminierung in Berührung.
Eines Tages jedoch, erklärt sie im Krankenhaus einem Patienten ausführlich, wie er seine Medikamente einnehmen muss. Der Patient hört ihr mit großer Geduld zu, bittet sie dann jedoch, ihm recht bald eine Krankenschwester zu schicken, damit er auch mit ihr reden kann. Ela ist überrascht. Sie denkt, dass der Patient sie vielleicht für zu jung

gehalten und deswegen nicht begriffen hat, dass sie Krankenschwester ist. Also erklärt sie es ihm.
Jetzt ist der Patient überrascht. Was bitte macht denn eine Türkin im Krankenhaus? Die soll zum medizinischen Personal gehören? Wie kann das denn sein, Türken arbeiten in Krankenhäusern doch bestenfalls als Reinigungskraft! Der Patient kann es einfach nicht fassen, dass Ela Krankenschwester ist. Aber Ela ist natürlich auch irritiert und gekränkt.
Ein ähnliches tragikomisches Erlebnis im Krankenhaus: Ein anderer Patient will Ela als Krankenschwester nicht akzeptieren, weil sie keine Katholikin ist. Was bitte sucht eine Türkin in einem katholischen Krankenhaus?
Aber für Ela stellen diese Ereignisse lediglich kleine Ausnahmen dar. Denn sie hält sich normalerweise von Situationen, in denen es zu solchen Irritationen, Kränkungen, Konflikten kommen könnte, bewusst fern.

Ein zersplittertes Leben

Ela erzählt, dass sie zu Beginn ihres Studiums ein wenig Angst vor dem Fach Türkisch hatte, weil sie in ihrer Schulzeit nie am muttersprachlichen Unterricht teilgenommen und darum Sorge wegen ihrer Türkischkompetenz hat. Ihr Großvater hatte ihr die Teilnahme daran von Anfang an verboten, weil er der Meinung war, dass unter dem Deckmantel des Sprachunterrichts Religionsunterricht gegeben werde und die Kinder einer Art von Gehirnwäsche unterzogen würden. Die Familie wollte jede Gefahr ausschließen, dass Ela in die Fänge von Islamisten kommen könnte.
„Sie würden alles akzeptieren, selbst dass ich einen deutschen Freund hätte, aber so etwas niemals!"
Sie bekennt, sie habe vor ihrem Studium ein ziemlich schematisches und oberflächliches Bild der Türkei in ihrem Kopf gehabt: eine rückständige Gesellschaft, ein entsprechend autoritäres und auf bloßem

Auswendiglernen basierendes Bildungssystem, überall geben Hadschis (sich ihrer Frömmigkeit als Mekka-Pilger brüstende Muslime) und Hodschas den Ton an. An der Universität verstärkt sich bei ihr das genaue Gegenbild dazu: Sie findet sich in einem produktiven Umfeld wieder, in dem man sich weiterentwickeln, mit Anderen offen diskutieren und Ideen frei austauschen kann.

Inzwischen ist nun ihr alter Dorffreund Murat tatsächlich seinem Wunsch gemäß in Ankara gelandet. So hat Ela die Möglichkeit, das Land durch Besuche in der Hauptstadt etwas besser kennen zulernen und damit ihr Türkeibild zu revidieren. Denn das, was sie dort beobachten kann, passt nicht mit ihren bisherigen Vorstellungen von der Türkei zusammen. Diese zeigt sich ihr jetzt als ein eigentlich ziemlich modernes Land, ob es sich nun um das großstädtische Leben handelt oder um Wissenschaft, Kunst, Kultur. Die Türken dagegen, die sie bisher vor Auge gehabt hat, waren real vor allem die armen Bewohner ihres zurückgebliebenen Heimatdorfs, in ihrer Vorstellung dazu noch jene Hadschis und Hodschas, also politisch aktive Muslime und Islamisten, die sie und ihre Familie mit Misstrauen betrachten. Langsam verändern sich so ihre Gedanken über die Türkei. Und dabei spielt Murat ganz sicher eine bedeutende Rolle.

Weil ihre Mutter immer neue Bücher aus der Türkei nach Hause mitgebracht hat, liest sie auch viel türkische Literatur, zum Beispiel Bücher von Yaşar Kemal, Aziz Nesin und Zülfü Livaneli. Auch die Kinderbücher von Sevim Ak liest sie mit großer Begeisterung. Je mehr sie liest, umso mehr verändert sich ihr Türkeibild, auch ihre emotionale Beziehung zu dem Land.

„Im Grunde meines Herzens lebe ich in der Türkei. Mein Heimatdorf werde ich nie vergessen können. Auch wenn ich jetzt in einer westdeutschen Großstadt und nicht in Ankara lebe, kann ich mir durchaus vorstellen, später dort zu leben, ein gemeinsames Leben mit Murat aufzubauen ... Eigentlich führe ich ein zerrissenes Leben: Ich lebe hier, und ich lebe in der Türkei. Ich lebe in der Großstadt, und ich lebe – durch meine Erinnerung und Liebe – in meinem Dorf. Ich lebe an der

Universität und ich lebe bei und mit meinen Eltern. Ich bin Studentin, aber ich bin auch berufstätig. Vielleicht ist diese Zerrissenheit gar nicht so schlimm, aber es wird für mich schwierig, verursacht Stress, wenn mein Perfektionismus hinzukommt."

Es sind wahrscheinlich die Erwartungen, die Ela so stressen. Genauer und vertrackter: die Erwartungen, die sie selbst in Bezug auf das hat, was andere von ihr erwarten. Denn ihre Mutter ist jetzt viel weniger eine Kontrolleurin als eine Freundin. Sie mischt sich in nichts ein und möchte, dass Ela auf ihren eigenen Beinen steht und ihre eigenen Entscheidungen trifft. Ihr Vater sieht das genauso. Letztens fragte sie ihren Vater, was er davon halte, dass sie für eine Zeit in die Türkei gehen und dort leben will. „Was fragst du mich? Du bist jetzt erwachsen. Nicht du musst mich um Rat fragen, sondern ich dich", ist die Antwort, die sie von ihm erhält. Dies ist eigentlich eine Antwort, wie sie sicherlich viele junge Mädchen hören wollen. Ela aber macht sie Angst. Sie hat Angst davor, eine falsche Entscheidung zu treffen, davor, auch nur irgendetwas falsch zu machen. Aber wer bestimmt denn was richtig oder falsch ist?

Das entdeckende Lernen als Lebenseinstellung

Ela sagt, dass sie heute mehrere, sich voneinander unterscheidende Rollen spiele. Im Krankenhaus ist sie als Krankenschwester für die Patienten eine Verantwortung tragende Autoritätsperson, für die Ärzte eine vertrauenswürdige Mitarbeiterin, zuhause ist sie die erwachsen gewordene kleine Tochter, die auf Händen getragen wird, und an der Universität eine erfolgreiche Studentin.

Welche Rolle aber gefällt ihr denn nun am meisten? Ihr Antwort ist klar: Natürlich die der Studentin. Einerseits, weil sie gerne Neues lernt und sich weiterbildet und entwickelt und andererseits, weil an der Uni niemand anderer sie kontrolliert als sie selbst, weil sie für niemand anderen arbeitet als für sich selbst, das heißt also: weil sie hier ein Stück Leben hat, das sie selbst bestimmt.

Gut, aber auch das Studentenleben gibt einem ja keine grenzenlose Freiheit! Man muss im Studium doch saubere, den Anforderungen gerechte Aufzeichnungen machen, Klausuren schreiben usw. - sind das keine Einschränkungen?

Das, sagt Ela, hänge davon ab, wie man sein Studium versteht. Wenn es darum geht, schnellstmöglich sein Diplom zu machen, dann seien Studium und Freiheit zweifellos nicht miteinander vereinbar. Aber wenn man das Lernen als Lebenseinstellung verinnerlicht hat, dann sehe die Sache natürlich anders aus.

Laut Ela ist es ein Privileg, studieren zu dürfen, ein großes Geschenk. Denn es ist geradezu gleichbedeutend damit, Freiheit zu genießen, zu leben, wie man will, und sich nicht darum kümmern müssen, was die anderen sagen. Studieren gibt einem jungen, aus behüteten und bewachten Familienverhältnissen kommenden Menschen die Möglichkeit, frei durchzuatmen und eine freies, offenes Feld zu begehen, und so öffnen sich Türen zu neuen Welten, die es zu entdecken gilt.

Glasknochenkinder

Dem entdeckenden Lernen sind keine Grenzen gesetzt! Jetzt plant Ela, die ja als kleines Mädchen eine begeisterte Astrid-Lindgren-Leserin war und die sich in ihrem Türkisch-Studium auch mit Kinder- und Jugendliteratur beschäftigt hat, selber ein Kinderbuch zu schreiben. Ob sie das wohl hinkriegen wird? Ob in ihr vielleicht nicht nur ein wenig Zelig, sondern auch ein wenig Astrid Lindgren steckt, vielleicht sogar ein wenig Pippi Langstrumpf? Ein Kinderbuch über Glasknochenkinder will sie schreiben.

„Glasknochenkinder?" So etwas hatte ich noch nie gehört.

„Ja, das ist eine Knochenkrankheit. Glasknochenkinder haben Knochen, die so dünn und brüchig sind, dass sie bei der kleinsten Unachtsamkeit zerbrechen können. Ein Arzt aus dem Krankenhaus, in dem ich arbeite, ist ein Spezialist für diese Krankheit. Deswegen kommen jede Woche Glasknochenkinder in das Krankenhaus. Sie sehen nicht sehr viel anders aus als andere Kinder, sie sind nur etwas feiner gebaut und haben eine durchscheinende Haut. Aber sie können sich nicht entwickeln und nicht wachsen. Doch sie sind so voller Lebensfreude! Für sie ist es selbstverständlich, dass ihre Knochen so leicht zerbrechen können wie Glas. Für sie ist nur der Moment wichtig, den sie gerade erleben. Und sie genießen ihr Leben in vollen Zügen. Wenn Sie doch nur sehen würden, wie fröhlich und lebendig sie sind! Ich würde wahnsinnig gern ein Buch über diese Kinder schreiben, über ihre Welt, ihre Träume und ihre Wünsche. Es gibt so viel, was ich von ihnen lernen kann!"

Die Kinderbücher, die von verschiedenen Welten erzählen, mag Ela am liebsten. Weil diese Bücher Kindern Türen zu so lebendigen und bunten Welten öffnen, dass die jungen Leser die Grenzen ihrer eigenen engen Lebenswelt überwinden und in andere Länder, zu anderen Menschen, Gesellschaften, Lebensformen imaginär reisen können. Ist das denn nicht auch überhaupt das Schönste am Lesen? Auch deswegen möchte sie Kindern gern von diesen anderen Kindern, den Glasknochenkindern, und von ihrem Leben und ihrer Welt erzählen.

Wege ins Freie

Elas Lebenseinstellung ergibt sich aus der Suche eines alles beobachtenden, hinterfragenden und über alles nachdenkenden Menschen auf dem Weg aus einem starken, einengenden Geflecht aus sozialen Normen und Erwartungen hinaus ins Freie. Diese Suche führt sie zur Zeit zur Freude am entdeckenden Lernen. Das offene, neugierige und entdeckende Lernen ermöglicht es, so spürt sie, eine enge und begrenzte Sichtweise zu überwinden, um sich für die Weite der Welt und für andere Welten öffnen zu können, kurz, um sich selbst weiterzuentwickeln, zu erneuern und zu bereichern. Je mehr die Menschen ihre engen Herkunftswelten überwinden und sich neuen Welten öffnen, umso mehr können sie vielleicht auch ihre eigenen Möglichkeiten besser erkennen und sich selbst entdecken. Ich denke, dass Elas Wissensdurst nicht nur einfaches Erfolgsstreben ist, sondern Hand in Hand geht mit ihrer Suche nach ihrem persönlichen Weg ins Freie. Das unterscheidet sie grundlegend von vielen ihrer Altersgenossen. Aus diesem Grund scheint sie mir schon längst immun zu sein gegen die „Zelig"-Krankheit, die für ein übertrieben angepasstes Leben steht.

Dudu - Nur zusammen ist man stark

Wozu soll denn ein Mädchen Jura studieren?

Abendessen. Die Familie am Esstisch. Mutter, Vater, Großmutter, Onkel und die Zwillingsgeschwister Özlem und Özgür. Die Mutter trägt aus der Küche einen riesigen Topf mit Suppe herein. Özlem füllt Suppe auf die Teller, schneidet Brot, gießt aus einer Plastikkaraffe Wasser in die Gläser. Der Vater und der Onkel fangen schmatzend mit dem Essen an und unterhalten sich währenddessen miteinander. Özgür, der auf der Kante eines Stuhls kauert, schreibt seiner Freundin eine SMS. Mit seinen gestylten Haaren und seinen Baggypants ist er die Coolness in Person. Die Großmutter lächelt und murmelt vor sich hin. Özlem ist nervös und aufgeregt. Sie möchte etwas sagen, aber sobald sie das Wort ergreifen will, wird sie unterbrochen, weil sie den Tisch decken und ständig in die Küche zurück rennen muss. Ihre Mutter nörgelt andauernd, Özlem sei mit ihren Gedanken nicht bei der Sache. Schließlich überwindet Özlem ihre Angst, und rückt heraus mit der Sprache. Sie möchte Jura studieren und bittet um Erlaubnis, sich an der Universität zu bewerben.
Stille ... Das Gesicht des Vaters verfinstert sich, die Mutter macht eine Miene, als ob sie sagen wollte: „Was werden wir noch alles wegen dieses Mädchens erleben müssen?", und schüttelt dabei den Kopf. Der Onkel mustert Özlem abschätzig. Özgür hört jetzt Musik durch seine Kopfhörer. Nur die Großmutter zeigt sich glücklich. Schließlich ver-

wirft der Vater diese Idee mit einer einzigen Handbewegung, Jura ist nichts für Mädchen.
Das Telefon klingelt. Özlem rennt hin. Es ist eine deutsche Freundin, die mit ihr zusammen ein Projekt macht. Sie erzählt etwas, das Özlem nicht gefällt. Während dieses Telefongespräches wandelt sich Özlem in eine selbstbewusste junge Frau. Alles an ihr, ihre Körpersprache, ihre Stimme wirkt anders als gerade eben.
Kaum ist sie wieder am Tisch, kehrt sie in ihre unterwürfige Haltung zurück. Die Haltung des Vaters bleibt unverändert: Auf keinen Fall wird er zustimmen. Die Mutter stellt sich auf die Seite des Vaters, der Onkel ebenfalls. Ende der Diskussion. Özlem versucht sich gegen die Familie zur Wehr zu setzen. Der Vater sitzt mit versteinertem Gesicht da. Er bleibt unerreichbar … Plötzlich fährt er Özgür an. Was soll diese Herumhängerei? Er soll sich mal um einen anständigen Job bemühen, Herr Gott nochmal. Es ist deutlich: Was ihn auf die Palme gebracht hat, ist Özlems Wunsch, Jura zu studieren,. Aber das alles ist Özgür schnuppe. Unbekümmert nuschelt er etwas – halb auf Türkisch, halb auf Deutsch – und beschwert sich über das Essen, das ihm vorgesetzt wurde. Es schmecke ihm nicht. Die Mutter, die Özlem bei jeder Kleinigkeit anfährt, lässt Özgür sämtliche Verzogenheiten durchgehen. Die sehr senile Großmutter nickt jedem, der gerade spricht, zustimmend zu. Özlem verzweifelt und findet keine Worte, um ihren Kummer und ihre Empörung auszudrücken.
In dieser Theaterszene, die die Jugendlichen ausgehend von einer alltäglichen Situation in ihrem eigenen Leben gespielt haben, lassen sich gleichzeitig mehrere Problemfelder erkennen: der patriarchalische Familienaufbau, Geschlechterdiskriminierung, fehlende Kommunikation, dass das junge Mädchen seinen Beruf nicht frei wählen und damit seine Zukunft nicht eigenständig gestalten kann, ihre Einsamkeit und, vielleicht das Interessanteste, ihre Persönlichkeitsspaltung: Wenn sie Deutsch spricht, verwandelt sie sich in die eine, wenn sie Türkisch spricht, wieder zurück in eine andere Person.
Der despotische Vater ist hier dominant, die Mutter total unterwürfig.

Sie ist absolut dagegen, dass ihre Tochter einen Beruf erlernt. Der Onkel jedoch zählt gönnerhaft einzelne Berufe wie beispielsweise Kindergärtnerin, Lehrerin, Sozialberaterin oder Krankenschwester auf, die ein junges Mädchen seiner Meinung nach ausüben darf, nimmt dabei aber nicht einen Moment Rücksicht auf die Gefühle des jungen Mädchens. Schließlich wird das letzte Wort, sei es bei der Wahl des Berufs oder der des Ehemanns, zweifelsohne der Vater haben. Was er will, wird geschehen.

Diese Szene ist ein Beispiel aus dem Forumtheater. Die Besonderheit des Forumtheaters, das auf der Grundlage des Theaters der Unterdrückten nach Augusto Boal aufbaut, liegt in seiner Eigenschaft als interaktives Theater. Hier wird anfangs ein Problem übertrieben dargestellt, um anschließend mit der aktiven Teilnahme des Publikums zu versuchen, verschiedene Lösungen zu entwickeln. Somit treffen sich das Publikum und die Schauspieler auf derselben Ebene und stellen vielfältige Handlungen im selben Stück dar.

Der Zweck des Theaterworkshops, den wir an der Universität machen, ist es, die Schauspieler und die Zuschauer in einen vielfältigen Denkprozess über den Druck der Traditionen, den Generationenkonflikt, die Genderproblematik, kurz, über die Probleme, die eine Modernisierung verhindern, mit einzubeziehen. Vor allem aber geht es darum, Fragen wie zum Beispiel „Muss das immer so sein und bleiben?", „Was kann verändert werden?" oder „Wie kann es verändert werden?" zu diskutieren und verschiedene Lösungsmöglichkeiten zu entwickeln.

Die Rolle des Vaters in der Familie

Nach der Aufführung sitze ich noch mit den Schauspielern zusammen. Wir besprechen und diskutieren die Rolle eines jeden Einzelnen. Dudu spielt die Rolle des despotischen Vaters. Sie hat eine Baskenmütze auf dem Kopf und einen schwarzen Schnurrbart. Sie stellt den Vater als einen rüden Despoten dar, der ständig seinen Schnurrbart zwirbelt, seine islamische Gebetskette laut klackernd durch die Finger laufen lässt, mit heruntergezogenen Augenbrauen verächtlich die Augen verdreht und seine Umgebung mit tödlichen Blicken straft. Selbst seine Stimme ist herrisch und autoritär. Ob er schweigt, redet oder schreit, der Despot steckt ihm im Blut. Selbst wenn er am Tisch nach einem Glas Wasser verlangt, erahnt man ein herrisches Gebaren, das einem das Blut in den Adern gefrieren lässt.

„Was mir an diesem Stück so wichtig ist, ist, diesen Macho-Vater so übertrieben darzustellen, dass das Publikum richtig provoziert wird", sagt Dudu begeistert.

Und da ist noch etwas Wichtiges: Durch diese Darstellung bekommt der Vater etwas Komisches. Und das beruhigt. Es ist ein befreiendes Gefühl, wenn man lachend Abstand zu einem bedrückenden Problem gewinnt.

Aber wie übertrieben Dudu ihre Rolle auch darstellt, Menschen aus Immigranten-Familien haben die Traditionen teilweise so sehr verinnerlicht, dass es fast unmöglich ist, die Rolle des Vaters in irgendeiner Art und Weise zu verändern. Vielleicht kann der Vater seine Macho-Gehabe ablegen, das ist aber auch schon alles. Es scheint unmöglich, mehr von ihm zu erwarten.

Kann sich der Vater verändern?

Dazu noch ein Beispiel. In einem anderen Forum-Theaterstück, das wir, wie in diesem Theater üblich, wieder für eine Zielgruppe, diesmal für Jugendliche vorbereitet hatten, war der Vater arbeitslos und hockte den ganzen Tag vor dem Fernseher. Seine Tochter und sein Sohn waren ratlos, wie sie die steigenden Studiengebühren aufbringen sollten.

Als diese Szene nachgespielt wurde, wurde der Vater zuerst als ein typischer Macho dargestellt. Die Kinder forderten hartnäckig, dass der Vater die Studiengebühren bezahlt. Daraufhin schimpfte der Vater wüst auf seine Kinder los, sagte dann aber später, dass er seine wenigen Ersparnisse seinem Sohn zur Verfügung stellen würde. Was bringe es, wenn die Tochter studiere, würde sie nicht sowieso früher oder später heiraten? Dies war die erste Version des Stücks. Durch das lösungsorientierte Verhalten der Mutter, veränderte sich der Vaters nach und nach. Bei der Suche nach Lösungsmöglichkeiten unter den Zuschauern waren die Mädchen kreativer als die Jungen. Doch wurde die ganze Verantwortung auf die Mutter abgeschoben, sie solle den Vater umstimmen. Der Vater, der entweder mit einem Gesicht wie bei einem Begräbnis da saß oder angespannt wie eine gleich explodierende Bombe umherlief, wurde tatsächlich nach und nach etwas nachgiebiger. Eigentlich wollte er, dass beide Kinder studierten. Aber guter Wille allein half nicht weiter, es gelang ihm nicht das Problem zu lösen. Genau an dieser Stelle, drohte auch die Szene zu stagnieren. Denn es kamen von den Zuschauern keine neuen Lösungsvorschläge mehr. Als ob diese Situation lediglich Schicksal sei und demnach unveränderlich.

Daraufhin brachte ich einen Vorschlag ein, die Mutter müsste ihre Haltung ändern und aktiver werden. Es reichte nicht aus, dass sie den Vater nur beruhigt. In dieser Spielversion fragte ich – als Mutter – den Vater, der sein gutes Verhältnis zu seinen Kindern bewahren wollte und sie mit verschiedenen Versprechungen vertröstete, woher er das Geld nehmen wolle. Als er daraufhin pathetisch antwortete, er würde für seine Kinder sein Hab und Gut verkaufen, konfrontierte ich ihn offen mit der Leere dieser Aussage („Welches Hab und Gut?"). Genau in diesem Moment entstand in der Szene eine unglaubliche Spannung: dass die Mutter die Wahrheit so direkt zur Sprache brachte, beunruhigte sowohl den Vater als auch die Kinder sehr. Weil der Vater keine Arbeit finden konnte, würde eben ich arbeiten gehen, schlug ich vor. Das wurde mir nach einigem Zögern erlaubt. Aber mein neuer Vorschlag, dass der Vater sämtliche Aufgaben im Haushalt übernehmen sollte, da er den ganzen Tag zu Hause sein würde, traf auf eine heftige Gegenreaktion der gesamten Familie.

Als wir später über diese Szene diskutierten, beurteilten unsere Zuschauer die Haltung der Mutter, obwohl sie ihr innerlich Recht gaben, nicht sehr positiv und die Vorstellung, der Vater solle den gesamten Haushalt führen, fanden sie recht absurd. Dass die Mutter eher für Milde und Flexibilität und der Vater für Härte und Unnachgiebigkeit stehen, wurde auch bei einem Assoziationsspiel auf folgende Frage sehr deutlich: „Mit welchem Obst oder Trockenobst würdet ihr eure Eltern am ehesten vergleichen?". Während die Mütter mit weichen Früchten wie beispielsweise Feigen, Weintrauben, Honigmelonen verglichen wurden, wurden die Väter mit härteren Früchten wie etwa Walnüssen, sauren Äpfeln, oder Quitten in Verbindung gebracht. Wir konnten in unserem Spiel keine Lösung finden, die jeden zufrieden gestellt hätte. Darüber waren unsere Zuschauer ziemlich irritiert. Aber dass bisher unterdrückte, tabuisierte Probleme erstmals offen zur Sprache kamen, war fürs Erste doch ein wichtiger Schritt.

Ich frage Dudu, die in beiden Szenen den Vater spielte, warum sie sich gerade diese Rolle ausgesucht habe. Sie hätte ja schließlich auch die Rolle des Mädchens übernehmen können, die mit sich selbst einen großen inneren Kampf ausfechten muss.

„Das ist eine kompliziertere Rolle" sagt sie lachend. „Es ist nicht so leicht, ihren Zwiespalt darzustellen. Der Vater dagegen ist flach und einfach. Ihn darzustellen ist kinderleicht. Mir gefällt es auch, mich beim Spielen über meine Rolle lustig zu machen. Das macht mir einfach Spaß!"

Könnte Dudus Vater auch so einer sein? Aber dann wäre sie doch nicht so selbstbewusst.

Sie scheint genau zu wissen, was sie will, ist aufgeweckt und interessiert. Und so, wie sie den Vater dargestellt hat, zeigt sie auch noch einen ausgeprägten Sinn für Humor.

Entweder er oder wir

„Ich heirate nächste Woche."
Eines Tages gab mir Dudu eine Hochzeitseinladung. Mir fiel auf, dass

sie etwas besorgt aussah. Wird sie etwa mit jemandem verheiratet, den sie nicht will?

„Kommt er aus der Türkei?", fragte ich neugierig.

Fast alle Türkeistämmigen heiraten sogenannte „Import-Bräute" oder „-Bräutigame", meistens aus ihren Heimatorten.

Aber es war ganz anders, als ich gedacht hatte. Dudu wollte einen jungen Deutschen, Markus, heiraten. Ich war überrascht. Was denn ihre Familie dazu sage, fragte ich sie.

„Entweder er oder wir," sagen sie, „die Entscheidung liegt bei dir."

Meine Überraschung nimmt immer mehr zu. „Und was machst du jetzt?"

Entschlossen sagt Dudu: „Ich habe meine Wahl getroffen. Meine Entscheidung steht fest. Sie können machen, was sie wollen. Das ist ihre Sache."

Dann erzählt sie, wie sie und Markus sich kennengelernt haben. Sie kenne Markus von der Universität, er habe Chemie studiert und schreibe jetzt seine Doktorarbeit. Sein Vater habe durch die Arbeit in einer Rohrverlegungsfirma viel mit Türken zu tun gehabt. Er sei oft nach Istanbul geflogen. Markus habe mit einem jungen türkischen Mann aus dem Umfeld seines Vaters Freundschaft geschlossen, mit Ahmet, der als Übersetzer in der Firma gearbeitet habe. Somit habe er mit Türken schon ein wenig Bekanntschaft gemacht. Trotzdem sei er sich, als er Dudu kennenlernte, nicht sicher gewesen, ob diese Beziehung funktionieren würde. Er habe sogar so sehr Zweifel daran gehabt, dass er den türkischen Professor, bei dem er zu dieser Zeit arbeitete, um Rat fragte. Dieser sagte ihm, dass er unbedingt sein Glück probieren müsse. So hätte ihre Beziehung angefangen. Jetzt wohnten sie schon seit drei Jahren zusammen.

Je mehr Dudu erzählt, umso mehr wächst meine Bewunderung für sie. Es bedarf großen Mutes, erst drei Jahre zusammen zu wohnen und nun zu heiraten. Denn bei solchen zugespitzten Entscheidungen, vermeiden die jungen Menschen aus Migrantenfamilien gewöhlicherweise den Bruch mit der Familie. Zweifellos gibt es auch welche, die Widerstand leisten. Doch das ist sehr riskant und kann sogar tödlich enden. Die vielen Ehrenmorde, die in den letzten Jahren in Deutschland begangen wurden, stellen den extremsten Punkt dieses Familienterrors dar. Dudu muss eine sehr gefestigte und starke Persönlichkeit besitzen. Auf der anderen Seite jedoch scheint es unmöglich zu sein, dass sie sich in dieser Situation ohne Unterstützung behaupten kann – egal wie stark sie ist. Ob es denn innerhalb ihrer Verwandtschaft jemanden gebe, der sie unterstützt?

Dudus Gesicht erhellt sich. „Meine Brüder Dursun und Durmuş stehen auf meiner Seite", sagt sie. „Sie kennen meinen Freund schon seit Jahren, ich habe keine Geheimnisse vor ihnen."

Auch das ist überraschend. Normalerweise üben alle
männlichen Familienmitglieder, vor allem die älteren Söhne Druck auf die weiblichen Familienmitglieder aus.

„Das habe ich auch erlebt" seufzt sie. „Dafür ist mein ältester Bruders Kurban Ali das beste Beispiel!"

Und ihr Vater? Nein, nein, ihr Vater sei ein vollkommen anderer Mensch. Beim Forumtheater habe sie für ihre Rolle ihren älteren Bruder Kurban Ali als Muster genommen. Ihr Vater sei ganz anders, wenn ich ihren Vater doch nur kennenlernen würde! Dudus Augen strahlen, wenn sie von ihrem Vater erzählt.

Die Kinderfabrik

Dudus Familie stammt aus einem Dorf bei Kırşehir. Ihr Vater lässt Anfang der siebziger Jahre seine Frau und vier Töchter (Ünzüle, Mevlude, Perişan[1] und Yeter[e]) in Kırşehir zurück und kommt alleine nach Deutschland. Bei Thyssen fängt er an, als Maschinenführer zu arbeiten. Nachdem er jahrelang zwischen Deutschland und der Türkei hin und her geflogen ist, holt er seine Frau und die Töchter zu sich und baut sich ein neues Leben auf. In dieser Zeit kommen noch vier weitere Kinder auf die Welt.

Die Mutter hat in der Türkei zwar die Grundschule besucht, aber sie kann nicht einmal richtig schreiben und lesen. Als sie nach Deutschland kommt, will sie zwar Deutsch lernen, ein kleines bisschen wenigstens. Aber ach, da ist doch die schwere Arbeit in der Fabrik, die großen Sorgen und der Kleinkram mit den Kindern und dann auch noch der ganze Haushalt.

Noch dazu vier Töchter, also vier Mäuler, die zu stopfen sind, obwohl sie zu nichts mehr nutze sein werden, sobald sie verheiratet sind ... Mit der Geburt jeder der Töchter eine neue Tragödie ... Alle im Dorf starren die Mutter mitleidig an. Was hat die Frau für ein Pech! Der Vater unglücklich im Dorfcafé sitzend kommt schon gar nicht mehr nach Hause. Was, wenn er sich jetzt eine zweite Frau nimmt? Klar doch, einen Sohn zu haben, ist sein gutes Recht. Und dann wird tatsächlich auch noch das dritte Kind ein Mädchen: Perişan. Die Mutter ist verzweifelt. Lange schlaflose Nächte, Leid, Trauer ....

Der Vater vermeidet jetzt auch das Dorfcafé. Wie soll er denn seinen Freunden ins Gesicht sehen? Er versteckt sich vor den spöttischen Blicken seiner Nachbarn. Egal, wie, ein Sohn muss möglichst bald her. Zu einem echten Mann gehören Söhne. Als die Mutter dann wieder schwanger ist, wird alles versucht: Hodschas, Gebete ... Aber alles umsonst. Auch das vierte Kind kommt als Tochter auf die Welt: Yeter, ‚Es reicht', denn diesmal reicht es wirklich. Jetzt ist die Mutter erst recht verzweifelt. Und ihr Mann hält es in seiner Umgebung nicht mehr aus. Er zieht nach Deutschland.

Als der Vater Jahre später sich ein Leben in Deutschland aufgebaut und seine Frau und vier Töchter zu sich geholt hat, meint es das Schicksal endlich gut mit ihm. In Deutschland kommt ihr Sohn zur Welt: Kurban[3] Ali.

In der Familie herrscht echte Festtagsstimmung. Ein Lamm wird geopfert. Die Geburt von Kurban Ali wird tagelang gefeiert. Wer weiß, vielleicht hat sich das Schicksal zu ihren Gunsten aufgrund des schon vor der Geburt feststehenden Namens Kurban Ali[3] verändert. Was ist

---

[1] Perişan bedeutet „die Verzweifelte" (A.d.Ü.)
[2] Yeter bedeutet „es reicht" (A.d.Ü.)
[3] Kurban bedeutet „das Opfer", hier wird impliziert, dass man aus Dankbarkeit für den Sohn ein Opfer bringt (A.d.Ü)

schon eine Tochter wert, sie wird doch irgendwann einen Fremden heiraten und zu ihm ziehen. Aber ein Sohn, das ist etwas völlig anderes. Kurban Ali wird mit einem Mal zum Mittelpunkt der Familie. Dieses Kind wird von jedem in der Familie verwöhnt. Man behängt ihn mit Gold und dem blauen Auge, das vor dem bösen Blick schützen soll. Um seinen Hals hängen sie ein schützendes Amulett und er wandert von Schoß zu Schoß. „Welch ein strammer Junge, maschallah, maschallah, dass ihn nie der böse Blick treffen mag!" rufen alle entzückt aus. Sie überschütten ihn mit Liebkosungen und Küssen, verwöhnen ihn nach Strich und Faden. Kurz, die Familie lässt nichts aus, um aus ihm einen verzogenen Jungen zu machen. Besonders die Mutter. Er ist doch der erste Sohn, ihr Liebling ... Kurban Alis Unartigkeiten werden wohlwollend geduldet: „Er ist ja schließlich ein Junge, das muss doch so sein." Man prahlt sogar damit: „Unser Sohn ist so ein Lausbub, niemand kann ihn bändigen!"

Als dann einige Jahre später der zweite Sohn Dursun auf die Welt kommt, wird die Familie von einer weiteren Welle des Glücks getroffen. Wenn einem das Glück einmal hold ist, dann verlässt es einen eben nicht mehr so schnell. Wie schön, jetzt haben sie zwei Söhne. Aber das reicht jetzt. Die Mutter will keine weiteren Kinder mehr. Nicht umsonst nennen sie den jungen Dursun[4]. Nach sechs Kindern, vier Mädchen und zwei Jungen, soll es nun aufhören.

Aber es kommt anders. In einem unerwarteten Moment kommt das siebte Kind! Doch die Sieben ist ja eine Unglückszahl, das siebte Kind hat einen Produktionsfehler – es ist also wieder ein Mädchen.

Die Mutter ist ziemlich unglücklich. Verließ das Glück einen denn so schnell, wenn es einem einmal hold war? Hat sie denn nicht schon genug Töchter? Wieso musste dieses Kind wieder ein Mädchen werden? Aber egal, den Vater kümmert das nicht mehr, er nimmt Dudu mit Liebe an, sie wird er wie einen Jungen aufziehen.

Als das letzte Kind, das sie mit Widerwillen auf die Welt bringt, keinen Herstellungsfehler hat, ist die Mutter wieder glücklich. Dieses Mal nennen sie das Kind Durmuş[5]. Die Kinderfabrik muss jetzt aber

eingestellt werden, so viele reichen nun wirklich. Eine Familie mit acht Kindern, von denen immerhin drei Jungen sind.
Eigentlich hatte die Mutter schon nach dem fünften Kind mit ihrem Boykott angefangen. Sie ist es leid, Kinder großzuziehen, die Windeln eines jeden zu wechseln, sie zu füttern und hinter ihnen her zu rennen. Glücklicherweise sind die älteren Töchter mittlerweile schon groß genug, sodass sie fast die gesamte Hausarbeit übernehmen können. Die Mutter schaut ab und zu mal nach dem Rechten, was die Kinder gegessen und getrunken haben oder ob sie irgendwelche Probleme haben, doch das ist es auch schon. Sie sieht die Kinder meist nachmittags. Während diese miteinander spielen oder ihre Hausaufgaben machen, sitzt sie bei ihnen und versucht mühselig einiges aus der Zeitung zu entziffern. Ach wenn sie doch das Lesen und die deutsche Sprache nur etwas mehr lernen könnte ...

Ein unzertrennliches Trio

Mit Schnuller im Mund und einer Babyflasche in der Hand wächst Dudu gemeinsam mit ihren Brüdern Dursun[1] und Durmuş[2] auf. Ihre ältere Schwester Mevlude kümmert sich um sie.
Die Kinder bekommen ihre Mutter kaum zu Gesicht, denn sie arbeitet als Reinigungskraft bei Bayer in der Nachmittagsschicht und kommt erst spät in der Nacht erschöpft nach Hause ...
Als Dudu zwei, drei Jahre alt war, wurde ihre fünfzehn Jahre ältere Schwester Ünzüle schon mit einem jungen Mann aus ihrem Heimatdorf verheiratet und in die Türkei geschickt. Jetzt lebt sie in Ankara. Aus diesem Grund kennt Dudu ihre Schwester Ünzüle kaum. Die zweitälteste Schwester Mevlude ist wie eine Mutter zu den Kleinsten. Sie kümmert sich um alles. Die Kleinen nennen sie „Mama". Dudus Mama Mevlude ist elf Jahre älter als sie selbst. Aber sie ist wie ein kleines flinkes Heinzelfrauchen. Sie kocht, sie wäscht,

---

[1] Dursun bedeutet „es soll aufhören" (A.d.Ü.)
[2] Durmuş bedeutet „es hat aufgehört" (A.d.Ü.)

sie sorgt dafür, dass die Kinder gut angezogen sind, sie geht sogar alleine einkaufen. Perişan geht Mama Mevlude zur Hand, soweit es ihr die Schulaufgaben erlauben..

Dudu, Dursun und Durmuş sind ein unzertrennliches Trio. Sie verbringen den ganzen Tag gemeinsam, man sieht sie nie einzeln. Zuhause oder auf der Straße erfinden sie gemeinsam Tausende Spiele. Alles wird geteilt, Spielsachen, Kleidung oder Essen, einfach alles.

Schenkt beispielsweise ein Nachbar einem von ihnen Schokolade, bekommt sofort jeder seinen Teil. Ziehen sie sich aus dem Kaugummiautomaten einen in Glitzerpapier verpackten Kaugummi, so wird dieser ebenfalls gerecht geteilt. Gehen sie spazieren, fassen sie sich an den Händen und ziehen gemeinsam los. Ist jemand über etwas traurig, weinen sie zusammen. Aber am meisten lachen sie miteinander. Das Schönste ist das nagelneue rote Fahrrad, das ihnen ihr Vater geschenkt hat. Ohne zu streiten, wechseln sie sich beim Fahren regelmäßig ab. Von morgens bis abends stecken sie zusammen und haben viel Spaß miteinander.

Dudu verbindet schöne Erinnerungen mit der Zeit, die sie mit ihren Brüdern verbracht hat. Zwischen ihnen herrscht eine intensive Beziehung, in der man sich jederzeit sicher fühlt. Ob zu Hause oder draußen – einfach überall. Wenn sie zum Beispiel mit den anderen Kindern spielen, geben sie sich immer gegenseitig Rückendeckung. Wenn einer ihrer Freunde schummelt oder etwa auf die dumme Idee kommt, einem von den Geschwistern einen bösen Streich zu spielen, haben ihn die beiden anderen schon am Kragen. Solange das Trio fest zusammenhält, kann keiner ihnen auch nur ein Härchen krümmen

Wie schön ist es, an eiskalten Wintertagen im Kinderzimmer zusammen zu spielen: Fangen und Verstecken, an den Türrahmen hoch bis an die Decke klettern oder sich an die Türen hängen und schaukeln. Die Mädchen teilen sich ein Doppelbett, die Jungen schlafen in einem Etagenbett. Nachts vor dem Schlafengehen ist es Dudus Lieblingsspiel, auf das Etagenbett hoch zu klettern, von dort auf das Doppelbett zu springen und dann darauf wie wild herumzuhüpfen. Raufen,

Purzelbäume in der Luft schlagen, lautes Lachen, Kissenschlacht...
Mit Dursun und Durmuş hat Dudu unglaublich viel Spaß. Es gibt kein Spiel, das Dudu nicht mit den beiden spielt: Murmeln, Fußball, Boxen. Und in Karate ist sie sogar besser als die die Jungen.
Das Wichtige ist, dass der Vater keinen Unterschied zwischen den Kindern macht. Sämtliche Rechte, die er Dursun und Durmuş einräumt, bekommt auch Dudu. Sie weiß das zu schätzen. Denn in dieser Hinsicht sind ihre älteren Schwestern wirklich zu kurz gekommen. Sie wuchsen unter ständiger Beobachtung und Kontrolle auf. Sie konnten nicht mal aus dem Haus gehen, geschweige denn sich mit ihren Freundinnen treffen. Sie konnten nicht mal am Sport- und Schwimmunterricht teilnehmen. Sie sollten ja bald verheiratet werden. Somit war der Weg der älteren Schwestern schon früh festgelegt, als wäre es Schicksal. Und es gibt niemanden, der das hinterfragt.
Im Laufe der Jahre veränderte sich zwar die Mutter nicht, der Vater aber dafür umso mehr. Obwohl die Familie in einem Ort lebt, in dem sehr viele Türken wohnen, hat der Vater auch deutsche Freunde. Eines Tages lädt er seine Kollegin Tante Ursula ein. Das gefällt der Mutter überhaupt nicht. Tante Ursula hat blaue Augen, blonde Haare und rosige Wangen und ist eine sympathische, gepflegte, hübsche Frau, die dazu auch noch intelligent ist. Dudu wird eines Tages so wie sie sein. Der Vater wünscht sich sehr, dass Dudu studiert und einen anständigen Beruf erlernt. Fest ist er entschlossen, das, was er bei seinen anderen Töchtern nicht machen konnte, bei Dudu zu realisieren.
Dudu ist ebenfalls entschlossen. Sie wird nicht wie ihre Mutter oder ihre Schwestern sofort heiraten und Kinder bekommen. Sie möchte studieren, einen anständigen Beruf haben, Geld verdienen und auf ihren eigenen Beinen stehen. Sie denkt daran, vielleicht in einer Bank zu arbeiten. Was sie genau machen will, weiß sie noch nicht so genau. Was sie weiß, ist nur, dass sie nicht so schwer arbeiten will wie ihre Mutter.

"Abi", der große Bruder

Dudu ist mit ihren Geschwistern ein Herz und eine Seele. Alles wäre eigentlich bestens, wäre da nicht dieser Kurban Ali. Der ist ein regelrechter Plagegeist. Ein Monster. Haargenau wie der Vater, den Dudu im Forumtheater dargestellt hat. Der platzt noch vor Wichtigtuerei!
Was soll man dazu sagen, wie er die Kinder schuften lässt und ständig von ihnen irgendetwas verlangt: „ Dursun, geh und hol mir eine Cola, aber mit Eis!"
„Dudu, habe ich dir nicht gesagt, du sollst mein Bett anständig machen, gleich verpass ich dir eine!"
„Und du Durmuş, lauf mir nicht die ganze Zeit wie ein Zwerg vor die Füße! Treib mich nicht in den Wahnsinn, sage ich, ansonsten nagele ich dich hier an die Wand!"
„Was habt ihr wieder für ein Chaos angerichtet, sind wir denn in einem Saustall? Macht, dass ihr hier Ordnung reinbringt, ihr Kartoffelsäcke, haltet euch ran!"
Wenn die Kinder nicht sofort das machen, was er von ihnen will, zieht er sie an den Ohren und an den Haaren, zwickt sie, schlägt oder tritt sie. Die Kinder haben eine höllische Angst vor Kurban Ali. Das Schlimmste ist jedoch, dass er sich in alles einmischt. Wer kam von wo, wer geht wohin, alles will er wissen. Und wenn es ihm in den Sinn kommt, beschlagnahmt er einfach alles. Er steckt die bunten Glasmurmeln in seine Tasche, stibitzt die Sammelbilder aus den Kaugummi- oder Schokoladenverpackungen oder nimmt den nagelneuen Fußball mit hinaus, den der Vater erst neulich den Jüngeren geschenkt hat, ganz so, als ob es sein eigener wäre. Das Gemeine daran ist, dass alles was er sich aneignet, unwiderruflich weg ist. Es ist klar, dass Kurban Ali seine Geschwister nicht ausstehen kann, wer weiß, vielleicht ist er auch eifersüchtig auf sie.
Vor allem die vier Jahre jüngere Dudu hat er auf dem Kieker:
„Mädchen spielen doch nicht Fußball mit den Jungs, willst du etwa Fußballerin werden?"

„Schämst du dich denn nicht, mit einem Mini rumzulaufen, du bist doch kein kleines Kind mehr!"
„Ja wie, Mädel? Hängst du dich schon wieder an dieses Durdur-Gespann? Auf, der Platz einer Frau ist die Küche!"
Je mehr die Mutter ihren Liebling Kurban Ali verwöhnt, umso mehr plustert er sich auf wie ein Gockel, wird immer größer und größer, breitet sich überall aus. Sogar in seinem Gang lässt sich der dummdreiste Macho erkennen. Sowie die Kinder ihn mit seiner verkehrt herum aufgesetzten Kappe, seinen Baggypants und seinem großtuerischen Gang schon von ferne erkennen, fängt das Katz-und-Maus-Spiel an. Wenn es Kurban Ali gelingt, einen von ihnen einzufangen, lässt er ihn nicht mehr los. Wehe dem, den er zu fassen bekommt! Die einzige Möglichkeit zu entwischen besteht darin, Bockspringen oder „Riese-Zwerg" zu spielen. Beim Bockspringen müssen sich die Kinder bücken und regungslos dastehen und Ali springt dann über jeden einzelnen. Dudu möchte auch springen, aber Ali Abi erlaubt es nie. „Hast du den Verstand verloren? Springen darf nur der große Bruder."
Bei Riese-Zwerg ist Ali Abi ein angsteinflößender Riese und die Zwerge müssen alle seine Befehle ausführen. Wenn der Riese „Zwerg" brüllt, müssen sie sich auf den Boden legen, wenn er „Riese" schreit, müssen sie wieder aufstehen.
Wenn Dudu mal versucht, ein Spiel zu umgehen, heißt es gleich: „Schaut euch das mal an, dieses Gör meint mich veräppeln zu können." Oder er droht: „Du, gleich verklopp ich dich!" Auch hat er stets typische türkische Freundlichkeiten parat, wie z.B. „Ich zerreiße die den Mund!" oder „Ich breche dir gleich alle Knochen!"
Die Kinder haben eine riesige Angst vor Kurban Ali. Am besten, finden sie, ist es, wenn man sich verdrückt, sobald man ihn sieht.
Der einzige, der Kurban Ali Einhalt gebieten kann, ist der Vater. Wenn der Vater nicht wäre, würde Ali es immer weiter treiben. Deswegen gibt es häufig Streit zwischen dem Vater und der Mutter.
„Deinetwegen ist dieser Junge so!"
„Was soll denn schon sein mit meinem tollen Jungen?"

„Hör mal, wenn er den Kleinen auch nur einmal wieder etwas antut ..."
„Lass meinen Jungen in Ruhe! Ist er nicht ihr großer Bruder?"
„Führt sich so ein großer Bruder auf?"
Auch Dudu ist der Meinung, dass es ihre Mutter ist, die Ali so verzieht. Je mehr die Mutter ihn mit Zusprüchen wie „Mein Held!", „Mein Bester!", „Mein starker Junge!" oder „Mein Liebling" ermuntert, desto mehr bläst sich Ali Abi auf.

„Stellt man Ali auf die eine Seite der Waage und die anderen sieben Kinder auf die andere," sagt Dudu, „glaube mir, dann erst wäre das Gleichgewicht hergestellt."

Dudu, die immer mehr außer Kontrolle gerät, bereitet der Mutter am meisten Kopfschmerzen. Es macht ihr schwer zu schaffen, dass sie immer mit ihren Brüdern hier und dort herumstreut, anstatt wie alle anständigen Mädchen im Haushalt zu helfen. Dieses Mädchen kann ja noch nicht einmal einen Tisch decken, sie wirft die Gabeln und Messer einfach auf den Tisch, sodass alles unordentlich herumliegt. Deckt man so etwa den Tisch? Die anderen Mädchen in Dudus Alter können längst gefüllte Weinblätterröllchen wickeln oder einen Teig für Börek, leckere Teigtaschen mit gefülltem Hackfleisch aufrollen, aber sie hat nur Flausen im Kopf. Und wenn man ihr mal etwas sagt, dann muckt sie gleich auf wie ein Junge; hat die vielleicht ne Klappe, da kommt kein Mann mit. Sag einer, was aus ihr mal werden soll.

Wie soll die mit diesem Dickkopf bloß einen Ehemann finden?

Aber der Vater duldet kein einziges schlechtes Wort über seine Tochter. Dudu ist für ihn die eine besondere und kluge Tochter, die studieren, etwas aus sich machen, einen anständigen Beruf ausüben und nicht so ein miserables Leben führen wird wie ihre Eltern.

Die Mutter traut sich zwar nicht, irgendetwas dagegen zu sagen, aber so wie sie von „Ali Abi verlangt, dass er ein Auge auf alle anderen Geschwister hat, verlangt sie von ihm, dass er auch auf Dudu Acht gibt. Ein Mädchen ist ein Mädchen und ein Junge ist ein Junge – wo hat man denn je gesehen, dass ein Mädchen wie ein Junge aufwächst?

„Wenn meine beiden Brüder und ich nicht zusammengehalten hätten,

hätten wir es nie mit unserem großen Bruder aushalten können. Als wir noch klein waren, ließen wir ihn nichts zweimal sagen, weil wir soviel Angst vor ihm hatten. Aber es kam auch der Tag, an dem wir lernten, uns ihm zu widersetzen. Wenn wir uns nicht gegenseitig gestärkt hätten, hätten wir das niemals geschafft."
Zuerst widersetzt sich Dudu gegen Kurban Ali, dann auch die beiden Brüder. Wenn Ali Abi sie schlagen will, dann rennen sie sofort weg. Ihr großer Bruder ist zwar stark, aber die Kleinen sind flink wie Kaninchen. Da nützen auch solche Sprüche nichts wie „Einmal springst du, Heuschrecke, zweimal springst du, beim dritten Mal habe ich dich!"
Einmal, als es Ali gelingt, Dursun zu fangen, beißt dieser ihm so fest in die Hand, dass Ali, so wie es sich für ihn gar nicht schickt, anfängt zu weinen und Dursun loslassen muss.
Die Kinder verbünden sich gegen ihren großen Bruder. Sie stöbern in seinen Büchern oder Heften, verstecken seine Socken, verknoten die Schnürsenkel seiner Schuhe, die vor der Tür stehen, streuen Zucker anstelle von Salz in seine Suppe, leeren seine Dose Haargel und füllen sie mit einer Mischung aus Kleber und Wasser auf und was nicht noch alles, kurzum, sie versuchen, sich an ihm durch Tausende kleiner Streiche zu rächen. Trotzdem lässt Kurban Ali sie nicht in Frieden. Dudu fällt es schwer zu vergessen, was sie alles seinetwegen erlebt hat. Eines Tages pöbelt Kurban Ali Dudu an, weil sie einen Minirock angezogen hat.
„Schau dir das mal an! Eiferst du jetzt auch noch den heidnischen Frauen nach?"
„Hab ich dich nach deiner Meinung gefragt?"
„So freizügig angezogen, darfst du nirgends hingehen, hast du das verstanden?"
„Kümmere dich um deine eigenen Sachen und lass mich in Ruhe!"
Dudu hat keine Angst mehr vor Kurban Ali, wie es früher der Fall gewesen ist.
„Jetzt treibe mich nicht in den Wahnsinn, ansonsten ..."

Es ist wieder der Vater, der das Gezeter beendet. Er ermahnt Kurban Ali in einem strengen Ton, er solle sich um seine eigene Angelegenheiten kümmern. Kurban Ali verzieht das Gesicht und verschwindet.

Der Konflikt zwischen Tradition und Moderne

Was Dudu heute ist, verdankt sie in besonderem Maße ihrem Vater. Wenn er nicht gewesen wäre, würde ihr Leben ganz anders aussehen, etwa so wie das ihrer Schwestern. Denn innerhalb dieser einen Familie stehen sich zwei verschiedene Lebensanschauungen gegenüber: konservativ und traditionell auf der einen, liberal und modern auf der anderen Seite.

Die Mutter ist konservativ, fest an die Traditionen gebunden und gefangen im Getto. Sie ist der Meinung, dass ihnen in diesem fremden Land nur Werte wie Tradition, Familie, Verwandte, Nachbarn usw. Halt geben können. Was würde es denn bringen, wenn sie sich mit dem, was sie kennt, und dem, was sie weiß, nicht zufrieden gäbe? Zu Hause fühlt sie sich nur im türkischen Viertel von Duisburg, in dem so viele Verwandte und Bekannte leben. Deswegen ist es für sie so wichtig, dass Dudu ist und bleibt, was man in diesem Milieu ein anständiges Mädchen nennt. Ob sie erfolgreich in der Schule ist, viel liest, oder einen guten Job findet, hat für die Mutter keine Bedeutung, macht ihr sogar eher Angst. Wozu denn Ausbildung? Soll Dudu etwa so werden wie die ungläubigen deutschen Frauen? Die Mutter hat Angst, dass sich Dudu in einer fremden Gesellschaft ihr und ihrer Familie ganz entfremdet. Die Mutter hat Angst vor Dudu.

„Die in Deutschland lebenden Türken sind viel konservativer als die in der Türkei", sagt Dudu und ein Schatten huscht über ihr Gesicht. „Die Migranten sind immer noch sehr stark von ihren Gewohnheiten und Traditionen geprägt, die sie vor so vielen Jahren aus ihren Heimatdörfern mitgebracht haben. Darin sind sie gefangen. Aber mein Vater, der ist nicht so."

Selbst wenn es für ihn nicht leicht war, so hat ihr Vater es doch geschafft, die Zweifel und Ängste zu überwinden, die man hat, wenn man in einer fremden Gesellschaft lebt. Er konnte sich dem Leben in Deutschland einigermaßen anpassen. Zum Beispiel hat er sehr viele deutsche Kollegen. Er bewegt sich eben in einem ganz anderen Milieu als die Mutter. So fängt er an, sich über Dinge Gedanken zu machen, die ihn früher nicht sonderlich interessiert haben. Das Wichtigste vor allem ist aber, dass er die Geschlechterdiskriminierung, die er Jahr für Jahr durch die Traditionen verinnerlicht hatte, hinterfragen kann. Warum soll nicht auch die Frau ihren Platz in der Gesellschaft einnehmen? Warum sollen nicht auch die Frauen, wie die Männer, einen anständigen Beruf ausüben? Auch in in den großen Städten der Türkei studieren die Frauen und üben dann einen anständigen Beruf aus? Wieso soll das nicht auch seine Tochter schaffen?

Der Weg in die Freiheit: Bildung

Zwei Fronten. Hier: Ihre Mutter, ihre älteren Schwestern und Kurban Ali, der sich, weil ihm nach dem Vater die Position des zweiten Familienoberhaupts zukommt, immer mehr aufplustert wie ein Gockel. Dort: ihr Vater und ihre beiden geliebten Brüder Dursun und Durmuş, die ihr den Rücken stärken. Dudu, die zwischen diesen beiden Fronten ihren Weg zu finden versucht, begreift, dass der einzige Ausweg in ihrer Ausbildung besteht. Aus diesem Grund konzentriert sie sich auf die Schule.
Dort ist sie ja äußerst erfolgreich. Sie geht mit ihrem jüngeren Bruder Durmuş in die gleiche Klasse, weil sie mit einem Jahr Verspätung eingeschult wurde. Als später Dursun eine Klasse wiederholen muss, finden die drei in derselben Klasse wieder zusammen. Meistens macht Dudu auch die Hausaufgaben ihrer Brüder. So bleiben die drei weiterhin unzertrennlich. Sie haben denselben Freundeskreis. Sie gehen gemeinsam zur Schule und kehren gemeinsam zurück. In den Pausen spielen sie miteinander.
In ihrer Schule sind die Migranten in der Überzahl. Mit ihren Brüdern

geht Dudu anfangs in eine solche Migrantenklasse. Aber dort kann sie nicht so richtig Deutsch lernen, dabei ist das doch ihr einziger Wunsch. So einfach ist es für sie allerdings nicht, in die deutsche Klasse zu wechseln. Sie muss ein Jahr wiederholen. Sie muss sich viel Mühe geben. Aber egal, schließlich schafft sie es doch. Nachdem sie die Sprache richtig erlernt hat, schießen ihre Noten sehr schnell in die Höhe.

Durmuş und Dursun jedoch haben in der Schule immer mehr Schwierigkeiten. Schließlich macht Dursun eine Ausbildung zum Gießer. Und Durmuş gelingt sein Schulabschluss nur mithilfe von Dudu.

Ein neues Trio

In der Mittelstufe trennen sich die Wege von Dudu, Durmuş und Dursun. Zu der Zeit ist Dursun schon von der Schule abgegangen, und Durmuş ist zwar noch in der Schule, aber beide haben eine Freundin. Ihre Interessen fangen an, sich zu verändern. Trotzdem hält die innige Beziehung der Geschwister an. Außerdem haben sie noch ein gemeinsames Hobby, den Sport. Zwar hat Dudu nicht mehr so recht Lust darauf, aber ihren Brüdern zuliebe geht sie weiterhin zu den Karate- und Boxkursen. Dadurch sind sie weiterhin zusammen, auch wenn es nicht mehr so häufig ist wie früher.

In dieser Zeit wurde schon deutlich, welches von den Kindern künftig was machen würde. Wenn es jemanden in Dudus Familie gab, der seine schulische Ausbildung zu Ende bringen sollte, dann konnte das nur Dudu sein. Seine schlaue Tochter wird dem Vater immer wichtiger. Dudu wird es schaffen, sie muss es schaffen, wenigstens sie muss es schaffen ...

Dudus Lehrer mögen sie sehr gerne und unterstützen sie. Der Direktor der Schule, der auch Dudus Lateinlehrer ist, freut sich sehr darüber, dass Dudus Vater häufig an den Elternabenden teilnimmt und ein reges Interesse an seiner Tochter zeigt. Denn die Eltern der meisten

Migrantenkinder, vor allem die der Mädchen, meiden die Schule so gut sie können. Aus diesem Grund brechen sogar viele begabte Mädchen frühzeitig die Schule ab. Ihr Lehrer sagt Dudu, dass sie ihren Vater schätzen und nicht enttäuschen solle. Aber Dudu weiß das ja auch selbst. Sie ist entschlossen, die Schule nicht aufzugeben. Ihr Vater soll eines Tages sehr stolz auf sie sein.

Unterstützung durch die Lehrer erfährt Dudu vor allem gegen die Ausländerfeindlichkeit, die in der Schule herrscht. Einmal passiert etwas Ärgerliches im Chemieunterricht. Ein Mitschüler erzählt in der Klasse, wie ihn einige krumme Typen belästigt haben. „Klar, das waren bestimmt diese dreckigen Türken!" schreien seine Freunde daraufhin. Danach schauen sie zu Dudu hinüber und lachen. Dudu packt ihre Tasche, rennt hinaus und schlägt die Tür mit einem Knall hinter sich zu. Von dieser Geschichte hört sogar der Direktor, der sofort eingreift und die Schüler ermahnt, solche Hetzereien künftig zu unterlassen. Sowohl der Chemielehrer als auch der Direktor greifen hart und bestimmt durch. Die betreffenden Schüler entschuldigen sich bei Dudu und es gibt auch nie wieder eine ähnliche Situation.

Eigentlich gibt es in der Klasse fortwährend eine versteckte Ausländerfeindlichkeit, die durch die Lehrer unter Kontrolle gehalten wird. Aus diesem Grund hält Dudu Distanz zu ihren deutschen Mitschülern. In ihrer Klasse gibt es kleine und große Gruppierungen. Dudu bildet mit zwei Mädchen aus ihrer Klasse, Ayla und Claudia, eine Gruppe. Mit der Zeit entwickelt sich zwischen den drei Mädchen eine unglaublich gute Freundschaft. Sie lernen gemeinsam, reden über ihre Probleme, quatschen über dies und jenes. Sie teilen einfach alles miteinander: ihre Freude, ihr Glück, ihr Leid. Im Winter treffen sie sich im Jugendtreff und spielen Domino, Mensch ärgere Dich nicht oder Monopoly, im Sommer legen sie zusammen und teilen sich eine Waffel mit Eis. So kann Dudu das glückliche Miteinander, das sie in ihrer Kindheit mit ihren Brüdern hatte, auch als Teenager mit ihren Freundinnen erleben.

Die Deutschen interessieren sich nicht sonderlich dafür, dass Claudia

Tag und Nacht mit zwei Türkinnen zusammen ist. Vielleicht verachten sie sie, weil sie sehr arm ist und immer dieselbe Jacke trägt, die vom vielen Waschen schon eingegangen ist. Aber die Türken, die in der Schule ebenfalls ihre eigenen Grüppchen bilden, rümpfen die Nase, wenn sie die Mädchen gemeinsam sehen: „Was sucht dieses deutsche Weib bei den türkischen Mädchen!"

Die Mädchen beachten solche Kommentare überhaupt nicht. Es ist doch wohl ihre Entscheidung, mit wem sie befreundet sind und mit wem nicht.

Claudias Familie ist tatsächlich sehr arm. Ihr Vater, der Busfahrer war, ist ein Nichtsnutz, der seine Familie verlassen hat, hier und dort schwarz arbeitet und der Familie keinen Cent zahlt. Und ihre Mutter versucht mit dem bisschen Geld von der Sozialhilfe für die Familie zu sorgen. Genau wie Dudu lebt Claudia in einer kleinen Wohnung und teilt sich ein Zimmer mit ihren Geschwistern. Doch fehlen ihr Liebe und Wärme. Claudia besucht Dudu sehr häufig und manchmal übernachtet sie auch dort. Aber Dudu darf Claudia nicht zu Hause besuchen. Die einzige deutsche Freundin, die Dudu bedenkenlos zu sich nach Hause einladen kann, ist Claudia.

Aylas Familie ist auch eine sehr große Familie. Sie hat sieben Geschwister. Ayla muss sich auch ein Zimmer mit ihren Geschwistern teilen. Die Probleme der drei Freundinnen ähneln sich so stark! Sie sind sozusagen Leidensgenossinnen. Mit der Zeit entwickelt sich eine liebevolle Solidarität zwischen ihnen. Sie teilen alle ihre Geheimnisse miteinander.

Mit sechzehn zieht Claudia für eine Weile aus ihrem Elternhaus aus und lebt mit einem sehr viel älteren Mann zusammen. Der Mann ist aber verheiratet und hat außerdem auch noch zwei Kinder. Ihre Freundinnen können es sich nicht ganz erklären, warum Claudia mit diesem Mann zusammen ist. Wer weiß, vielleicht ist Claudias einziger Wunsch, aus ihrem lieblosen Umfeld herauszukommen. Aber als dieser Mann einige Zeit später anfängt, Claudia ebenfalls zu betrügen, kehrt sie betreten nach Hause zurück. Ihre Mutter ist so sehr mit ihren eigenen Problemen beschäftigt, dass sie noch nicht einmal wahrgenommen hat, dass Claudia eine Weile nicht da war. Vielleicht war es ihr ja nur recht, dass sie ein Kind weniger zu versorgen hatte.

Ayla ist einem ihrer entfernten Verwandten in der Türkei versprochen. Ihr Verlobter kontrolliert sie von morgens bis abends über ihr Handy: „Bist du zu Hause?", „Wo bist du? Sag mir die Wahrheit!", „Wenn du mich anlügst, ...", „Wer ist bei dir? Was machst du?", „Ich rufe gleich deinen Vater an!"

Schließlich bedrückt diese Beziehung Ayla so sehr, dass sie nicht nur viele Pickel im Gesicht kriegt, sondern auch ihre wunderschön glänzenden, kastanienbraunen Haare ausfallen. Ihre Freundinnen sagen ihr, dass diese Beziehung so nicht weitergehen kann. Sie versuchen Ayla zu ermutigen, den Verlobten rechtzeitig aufzugeben. Wenn dieser Mann sich schon so benimmt, während er Tausende von Kilometern entfernt ist, wie wird er erst sein, wenn sie geheiratet haben und zusammen leben? Das geht doch nicht!

Konflikte innerhalb der Familie

In Dudus letztem Schuljahr erlaubt ihr Vater, dass sie auszieht und alleine lebt. Das ist ein unglaubliches Privileg, das sonst keiner Migrantentochter gewährt wird.

Dudus Vater will seine Lieblingstochter vor den immer schwerer werdenden Konflikten in der Familie beschützen. Dudu soll lernen, studieren, ihren eigenen Weg finden ... Und dafür braucht sie einfach einen Ort, an dem sie ihre Ruhe hat und ungestört lernen kann. Die Familie besitzt ein kleines Ein-Zimmer-Appartement in der Nähe der Schule. Diese Wohnung bekommt Dudu vorerst. Damit sie sich dort einrichten kann, wie sie es möchte, hilft der Vater ihr, so gut er kann.

Die Hauptursache der Konflikte innerhalb der Familie sind die Traditionen. Dursun hat seit längerer Zeit eine deutsche Freundin. Dudu kennt das nette und sympathische Mädchen. Sie freut sich darüber, dass ihr Bruder eine Freundin gefunden hat, mit der er sich gut versteht. Als seine Freundin schwanger wird, will Dursun sie auch sofort heiraten. Aber dagegen stellt sich die ganze Familie, vor allem die Mutter. „Wie? Soll mein Sohn etwa eine Ungläubige zur Frau haben?" Nee, nee, sie muss es irgendwie schaffen, Dursun aus den Krallen dieser Deutschen zu retten.

Die Mutter schwört auf den Koran, dass so eine Ehe nie und nimmer in Frage kommt.. Sie versucht alles, um Dursun von seinen Heiratsplänen abzubringen. Sie betet für ihn und lässt über seinem Kopf Blei gießen, damit die bösen Geister endlich verschwinden, aber alles ist umsonst. Dursun hat es sich offenbar in den Kopf gesetzt, eine deutsche Braut in dieses Haus zu bringen.

Der Vater widersetzt sich Dursuns Wunsch zwar nicht so stark wie die Mutter, aber auch er hätte es lieber, wenn sein Sohn ein anständiges türkisches Mädchen heiraten würde.

Jedenfalls willigt die Familie nicht in die Heirat mit einer Deutschen ein. Dursun redet tagelang, wochenlang weder mit seiner Mutter noch mit seinem Vater. Sie kriegen keinen Ton aus ihm heraus. Aber die Familie lässt sich nicht erweichen. Daraufhin zieht Dursun mit seiner Freundin weg. Eine Zeit lang halten sie sich hier und dort in billigen Hotels auf. Sie haben ja kein Geld. Sie suchen nach Arbeit. Dursun ist bereit, jede Arbeit anzunehmen. Aber er findet keine. Also kehren sie niedergeschlagen zurück.

Nachdem in der Familie sehr lange das Verhältnis zu Dursun unvermindert angespannt geblieben ist, kann er dem Zetern seiner Mutter und dem Druck von Kurban Ali nicht mehr standhalten und trennt sich von seiner deutschen Freundin. Danach willigt er in die Heirat mit einem Mädchen ein, dass seine Mutter in ihrem Heimatdorf gefunden hat. Damit begeht er den größten Fehler seines bisherigen Lebens.

Die Exportbraut

Eigentlich war die Suche der Mutter nach einer geeigneten Ehefrau für Dursun so einfach nicht, weil ihrem Sohn keineswegs jedes Mädchen gefällt. Aber Allahs Weg ist ja so voller Wunder und Reichtum. So findet sie nach langer Sucherei in der gesamten Verwandtschaft im Dorf genau das treffende Mädchen. Bildhübsch und jungfräulich, obendrein häuslich und geschickt, dorfbekannt ist, welch leckeren Börek sie zubereiten kann. Und unser Dursun liebt doch Börek so sehr. Die Mutter setzt es sich in den Kopf, dieses Mädchen als Braut für ihren Sohn zu bekommen.

Aber dieses Mal, ziert sich die Familie des Mädchens. Sie will ihre einzige Tochter nicht so einfach hergeben. Was soll die Arme denn ganz alleine, ohne ihre Eltern in der Fremde? Zumal dort Glaube und Moral verloren seien, die Menschen halbnackt auf der Straße herumlaufen und unverhohlen miteinander herummachen sollen.

Ach geh, ist denn so etwas möglich? Die Braut bleibt in Deutschland doch nicht alleine, sie kommt ja zu ihrer lieben Schwiegermutter. Selbstverständlich wird diese sie auf Schritt und Tritt überwachen und sie auch niemals alleine auf die Straße lassen. Sie wird sie auch nicht einen Augenblick aus den Augen lassen, sie hegen und pflegen wie ihre eigene Tochter und wird außerdem alles tun, damit die Kinder sich gut vertragen.

Um die Familienmitglieder des Mädchens zu überzeugen, muss die Mutter ihnen immer wieder gut zureden. Auf der einen Seite zählt sie lang und breit die Vorzüge Deutschlands auf, stellt heraus, wie gut es der Schwiegertochter dort gehen werde, auf der anderen Seite lobt sie ihren Sohn in den Himmel. Es hört sich so an, als wäre Deutschland ein goldenes Märchenland und Dursun, der Märchenprinz schlechthin.

Nach zähem Aushandeln eines hohen Brautpreises willigt die Familie schließlich in die Heirat ihrer Tochter ein. Hoffentlich wird die Tochter glücklich, der Rest liegt schließlich in der Hand des großen Allah. Das Mädchen sieht zwar nicht besonders freudig aus, aber das gehört sich doch so, ziert sich denn nicht jedes Mädchen vor der Ehe? Wenn sie erst einmal verheiratet ist, wird sie sich schon an ihren Ehemann und auch an Deutschland gewöhnen.

Nachdem die Mutter sich mit der Familie des Mädchens geeinigt hat, bringt sie die künftige Schwiegertochter zuerst nach Izmir, wo sie sie funkelnagelneu einkleidet und ihr dazu auch noch ein prachtvolles Brautkleid kauft. Das Brautkleid scheint dem Mädchen wohl zu gefallen, denn sein Gesicht erhellt sich etwas, es sieht nicht mehr so weinerlich aus. Die Trauung bewirkt Wunder heißt es, deswegen ist sich die Mutter sicher, dass alles gut wird. Nachdem sie die für die Hochzeit erforderlichen Vorbereitungen getroffen haben, fliegen sie gemeinsam nach Deutschland.

Aber Dursun ist in diesem fremden Land wohl außer Rand und Band geraten. Da rümpft er doch tatsächlich die Nase, als er das Mädchen, das ihm seine Mutter mit so viel Mühe ausgesucht hat, zum ersten Mal erblickt! Und die Braut? Na ja, ihr soll nichts Falsches unterstellt werden, aber, wer weiß, vielleicht gehörte ihr Herz längst einem anderen, denn, auch wenn sie sich das nicht sofort anmerken lässt, ihr gefällt ihr Zukünftiger ebenfalls überhaupt nicht. Was, soll das etwa der in den Himmel gepriesene Märchenprinz sein, diese Bohnenstange mit der spitzen Nase und dem dürren Gesicht? Und was soll man nun zu dieser dunklen, kalten, abgeschiedenen, verwahrlosten Gegend sagen, von der man ihr immer wie vom Paradies vorgeschwärmt hat: Deutschland hier und Deutschland dort? Die junge Braut friert morgens und abends. Ach, wie schwer ist es, diese beißende Kälte in Deutschland auszuhalten! Der aus der nahen Eisen- und Stahlfabrik in den Himmel steigende Rauch, stinkende Abgase, bleifarbener Himmel, verregnete und neblige Straßen und die riesigen Betonhäuser im schmutzigen Einheitsgrau erdrücken sie erst recht. Und auch noch diese vielen türkischen Läden – ein verkommenes anatolisches Dorf mitten in Europa! In der Heimat gibt es wenigstens nicht diesen dreckigen Fabrikrauch.

Sie vermisst ihr sonniges Dorf, den blauen Himmel, ihr Dorfhaus, das ihr Vater aus Lehmziegeln eigenhändig gebaut hat, den glänzenden und bei Regen ansteigenden Bach in der Nähe ihres Hauses, in dem die Kinder immer laut spielen. Ihre Augen sind ständig geschwollen vom vielen Weinen.

Die Mutter versteht schon, dass Deutschland der Schwiegertochter

nicht gefällt, aber dass die Kinder keinen Gefallen aneinander finden, findet sie sehr ärgerlich. Was ist das für eine Undankbarkeit, denkt sie, aber sie sagt nichts. Lasst uns mal die Hochzeit machen, danach liegt alles bei Allah ... Wenn die junge Braut dann ihren eigenen Haushalt führt, wird sie sich an Deutschland und Dursun gewöhnen und Dursun wird es ihr gut gehen lassen.
Aber da hat die Mutter die Rechnung ohne den Wirt gemacht. Kaum haben die jungen Leute geheiratet, da lassen sie sich auch schon scheiden. Die hohe Mitgift, die ganzen Ausgaben für die Hochzeit – alles umsonst! Die Ehe hält nicht einmal ganze fünf Monate. Die Familie mischt sich ein. Sie reden sowohl mit dem Jungen, als auch mit dem Mädchen. Die Ehe sei doch kein Kinderspiel, natürlich gibt es anfangs Schwierigkeiten. Sie sollen nur abwarten und ein Kind kriegen. Wenn sie dann einen gesunden Enkel auf die Welt gebracht haben, dann wird sich alles schon einrenken. Die Mutter versucht, soweit sie kann, die beiden zu überzeugen. Sie erzählt von sich, von dem was sie alles erleiden musste, was sie alles erlebt hat. Aber wer hört ihr schon zu!
Schließlich packt die junge Braut ihr Hab und Gut zusammen und kehrt tränenüberströmt in ihr Dorf zurück. Auch die Mutter weint. Sie beklagt das Schicksal, das sie mit so einem Sohn wie Dursun bestraft hatte. Ach, warum musste sie das alles erleben!
Die Nachbarn, Allah sei ihnen gnädig, versuchen, der Mutter zu helfen. Was soll man machen? Das Mädchen war eben nicht gut genug. Es ist aber auch wirklich schade um den Jungen. Aber, macht nichts, er ist doch ein starker junger Mann, er wird sicherlich eine Bessere finden. Das sagen sie zwar, aber wer weiß, was sie hinter ihrem Rücken erzählen. Die Mutter kennt sie doch! Gerade der Gedanke an die Nachbarn bringt sie in immer größere Depressionen.
Seitdem Dursun sich von seiner Frau getrennt hat, schweigt er. Es ist, als ob er in ein ausweglloses Loch gefallen ist. Er redet mit niemandem, er trifft sich mit niemandem, er möchte niemanden sehen. Dann gerät er in eine tiefe Krise. Sein Leben ist völlig entgleist. Er ist einsam und unglücklich. Er denkt immerzu an seine deutsche Freundin, die er

sitzen gelassen hat. Er möchte zu ihr zurück. Aber das ist nicht möglich. Das Kind von ihm hat sie damals gegen ihren Willen abtreiben lassen. Jetzt möchte sie von ihm nichts mehr wissen.

Die Mutter und ihre Söhne

Dudu ist erschüttert von der Krise, die die Familie mit Dursun erlebt. Der Fehler, den Dursun begangen hat, ist für sie wie eine deutliche Warnung. Sie darf nicht denselben Fehler machen. Aus diesem Grund erfährt außer Dursun und Durmuş anfangs keiner aus Dudus Familie etwas von ihrer Beziehung zu Markus. So wie es in ihrer Kindheit immer gewesen war, wenn es irgendwelche Probleme gab, halten die Geschwister jetzt wieder fest zusammen. Selbstverständlich hat Dursun, der selbst sehr viel erleiden musste, das größte Verständnis für seine jüngere Schwester. Was er nicht geschafft hat, das muss Dudu doch schaffen. Sie muss ihr Leben selbst bestimmen können, ohne dass jemand Druck auf sie ausübt.
Heute hat Dursun eine neue Freundin, die auch aus einer Migrantenfamilie kommt. Sie leben zusammen und haben ein gemeinsames Kind, das zuckersüß ist. Aber aus Trotz gegenüber der Familie will Dursun seine Freundin nicht heiraten, obwohl sie ein Kind haben. Aus diesem Grund wird diese Beziehung von seiner Familie, vor allem von seiner Mutter, nicht akzeptiert. Das aber ist Dursun vollkommen egal. Die Familie hängt ihm zum Hals heraus. Sie ist es doch gewesen, die ihn zu einer unglücklichen Ehe gezwungen und sein Leben ruiniert hat. Seine Scheidung, die Krise die er durchlebt hat, das alles nimmt die Familie ohne schlechtes Gewissen hin, als hätte all das nichts mit ihnen zu tun. Ja, sie beschuldigen ihn sogar: Wie er darauf gekommen sei, mit einem deutschen Mädchen zusammenzuleben? Wieso verschmäht er die Ehe mit diesem fabelhaften Mädchen aus der Heimat, das die Mutter eigenhändig für ihn ausgesucht hat? Ist es nicht der Gipfel der Unverfrorenheit, die Opfer, die die Familie für ihn bringt, nicht einmal wahrzunehmen? Man denke nur an das viele Geld für den Brautpreis!

Und hinzu komme jetzt auch noch sein skandalöses neues Leben, als wolle er sich an der Familie rächen. Was er für eine Schmach über die Familie gebracht hat! Das was sich dieser Dursun leistet, grenzt wirklich an einen Skandal.
Für die Familie scheint es Dursun als Menschen gar nicht zu geben. Dursuns Eltern wissen nicht mal, was er alles durchlebt und gelitten hat. Was zählt sind nur die Kriterien der eigenen Wertegemeinschaft. Dabei hat von alldem nicht nur Dursun schweren Schaden, sondern auch Andere. Seine deutsche Freundin, die er im Stich gelassen hat, die Frau, die mit ihm zwangsverheiratet wurde. Hier geht es um das Unglück mehrerer Menschen. Aber wen interessiert das schon?
Dursun fühlt sich tief verletzt. Erst als sein Kind auf die Welt kommt, verbessert sich das Verhältnis zu seiner Familie ein wenig.
Und Durmuş? Er lebt weiterhin bei der Familie, weil er noch kein eigenes Einkommen hat. Über das Internet hat er ein Mädchen aus dem Migrantenmilieu kennengelernt, das in der Verkaufsabteilung eines Büros arbeitet. Er hat sich in sie verliebt, sowie er sie am Bildschirm gesehen hat. So haben sie angefangen, sich zu treffen.
Auch die Mutter hat sie am Bildschirm gesehen und sie hat ihr auch gut gefallen, aber trotzdem missfällt es ihr, dass Durmuş sich ab und zu mit diesem Mädchen trifft. Sie findet sie ja durchaus hübsch, aber sie weiß doch gar nichts über sie. Aus was für einer Familie kommt sie? Hat sie Geld? Ein anständiges Mädchen chattet doch nicht und trifft sich dann auch noch mit fremden Männern. Offensichtlich stimmt etwas mit diesem Mädchen nicht. Was ist, wenn Durmuş sich es jetzt auch noch in den Kopf setzt, dieses Mädchen zu heiraten? Am besten, findet sie auch für ihn ein reines, anständiges Mädchen aus der Heimat.
Aber als Durmuş davon hört, tobt er vor Wut! Reicht es denn nicht, dass sie mit ihrem Familienhammer Dursun fertig gemacht haben, wollen sie sein Leben jetzt auch noch kaputt machen?
Ach dieser Mann! Ihr Mann ist doch an allem Schuld! Wären sie je in dieser Situation, wenn er diese Jungs nicht so verwöhnt hätte? Keiner kann ihrem prachtvollen allerliebsten Sohn Kurban Ali auch das

Wasser reichen. Der ist doch wirklich kein Weichei wie die anderen. Ohne auch nur einen Mucks von sich zu geben, hat er genau die Frau geheiratet, die seine Mutter ihm ausgesucht hat. Und zwei kerngesunde Söhne hat er auch noch. Wie glücklich er jetzt doch ist! Auf Kurban Ali kann sie wirklich stolz sein.

Glückseligkeit und Traurigkeit

Als Dudu ihrer Familie schließlich mitteilt, dass sie Markus heiraten möchte, ist vor allem ihr Vater überrascht. In den letzten Jahren hatte sich zwischen Vater und Tochter zunehmend eine Freundschaft entwickelt. Der Vater sah in Dudu immer häufiger eine Vertraute, der er von seinen Sorgen um die Geschwister erzählen konnte. Die Beziehungen von Dursun und Durmuş und dass sie es nicht schaffen, eine glückliche Ehe einzugehen, stimmten vor allem ihn sehr traurig. Dudu sagte er immer wieder, dass sie bedenkenlos mit ihm darüber reden kann, wenn sie jemanden findet, der ihr gefällt und den sie mag, und versicherte ihr seine volle Unterstützung. Wo sie jetzt doch eine so liebe- und vertrauensvolle Beziehung zueinander haben, begreift er es überhaupt nicht, wie und wieso auf einmal dieser Markus auftaucht.
Dudu wiederum kann ihrem Vater einfach nicht erzählen, dass sie Markus schon seit Jahren kennt und ihn sehr liebt. Ist es Angst? Wahrscheinlich schon, weil sie ständig das Beispiel von Dursun vor Augen hat. Aber da gibt es noch etwas, was Dudu daran hindert, offen mit ihrem Vater zu reden: Alles was ihr Vater will, ist dass Dudu einen anständigen Beruf hat und auf ihren eigenen Beinen steht, ohne von jemandem abhängig zu sein. Und dass sie, wenn sie es dann möchte, auch heiratet. Aber zuerst muss sie einen Beruf haben. Doch kommt es nun mal alles anders als man denkt. Dudu und Markus sind beide noch Studenten, aber sie möchten trotzdem schon heiraten.
Als alles herauskommt, würde ihr Vater Dudus Heirat mit Markus vielleicht noch zustimmen, aber die Mutter und Kurban Ali stellen sich quer. Sie sitzen dem Vater im Nacken und lassen ihn gar nicht zu Wort

kommen. Die Mutter mit ihrem Ununterbrochen-auf-Dudu-herum-Hacken hängt ihr alles Mögliche an. Noch schlimmer ist natürlich Kurban Alis Wortdrescherei.

Er wirft Dudu vor, ungläubig und gottlos zu sein. Sie würde den Stolz der Familie nicht nur mit ihren Füßen treten, sondern obendrein noch mit ihren Schmutzfüssen darauf trampeln. Nun, das war ja zu erwarten. Wer Mädchen nicht überwacht, muss dafür bitter zahlen.

All das bedrückt Dudu sehr, aber eigentlich ist Ali ihr völlig schuppe. Sie wird ihr Leben doch nicht nach seinen Worten ausrichten. Aber sie hat Mitleid mit seiner Frau Gülbeyaz, der Kurban Ali jetzt auch jeglichen Kontakt mit seiner abartigen Schwester verbietet.

In Dudus Augen ist Gülbeyaz ein wahrer Engel. Es ist alles andere als einfach, so ein Magengeschwür wie Kurban Ali auszuhalten. Die ganze Familie mag Gülbeyaz, sie wird auf Händen getragen. Auch ihre Beziehung zur Schwiegermutter ist perfekt, weil diese ja Gülbeyaz als vollwertiges Familienmitglied akzeptiert hat. Wenn Kurban Ali irgendetwas falsch macht, schlägt sich die Mutter sofort auf die Seite ihrer Schwiegertochter. Vielleicht liegt diese Solidarität daran, daran, dass auch Gülbeyaz aus der Türkei kommt und dass somit die Schwiegermutter nachvollziehen kann, wie es einer Frau in einer fremden Gesellschaft ergehen kann.

Gülbeyaz gilt in der Familie als gebildet und kultiviert. Sie hat in der Türkei eine Imamschule besucht, trägt ein Kopftuch, und bodenlange Mäntel und ist eine anständige, fromme Frau. Sie ist intelligent, talentiert und sympathisch. Eigentlich verdient Kurban Ali so jemanden wie sie gar nicht.

Als Dudu alles in Kauf nimmt und ihrer Familie den Rücken kehrt, sagt ihr ein Gefühl, dass ihr Vater am Ende dieser Hochzeit zustimmen wird. Ihr Vater, der sie so sehr liebt und ihr so sehr vertraut, wird sie doch wohl nicht im Stich lassen. Mit der Unterstützung von Dursun und Durmuş beginnen die Hochzeitsvorbereitungen. Auch Dudus Onkel in Holland unterstützt diese Hochzeit. Er selbst hat einen Sohn, der mit einer Holländerin zusammen lebt. Sie haben sogar ein gemeinsames Kind. Während der Hochzeitsvorbereitungen ist Dudu emotional durcheinander, sie ist glücklich und traurig zugleich.

Vielleicht trifft sie die Offenheit, die Markus' Familie ihr gegenüber zeigt, am meisten. Zwar hatte auch Markus Familie am Anfang bei dieser Heirat etwas Bedenken. Vor allem Markus' Mutter ist sehr religiös und wünscht sich eine kirchliche Trauung und dass Dudu zum Christentum konvertiert.

Aber als Dudu sie fragt „Wenn meine Familie, darauf bestehen würde, dass wir durch einen Imam getraut werden, und Markus Moslem werde, würden Sie das akzeptieren?", sieht Markus' Mutter ein, dass es sinnlos ist, an der kirchlichen Trauung festzuhalten.

Eigentlich stellt es für Dudu kein Problem dar, in der Kirche zu heiraten. Wie verschieden die beiden Religionen auch sein mögen, glauben die Muslime und die Christen letzten Endes nicht an denselben Gott? Doch hat sie zu Recht Angst vor der Reaktion ihrer Familie. Schließlich hat sie ihre Familie doch schon genug enttäuscht. Wozu das Feuer noch mehr schüren?

Dudu beeindruckt es sehr, wie offen Markus mit seiner Familie reden kann. Auch wenn sie nicht derselben Meinung sind, respektieren sie sich immer gegenseitig. Als Markus erklärt, dass er Dudu heiraten will, stellt sich niemand gegen ihn oder versucht ihn gar davon abzubringen. Dabei weiß Dudu, dass diese Entscheidung für die Familie alles andere als leicht hinzunehmen ist. Wie sehr wünschte sie sich eine ähnlich offene und tolerante Haltung von der Seite ihrer Familie, vor allem ihrer Mutter.

Dudu fällt ein Stein vom Herzen, als ihre Eltern beschließen, zu ihrer Hochzeit zu kommen, obwohl sie gegen diese Heirat sind. Außerdem ruft auch ihre Schwester Ünzüle, die schon vor langer Zeit verheiratet wurde, aus der Türkei an und gratuliert ihr herzlichst.

Somit rufen sämtliche Verwandte und Bekannte außer Kurban Ali entweder Dudu an oder kommen zur Hochzeit. Doch wen interessiert Ali schon, Dudu hat ihn längst aufgegeben. Kurban Alis Gehabe reichen ihr mittlerweile. Aber es macht sie traurig, dass er seiner Frau nicht erlaubt, zur Hochzeit zu gehen. Gülbeyaz verabschiedet Dudu aus dem Haus ihrer Mutter, küsst sie auf die Wangen und wünscht ihr Glück.

Alle Nachbarn reden darüber, dass Dudu einen Deutschen heiratet. Wer ist denn dieser Markus? Was macht er? Woher kommt seine Familie? Wer ist seine Mutter, wer sein Vater? Wo hat ihn dieses Mädchen bloß aufgegabelt? Ob er wohl beschnitten ist? Ob er denn Moslem werden wird? Hat er Geld? Werden ihre Kinder jetzt Deutsche? Aber Dudu ist die Gerüchteküche egal. Es interessiert sie nicht, wer was sagt oder denkt. Ihr Leben und ihr Glück sind ihr wichtig. Und da hat keiner, aber auch wirklich keiner das Recht, sich einzumischen.

Dudus Haus

Heute leben Dudu und Markus in einer kleinen Zweizimmerwohnung. Sie ist sehr glücklich. Markus ist ein respektvoller, geduldiger und verständnisvoller Mensch, eben einzigartig. Er lässt ihr in jeder Hinsicht ihre Freiheiten. In manchen Beziehungen mischen sich die Partner sogar in die Kleidungswahl des anderen ein. So etwas hat Dudu bei ihm noch nie in ihrem Leben erlebt.

Markus hat eine feste Einstellung zur Geschlechterdiskriminierung. Er ist der Meinung, dass die Vorstellung, die Frau habe sich nur um die Hausarbeit und die Kinder zu kümmern, völlig falsch sei. Alles müsse geteilt werden. Vor allem wenn auch die Frau arbeitet, müsse alle Verantwortung von der Hausarbeit bis zur Erziehung der Kinder untereinander aufgeteilt werden. Weil er die klassische Rollenverteilung zwischen Mann und Frau seltsam findet, hat er auch seine feste Meinung zur patriarchalischen Familienstruktur türkischer Familien. Warum soll der Platz einer Frau in der Küche sein? Oder warum soll der Mann keinen einzigen Finger rühren, wenn die Frau sich um den Haushalt kümmert? Als er einmal Dudu auf die Hochzeit von ihren Verwandten begleitet hat, habe es ihn sehr gewundert, dass die Männer und Frauen getrennt voneinander sitzen.

In ihrer eigenen Wohnung teilen sie die Aufgaben gerecht untereinander auf. Wenn einer kocht, räumt der andere auf. Dursun und Durmuş sind mit ihren Freundinnen häufig zu Gast. Dann kochen sie gemeinsam leckere Gerichte, zum Beispiel verschiedene Mezes, also türkische Vorspeisen, Börek und Mantı, eine Art von türkischer Ravioli mit Yoghurtsoße und Knoblauch, und natürlich auch allerlei leckere türkische Nachspeisen. Die türkische Küche begeistert Markus.
Aber ihre Mutter ... Während sie von ihrer Mutter spricht, füllen sich Dudus Augen mit Tränen. Ihre Mutter hat Dudus Wohnung noch nicht einmal betreten. Sie weiß nicht, wie Dudu ihre Wohnung eingerichtet hat.
„Sie sieht meine Wohnung als die Wohnung einer Deutschen, einer Fremden an", sagt Dudu traurig. „Sie denkt, wenn sie zu mir zum Essen kommt, dann setze ich ihr Schweinefleisch vor, können Sie das glauben? Sie denkt ja auch, sie rieche Schwein, nur wenn sie einen Deutschen sieht. Das Schlimme daran ist, dass sie mit ihrem sinnlosen Gerede auch meinen Vater beeinflusst."
Auch ihr Vater hat Dudu und Markus noch nicht in ihrer Wohnung besucht. Zurzeit sei er aber in der Türkei, und sowie er wieder zurück ist, komme er vorbei. Er habe es sogar schon versprochen. Dudu weiß, dass ihr Vater kommen wird.
Als Dudu unter Tränen von ihren Eltern erzählt, sehe ich, dass die Wunden, die diese Heirat der Familie zugefügt hat, noch nicht verheilt sind. Klar, die Hochzeit wurde ausgerichtet, die Ehe akzeptiert, aber eben nur oberflächlich. Es gibt eine sehr tiefe Wunde, die noch blutet. Aber auch das wird vorübergehen.
In dieser schwierigen Zeit ist Markus Dudu eine große Stütze. Sie können so vieles miteinander teilen. Sie hören gemeinsam Rockmusik. Fettes Brot, Muse und Athena gehören zu ihren Lieblingsmusikgruppen. Sie schauen sich gemeinsam die Filme von Woody Allen an, lesen Science-Fiction-Romane, machen stundenlange Spaziergänge um dem Krach und der Stadt zu entfliehen, gehen tanzen oder treffen sich mit ihren Freunden und gehen mit ihnen ein Bier

trinken oder ins Kino.

Markus spricht zwar kein Türkisch, aber er lernt es. Mit Dudus Eltern kann er sich sogar ein wenig auf Türkisch unterhalten. Die Türkei kennt er noch nicht, aber sie wollen in kürzester Zeit gemeinsam dahin reisen. Die Verwandten und älteren Schwestern in der Türkei sind sehr neugierig auf Markus. Was Markus an den Türken am meisten gefällt, sind ihre Liebenswürdigkeit, Offenherzigkeit und ihre Art, sich schnell mit anderen anzufreunden.

Tor zu einer neuen Welt

Dudu muss arbeiten, um ihr Studium finanzieren zu können. Sie hat einen Job bei der Paketstelle der Post. Doch der ist sehr anstrengend, weil sie morgens um drei Uhr anfängt und dann bis zehn Uhr arbeitet. Dazu macht sie noch Qualitätssicherung. Sie muss die Qualität von bestimmten Produkten, wie Cremes, Shampoos oder Parfüms kontrollieren und deren Preise bewerten. Das macht sie von zu Hause aus, über das Internet. Dieser Job ist zwar nicht so anstrengend, wie der bei der Post, aber trotzdem ist er sehr zeitraubend.

Mit ihrem Studentendasein ist sie sehr zufrieden. Als sie anfing Türkisch zu studieren, hatte sie gedacht, dass sie Türkisch gut könne. Aber nach Beginn ihres Studiums, merkte sie bald, dass das Türkisch, das sie spricht, „Gettotürkisch" ist. Im muttersprachlichen Unterricht, den sie während ihrer Schulzeit besucht hatte, hatte man den Schülern ausschließlich religiöse Sachen gelehrt oder ihnen religiöse Filme gezeigt. Deswegen hatte sie dort nichts gelernt. Jetzt versucht sie, ihre Lücken zu schließen. Sie möchte eines Tages eine gute Türkischlehrerin werden. Das Unterrichtsfach Türkisch darf nicht den Hodschas überlassen werden: „Wir haben die Aufgabe, den Kinder ihre Muttersprache richtig beizubringen. Wir müssen unsere Arbeit ernst nehmen."

Indem sie die türkische Literatur, das türkische Kino und das türkische Theater kennenlernt, tritt sie Schritt für Schritt in eine für sie bisher

unbekannte Welt. Ihr Türkisch verbessert sich von Tag zu Tag. Ihr anderes Hauptfach ist Pädagogik. Ihr größter Wunsch ist es, eine gut ausgebildete Lehrerin zu werden. „Die praktischen Arbeiten sind für mich am wichtigsten. Wenn ich dann als Lehrerin arbeite, möchte ich schon vorher genügend Wissen und Erfahrungen gesammelt haben. Das sind meine größten Erwartungen an mein Studium."
Dudu misst ihrem Studium einen hohen Wert bei. Sie sagt, sie habe während ihres Studiums gelernt, nicht alles, was sie sieht, zu glauben, Sachverhalte zu hinterfragen und kritisch zu denken. Schließlich sei es die Umwelt eines Menschen, die ihn präge. Die Möglichkeiten, die eine Arbeiterfamilie ihren Kindern bieten kann, seien nun einmal leider begrenzt. Aus diesem Grund glaubt sie, dass vor allem den Kindern aus Arbeiterfamilien durch eine fundierte Ausbildung das Tor zu einer völlig neuen Welt geöffnet werden könne. Weil die Kinder von Migrantenfamilien so fest in den Fängen der Traditionen sind, möchte Dudu ihnen helfen, so gut sie kann. Sie hatte ihren Vater und ihre zwei Brüder, die es nicht zuließen, dass sie in dem Teufelskreis der Traditionen hängen blieb. Aber sie ist sich sehr wohl bewusst, dass nicht jeder so ein Glück haben kann. Und da Persönlichkeiten sehr früh geformt werden, hofft sie, dass sie als eine gute Lehrerin den Kindern, die unter sehr schwierigen Umständen groß werden, das Tor zu einer neuen Welt öffnen kann.

Selin - Ich will nicht mehr die „andere" sein

Die Trauerweide

Am Rande eines Bachs wuchs eine Reihe von Weiden, die alle zur gleichen Zeit gepflanzt waren. Doch die Äste einer dieser Weiden zeigten nicht wie die der anderen nach oben, sondern hingen nach unten. Um wie die anderen zu sein, versuchte die Weide mit den hängenden Ästen unter großen Anstrengungen ihre Äste nach oben zu richten. Aber egal, was sie auch machte, sie schaffte es einfach nicht. Deswegen fraß sie sich innerlich regelrecht auf. Was sie denn nur hat? Warum ist sie so schwach, dass es ihr einfach nicht gelingt, ihre Äste aufzurichten? Während die anderen von Tag zu Tag ihre Äste immer höher streckten, beugten sich die Äste dieses Baumes immer mehr.

Als die Weide mit den hängenden Ästen nach einer Weile erfuhr, dass sie nicht eine Weide, sondern eine Trauerweide sei, wusste sie nicht, wie ihr geschah. Warum ist sie nicht so wie die anderen? Sie war sehr unglücklich und fühlte sich sehr einsam ... Als sie dann auch noch das Gefühl bekam, dass die Weiden um sie herum von oben auf sie herabsehen und über sie tuscheln, wurde sie erst recht traurig. Niemand schien sie zu mögen.

Aber an einem sehr heißen Tag im Sommer, suchten die Kinder, die im Park gespielt hatten und müde wurden, unter den hängenden Ästen der Trauerweide Schutz vor der gleißenden Sonne. Wie schön und kühl es unter dem Schatten der Äste doch ist! Die Trauerweide war mit einem Mal ganz aufgeregt, als sie die Stimmen der Kinder unter ihren Ästen hörte. Es gab also doch jemanden, der sie mochte. Sie hörte dem Lachen und den fröhlichen Stimmen der Kinder zu und freute sich immer mehr daran.

Seit diesem Tag haben viele Menschen, ob groß oder klein, die Trauerweide besucht. Manche hielten ein Nickerchen in ihrem Schatten, andere machten ein leckeres Picknick. Manche suchten sich einfach eine stille Ecke und lasen in einem Buch oder versanken in ihren Träumen. Die Trauerweide erfreute sich sehr an ihren Besuchern. Vor allem wenn die lebenslustigen Kinder zum Spielen vorbeikamen, sich an ihre Äste hängten und mit ihnen schaukelten, freute es sie sehr. Ihre hängenden Äste sind ja so schön und so stark! Und je mehr Kinder sich an sie hängen, umso schöner werden sie. Im Frühling und im Sommer ging es nun bei der Trauerweide zu, wie in einem Vergnügungspark. Jetzt waren die Weiden, die sich vorher über die hängenden Äste der Trauerweide lustig gemacht hatten, diejenigen, die neidisch wurden.

Dieses Märchen, das Selin bei einem Workshop über autobiografisches Schreiben vorlas, hatte alle begeistert. Der Gedanke, es nicht als Mangel, sondern als Bereicherung wahrzunehmen, dass man anders ist Dies ist der Traum vieler junger Deutscher mit Migrationshintergrund. Die meisten von ihnen nehmen nämlich ihre Bilingualität und ihre Bikulturalität als einen Defekt wahr. Sie haben zwar vielfach die deutsche Staatsangehörigkeit, aber sie werden dennoch als Außenseiter angesehen.

Man nennt diesen Baum Trauerweide, weil die Äste nach unten hängen und dies mit Traurigkeit assoziiert wird. Das macht die Besonderheit dieses Baumes aus, der oft einzeln dasteht: Er symbolisiert also Traurigkeit und Einsamkeit... Das Bild der Trauerweide, das Selin benutzt hatte, um sich selbst zu beschreiben, wurde jedoch im Zuge einer Gruppenarbeit zu diesem sinnigen Märchen ausgebaut und ins Positive umgewandelt.

Wenn ich die nette, hübsche und zierliche Selin nicht kennen würde, könnte ich sie für eine ganz und gar „untürkische" Deutsche halten. Das hat nicht nur mit ihrem Aussehen, ihren kurzen dunkelblonden Haaren, ihren hellen grünbraunen Augen, und ihrer blassen Gesichtsfarbe zu tun, sondern auch mit ihrer ganzen Persönlichkeit. Im Gegensatz zu vielen anderen jungen Menschen mit Migrationshintergrund ist sie eher still und nicht sehr offen. Man könnte sie fast als kalt beschreiben. Immer ist da eine respektvolle Distanz zwischen ihr und den anderen Menschen zu spüren.

Obwohl ich sie seit Jahren kenne, herrscht auch zwischen uns eine große Distanz, besser gesagt: eine Art von Steifheit. Vielleicht wurde aus diesem Grund meine biographische Arbeit mit ihr ganz anders als die Arbeit mit den anderen. Während der Interviews erzählte Selin so gut wie nie von sich selbst, von ihren Gefühlen oder von ihren persönlichen Erlebnissen. Das ging so weit, dass es mir vorkam, als verschwänden die Anhaltspunkte zu ihrer Persönlichkeit hinter einem mysteriösen Nebelvorhang. Farben, Bilder und Laute wurden durch abstrakte Worte ersetzt. Der eigentliche Grund, warum ich ihre Lebensgeschichte, besser gesagt ihre Lebenseinstellung in dieses Buch aufnehmen wollte, war unser intellektueller Austausch. Vielleicht jedoch stellt diese unsichtbare Mauer zwischen ihr und den anderen Menschen sowie ihr Herauskehren einer extremen Nüchternheit einen Rückzugsort für sie dar, an dem sie sich sicher fühlt.
„In der Schule hielt mich jeder für eine Deutschstämmige. Einer meiner Lehrer fand erst bei meinem Schulabschluss heraus, dass ich das nicht bin, und war sehr überrascht." Viele deutschen Familien geben ihren Kindern gern exotische Namen, daher ist es tatsächlich denkbar, dass sich dieser Lehrer bei Selin keinen Migrationshintergrund vorgestellt hat, aber merkwürdig bleibt meines Erachtens, dass er, aufgrund von Selins offenbar ganz und gar „deutschem" Aussehen und Verhalten, auch ihren türkischen Familiennamen völlig ignoriert haben muss. Das eigentlich Überraschende ist, dass sich Selin selbst als „die andere" wahrnimmt, obwohl sie wie eine junge deutsche Frau aussieht, sich vermutlich auch so fühlt und es rechtlich ja auch tatsächlich ist.
„Ich war die einzige Türkischstämmige in meiner Klasse, ohne als solche aufzufallen. Daher war mir selber dies noch nicht mal ein Begriff. Ich fühlte mich eben als Deutsche. In der Grundschule, Mittelstufe und Oberstufe war es immer so. Im Gymnasium gehörte ich zwar nicht zu den Populärsten der Klasse, die immer Markenklamotten trugen, aber alle mochten mich. Ich kam sowohl mit den Lehrern auch mit meinen Klassenkameraden sehr gut klar. Eines Tages passierte allerdings etwas, was mich sehr bewegt hat…"

In der Schule machen sich Selins Mitschüler einmal über türkische Arbeiterfrauen lustig, die sie auf dem Markt gesehen hatten. Alle lachen, auch Selin. Eins der Mädchen imitiert diese Frauen, indem sie ein Kopftuch aufsetzt, breit dahintrampelt, grobe Hand- und Armbewegungen macht und wie ein Huhn gackert. Alle lachen sich tot. Aber noch während Selin über diese witzige Szene mitlacht, bekommt sie ganz plötzlich ein sehr seltsames Gefühl, das sie nie zuvor gehabt hatte. Als ob sie nicht eine von ihnen wäre... Dieses Gefühl kommt so überraschend, dass sie nicht weiß, was sie damit anfangen soll. Soll sie dem Gefühl Ausdruck geben und irgendwie reagieren, oder soll sie es ignorieren und weitermachen, als ob nichts wäre? Am liebsten möchte sie einfach weggehen.

Da flüstert eine Freundin, die ihre Verunsicherung bemerkt hat, ihr ins Ohr: „Ignoriere es einfach... Das hat doch überhaupt nichts mit dir zu tun!" Es hat aber in Wahrheit sehr viel mit ihr zu tun, denn Selins eigene Mutter ist ja auch eine Arbeiterfrau. Nicht einmal als sie mir darüber erzählt, erwähnt sie das...

Sie war sich damals noch nicht bewusst, dass dieser kindliche Spaß einen Wendepunkt in ihrem Leben darstellen würde. Einen Wendepunkt, an dem sich ihre Weltanschauung, ihre Lebenseinstellung und sogar ihre Zukunftsplanung drastisch verändern würden. Durch diesen Vorfall stellt sie nämlich fest, dass sie nicht eine Weide, sondern eine Trauerweide ist. Dies ist eine überraschende und gleichzeitig schmerzhafte Erfahrung für sie. Sie fragt das erste Mal in ihrem Leben nach ihren Wurzeln, nach Aspekten ihrer Herkunft, die sie bis dahin erfolgreich verdrängt hat. Da ist sie fünfzehn Jahre alt.

„Vielleicht ist es auf dieses Ereignis zurückzuführen, dass ich Türkisch als Studienfach gewählt habe. Denn ich begann zu fragen: Wer bin ich überhaupt, Deutsche oder Türkin, welches sind meine Wurzeln, was bedeutet es, als Deutsche türkeistämmig zu sein? Was weiß ich denn überhaupt von Türken und Türkei - von meiner Familie und von diesen Arbeiterfrauen abgesehen, über die sich meine Klassenkameraden lustig gemacht haben?"

Während Selin davon spricht, hat sie den überraschten Blick eines Menschen, der von einem seltsamen Traum aufgewacht ist. „So viel und so lange ich mir auch seitdem diese Fragen gestellt habe, ich hätte mir bisher niemals vorstellen können, dass ich eines Tages so offen darüber reden und davon erzählen könnte wie jetzt."

Generationenkonflikt

Selin ist das zweite Kind einer Familie, die aus der Nähe von Denizli in Westanatolien stammt. Ihr Vater war schon als Jugendlicher von vierzehn Jahren mit seinen Eltern im Rahmen der Arbeitsmigration nach Deutschland gekommen. Vielleicht konnte er sich deshalb schneller anpassen als andere, die in späterem Alter immigrierten. Und vielleicht hat das auch dazu beigetragen, dass er und seine Familie offener in die deutsche Gesellschaft hineingewachsen sind als viele andere Migrantenfamilien.

Für Selins Eltern ist es wichtig, dass sich ihre drei Töchter der Gesellschaft anpassen können, in der sie leben und nicht wie die anderen Migrantenkinder auffallen. Sie legen viel Wert darauf, dass die Kinder gute Manieren haben, sich gut ausdrücken können und höflich verhalten. Sie halten gar nichts von Verhaltensweisen wie einen Mischmasch aus Deutsch und Türkisch zu sprechen, Kaugummi zu kauen und als Ballons platzen zu lassen, sich überall einzumischen, laut zu reden, viel billigen Schmuck zu tragen und sich sehr reißerisch anzuziehen.

Selin wird demnach, obwohl sie in einer Arbeiterfamilie aufwächst, mit ihren beiden Schwestern ziemlich wie ein deutsches Mädchen aus einer bürgerlichen Familie aufgezogen. Zur Türkei hat sie kaum eine Beziehung. Wenn sie im Sommer dorthin fährt, fühlt sie sich mit ihren Großeltern überhaupt nicht verbunden. Sie hat auch nicht den Eindruck, dass ihre Großeltern sich aus ihr etwas machen. Es liegen Welten zwischen ihnen. Genauso wie sie Selin praktisch nicht kennen und nicht wissen, wie sie lebt und was sie mag, ist ihre Welt auch Selin fremd. Erinnerungen an ihre Großeltern sind sehr verschwommen. Das liegt vielleicht auch daran, dass es einen riesengroßen Unterschied gibt zwischen dem, was ihr erzählt wurde und dem, was sie selbst beobachtete. Der Großvater wurde z.B. als ein tyrannischer Despot dargestellt. Dabei ist er, so wie sie ihn nur ein bis zwei Mal im Jahr wahrnimmt, ein sehr netter alter Mann, der sich in nichts einmischt.

Selin hängt nur an der Kernfamilie, also an ihren Eltern und an ihren Schwestern. In ihrer Kindheit hat sie kaum Freunde. Sie verbringt ihre ganze Zeit mit ihrer zwei Jahre älterer Schwester. Sie ist für sie wie eine enge Freundin. Ab und zu kommt es dennoch zu einem großen Streit zwischen den beiden. Auch wenn sie sich manchmal schlecht behandeln, ist keine von ihnen nachtragend. Schließlich sind sie doch zwei Schwestern, die sich sehr gern haben.

Die Tatsache, dass Selin in ihrer Klasse die Einzige mit Migrationshintergrund ist, macht ihr zu schaffen. Sie möchte das am liebsten ganz verbergen. Aus diesem Grund muss sie, als sie älter wird, mit den Problemen, die es immer mehr zwischen ihr und ihren Eltern gibt, allein klar kommen. Wie soll sie denn ihren Freunden erklären, dass sie für eine Klassenparty keine Erlaubnis bekommt? Niemand merkt wirklich, wie sehr sie unter diesem Dilemma leidet und alles in sich hinein frisst. Laut ihren Eltern ist es doch ganz selbstverständlich, dass sie sich an die Regeln halten muss, welche sie ihr vorgeben. Aber für ihre Klassenkameraden, die von solchen Regeln nichts ahnen, ist es unmöglich, sich in sie einzufühlen.

Wenn sie jetzt zurückschaut, stellt sie fest, dass dieser Konflikt bei ihr eigentlich nicht so groß war, wie sie ihn damals fühlte. Viele junge Menschen aus dem Migrantenmilieu erleben dieses Problem sehr viel extremer. Ihre Familie ist zwar ein bisschen konservativ, aber doch vergleichsweise modern. Deren triviale Regeln kommen ihr heute mehr oder weniger lächerlich geringfügig vor: Kein Minirock oder keine kurze Hose, kein Schweinefleisch, kein Alkohol, keine Partys - ist denn das alles so wichtig? Trotzdem leidet sie mit vierzehn oder fünfzehn sehr unter diesen Regeln und Verboten.

Der Generationenkonflikt ist bekanntlich in jeder Gesellschaft und Kultur allgegenwärtig. Bei den Migranten-Familien wird er aber noch intensiver erlebt, weil diese sehr oft extrem traditionell denken. Und da Selin diese Tatsache nicht ändern kann, nimmt sie es so hin, wie es ist. Schließlich sind ihre Eltern in einer ganz anderen Umgebung unter völlig anderen Bedingungen groß geworden und haben einen völlig anderen Sozialisierungsprozess erlebt. Da ist es also ganz normal, dass sie andere Wertvorstellungen als Selin haben.
Der Konflikt zwischen der modernen Welt und den Traditionen zeigt sich vor allem in der Geschlechterbehandlung. Die traditionelle türkische Einstellung ist ausgesprochen ungerecht. Während es zum Beispiel vollkommen selbstverständlich ist, sogar gern gesehen wird, dass ein Junge eine Freundin hat und mit ihr auch schläft, ist es völlig undenkbar, die gleichen Kriterien für ein Mädchen anzusetzen. Letztendlich jedoch haben viele siebzehn-, achtzehnjährigen Mädchen einen Freund, aber das halten sie vor ihren Familien systematisch geheim. Sie unternehmen alles nur Erdenkliche, damit es die Familien nicht erfahren. Manche leiden sehr unter den Lügen eines solchen ‚Doppellebens', andere jedoch betrachten das als einen natürlichen Umgang mit diesem Wertekonflikt.
Die meisten finden sie sich damit irgendwie ab: „Aus Respekt vor meiner Familie kann ich ihnen nichts von meinem Freund erzählen."
„Um meine Familie zu schützen, weil ich sie sehr liebe, ihnen nicht wehtun und sie nicht verletzen möchte, muss ich mein Privatleben geheim halten."
„Es ist unmöglich, dass sie mich verstehen. Warum soll ich denn unnötige Streiterein heraufbeschwören?"
„Ich denke so und die denken so. Was soll man machen? Es ist einfach so!"

Unterschiedliche Rollen, unterschiedliche Lebensweisen

Wie die Mehrheit der jungen Immigrantinnen hält auch Selin es für natürlich, solch ein Doppelleben zu führen, also zuhause und draußen jeweils unterschiedliche, ja entgegengesetzte Verhaltensweisen an den Tag zu legen. Das wissen auch ihre Eltern mehr oder weniger. Aber man redet nicht darüber, man betrachtet es nicht als ein Problem. Denn es ist nun einmal so.

Meine Frage ist, ob das nicht eine Art von Kommunikationslosigkeit sei, ob Konfliktvermeidung hier höher steht als Offenheit und Ehrlichkeit? Schließlich hat auch Selin einen Freund. Sogar einen, den die meisten Immigrantenfamilien besonders ungern sähen, denn er ist Deutscher. Aber ihre Familie weiß nichts davon.

Aber Selin wehrt meine Gedanken ab. Sie hängt sehr an ihrer Familie. Dies wurde ihr erst so richtig bewusst, nachdem sie anfing, in einer fremden Stadt fern von ihren Eltern zu leben. In dieser Zeit fängt sie auch an, auf ihre Probleme, die sie während der Pubertät hatte, aus einem anderen Blickwinkel heraus zurückzublicken. Wenn sie sich heute aus der Sicht ihrer Eltern betrachtet, kommen ihr ihre damaligen Reaktionen und die ganzen Streitereien völlig lächerlich vor. Außerdem ist sie heute der Meinung, dass viele der Regeln und Grenzen, die sie damals als lästig empfunden hat, ihren Sinn hatten. Selin ist überzeugt, dass sie ihr heutiges Leben weitgehend ihrer Familie zu verdanken hat. Ist es denn nicht das Ergebnis ihrer strengen Erziehung, dass sie heute diszipliniert und ordentlich arbeitet, sich gewählt ausdrückt und respektvoll und höflich verhält? Rückblickend beurteilt sie ihre Familie trotz der strengen Erziehung als durchaus liberal. Schließlich haben sie ihr nie etwas aufgezwungen, weder was ihre Berufswahl, noch sonst irgendetwas anging.

Ich habe beim Zuhören das Gefühl, dass Selin, wenn sie von ihrer Familie erzählt, die holprigen Wege ihrer Jugendzeit mit ihren Höhen, Tiefen und Rissen mit fast schon zu viel Anstrengung zu glätten versucht. Die nüchterne Beziehung, die sie zwischen sich und der

Vergangenheit aufgebaut hat, führt zu einer bestimmten Distanz. Es scheint, als ob sie alles, ob nah oder fern, durch eine durchsichtige Mauer betrachtet. Dadurch kann es so wirken, als hätten ihre Erzählungen gar nichts mit ihr zu tun.

Heute ist Selin stolz darauf, dass sie allein lebt, für sich selbst sorgen kann und das Recht hat, ihr Leben so zu gestalten, wie sie es möchte. Niemand mischt sich in ihre Angelegenheiten ein. Ihre Eltern vertrauen ihr. Sie wissen, dass sie nichts Dummes anstellen wird. Sie hat letztendlich auch gar nicht das Bedürfnis, das, was sie in ihrer Kindheit nicht machen durfte, unbedingt nachzuholen, wie zum Beispiel auf Partys zu gehen oder in den Diskotheken bis morgens durchzutanzen.

Und alles andere hat niemanden zu interessieren. Selbstverständlich wird sie auch weiter ihre eigene Welt und ein Privatleben haben. Aber sie denkt trotzdem, dass sie eine gewisse Verantwortung gegenüber ihrer Familie hat. Ab einem bestimmten Punkt muss Selin sie beschützen. Wieso sollte sie manche Dinge, die ihre Familienangehörigen unter keinen Umständen akzeptieren würden, ihnen mit Gewalt aufzuzwingen versuchen?

Eine ihrer im Grunde positiven, gleichzeitig aber auch etwas befremdenden Eigenschaften ist, dass sie ein Problem aus verschiedenen Blickwinkeln objektiv und nüchtern bewerten kann – so distanziert, als habe sie persönlich gar nichts damit zu tun. Ihr Verhalten ist geprägt von Rationalität. Das Positive dabei ist, dass sie sich dadurch selber schützen kann. Es ist nicht zu leugnen, dass das von Höhen und Tiefen geprägte Leben der Immigrantenkinder und ihre Probleme, die sie mit ihren Familien erleben, oftmals noch in ihr Studium einfließen. Somit ist vielen von ihnen gemeinsam, dass sie nicht genau wissen, was sie machen wollen, dass sie hin- und herschwanken, sich heute so und morgen anders verhalten. Manchmal vergleiche ich diese jungen Leute mit kleinen Schiffen, die von hohen Sturmwellen von einer Seite auf die Andere geschleudert werden. Dank ihrer Rationalität hat Selin im Unterschied zu ihren anderen Altersgenossen aus dem Migrantenmilieu eine zielgerichtete und ausgeglichene Persönlichkeit. Sie weiß genau, was sie will, wo sie sich wie zu verhalten hat, kennt ihre Ziele und hat vor allem Selbstvertrauen.

Befremdend für mich bleibt jedoch ihre, wie ich befürchte, ein wenig oberflächliche Beziehung zu ihrer Familie, an der sie so hängt und die ihr so viel bedeutet. Leidet eine Beziehung denn nicht darunter, wenn so vieles verschwiegen wird? Ist das nicht unwürdig, sowohl sich selbst als auch den anderen gegenüber?

Aber ich weiß, dass Selin, wie so viele aus ihrer Generation, meine Meinung nicht teilt. Führt denn das moderne Leben nicht zu unterschiedlichen Lebensweisen und zu verschiedenen Rollen? Und diese Rollen müssen sich ja nicht unbedingt ergänzen! Und was ist denn überhaupt Oberflächlichkeit? Gibt es hinter der Oberfläche wirklich etwas Tieferes, oder bilden wir uns das nur ein?

Selins Denken scheint unter postmodernem Einfluss zu stehen, wie das von vielen ihrer Altersgenossen in Deutschland und anderswo. So spüre ich zwischen uns zwar weniger einen kulturellen, dafür aber einen starken Generationsunterschied. Vielleicht denke ich auch einfach, dass etwas in ihrer Einstellung trügerisch ist. Gehen wir einmal davon aus, dass ihr deutscher Freund ihr sagt, dass er ihr Doppelleben nicht mehr aushalte und dass sie ihn, wenn er ihr wirklich wichtig ist, ihrer Familie endlich vorstellen müsse. Wie wird sie das dann bewältigen? Natürlich kann das Leben wie ein Theaterspiel mit vielen verschiedenen Rollen aufgefasst und dementsprechend auf die leichte Schulter genommen werden. Damit wird einem vieles erleichtert. Aber der vielleicht grundlegende Unterschied zwischen dem Leben und einem Spiel ist, dass uns das Leben eben nicht die Freiheiten gibt, die wir im Spiel haben. Denn immer wieder entstehen Situationen, in denen es unvermeidlich ist, eine Entscheidung zu treffen, die unsere ganze Existenz betrifft.

Selin ist sehr fleißig, diszipliniert, ausgeglichen, konsequent und verlässlich. Diese Eigenschaften hat sie meiner Meinung nach nicht nur ihrer Erziehung und Persönlichkeit zu verdanken, sondern auch ihrer Lebenseinstellung, die mich zwar teilweise befremdet, die ihr aber vielleicht einen für sie nötigen Schutzraum bietet. So kann es sein, dass es nicht nur belastend und nervend, sondern auch befreiend und beruhigend wirken kann, wenn zwei auf den ersten Blick nicht miteinander zu vereinbarende Lebensweisen und Rollen parallel gelebt beziehungsweise gespielt werden.

Diskriminierungserlebnisse

Nachdem sie aus dem Schutz der kleinbürgerlichen Arbeiterfamilie, die sie mit einer großen Sorgfalt erzogen hat, und ihrer Schule, in der es kaum Kinder mit ausländischer Herkunft gab, herausgetreten ist und angefangen hat, allein zu leben, wird Selin die in der deutschen Gesellschaft verbreitete Diskriminierung und Ausländerfeindlichkeit ganz bewusst. Ihre damalige innere Verstörung über das Gelächter ihrer Mitschüler angesichts türkischer Arbeiterfrauen war nur ein Anfang.
Als sie zum Beispiel zusammen mit ihrer kurdischstämmigen Freundin eine Wohnung sucht, erweist sich diese Suche als fast aussichtslos. Denn sowie Selin am Telefon auch nur ihren Namen nennt, wollen die Vermieter, ohne dass sie sie überhaupt gesehen haben, erst einmal wissen, woher sie komme. Wenn sie ihnen dann sagt, dass sie türkischer Herkunft ist, legen sie entweder ohne ein Wort gleich auf oder sie sagen ganz offen: „Wir vermieten nicht an Türken!" Es ist das erste Mal, dass sie persönlich mit Fremdenfeindlichkeit konfrontiert wird. Sie ist wütend. Aber was sie noch mehr befremdet, ist, dass sie von vielen ihrer deutschstämmigen Freunde nicht die erwartete Unterstützung bekommt. Man sagt ihr sogar, sie solle sich doch einmal in die Lage „der Deutschen" versetzen und verständnisvoller und vernünftiger sein. Wer sind denn „die Deutschen"? Auch sie ist eine Deutsche, aber offenbar gibt es deutschere und weniger deutsche Deutsche!
„Ich könnte mir vielleicht erklären, warum die Menschen sich so verhalten, aber wie soll ich, bitte, dafür Verständnis aufbringen? Und warum soll ich das überhaupt?" Sie hat berechtigterweise Schwierigkeiten, diese Sicht ihrer Freunde nachzuvollziehen.

Meiner Einschätzung nach beruht dieses ausländer-, fremden- und minderheitenfeindliche Verhaltensmuster nicht nur, aber auch auf einer in Deutschland immer noch nicht überwundenen, in bestimmten Schichten vermutlich sogar zunehmenden Spielart von Nationalismus. Ich selbst wurde beispielsweise, als ich einen erfolgreichen Absolventen des vorher von mir an der Universität Istanbul geleiteten Faches für Dramaturgie und Theaterkritik als Mitarbeiter an der Universität Essen einstellen wollte, seitens der Ausländerbehörde mit einem geradezu faschistisch anmutenden ausländerfeindlichen Verhalten konfrontiert. Die Schwierigkeiten, die man mir dort in den Weg zu legen versuchte, konnte ich nur mithilfe von Vertretern der Universität überwinden und auch das war noch schwer genug. Was mich dabei aber am meisten überraschte, waren nicht die von der Ausländerbehörde aufgetürmten Hindernisse, sondern die Einstellung der Sekretärin unseres Fachbereichs, die sich gänzlich mit jener Behörde identifizierte, obwohl sie doch eigentlich mich als deutsche Professorin und als ihre Chefin hätte unterstützen sollen. Dass ich als Türkin die deutsche Bürokratie in diesem Punkt kritisierte, konnte sie nicht ertragen, überdies verstand sie das sogar fast schon als persönliche Beleidigung.

Selin erlebt in ihrem Freundeskreis, der überwiegend aus Deutschen ohne türkische Herkunft besteht, solche Situationen sehr häufig. Wenn sie z. B. eine kritische Meinung über deutsche Politik äußert, distanzieren sich ihre Freunde oft von ihr, womöglich sogar, wenn sie in der Sache der gleichen Meinung sind wie sie. Als hätte sie etwas gesagt, was ihr nicht zusteht, oder als hätte sie etwas Deutschenfeindliches geäußert.. Sie ist dann immer überrascht darüber, dass man sie in solchen Situationen sofort in die Rolle der „anderen" presst.

Einmal diskutiert sie mit ihren Freunden darüber, ob es in einer Gruppe, in der sich sowohl Deutsche als auch Türken befinden, richtig ist, wenn die Türken untereinander auch Türkisch reden. Da sagt ein deutscher Freund von ihr: „Du erwartest von uns Deutschen absolute Toleranz, aber du selbst gibst als Gegenleistung viel zu wenig." Diese

Aussage schlägt sie wie eine Ohrfeige.
Wer aber ist „wir", und wer „ihr"? Du bist keine von uns. Du bist anders. Du bist die „andere". Zum ersten Mal hat sie Diskriminierung mit einer solchen Intensität erlebt.
Sie sagt, dass sie durch diese Erfahrung sensibler und kritischer geworden sei. In dem Elfenbeinturm, in dem sie bisher unter dem Schutz ihrer Eltern und wohl auch ihrer Schule gelebt hatte, hatte sie noch nie direkt miterlebt, wie Immigranten ausgeschlossen werden, auch solche der zweiten und dritten Generation, die rechtlich längst deutsche Staatsbürger sind.
In der Schule hatte ihr einmal Geschichtslehrer die Aufgabe gegeben, etwas über die osmanische Geschichte zu schreiben, indem er sagte: „So du kannst einmal etwas über eure Geschichte recherchieren." Das hatte sie sehr überrascht. Was sie irritierte war nicht, dass er ihr diese Aufgabe gab, sondern seine Wortwahl. Warum sollte die osmanische Geschichte, die ihr genauso fremd ist wie ihren Mitschülern, „ihre Geschichte" sein?
Aber diese Diskriminierungserfahrung, obwohl schon die damalige Lappalie sie sehr befremdete, erreicht eine völlig andere Dimension, als sie ihr Studium fernab ihrer Familie anfängt.
„Letztens unterhielt ich mich mit einem Freund über internationale Fußballmeisterschaften. Ich hatte gerade gesagt: ‚Wenn wir nicht gewinnen sollten', da sagt er doch tatsächlich: ‚Ihr? Aber die Türkei spielt doch gar nicht.' Ich hatte mit ‚wir' ganz selbstverständlich die deutsche Mannschaft im Sinn gehabt. Als ich mich deshalb sehr überrascht zeigte, war das diesem Freund richtig unangenehm. Es war für uns beide wirklich eine komische Situation."
Das Traurige an diesem vielleicht unwichtigen Vorfall ist, dass Selin selbst von jemandem, der ihr als Freund sehr nahe steht, so leicht zur „anderen" degradiert werden kann.
Aber ist es denn nicht eine charakteristische Eigenschaft des Fußballwesens, dass es dort eben nicht nur um Sport, sondern immer auch um „uns" und um die „anderen" geht? Ich denke an diese beson-

dere Art von Nationalismus, der durch den Fußball angestachelt wird: dass die Straßen und Restaurants während der Meisterschaften, der Endspiele wie leergefegt sind ... Sollte das nur eine plötzliche, epidemieartige Sportbegeisterung sein? Oder geht es, statt um Bälle und Tore, um „uns", die Deutschen, und die „anderen", um Sieg oder Niederlage? Allerdings: Bei den Deutschen mag die periodisch wiederkehrende Fußballmanie auch etwas mit latentem und dann manifest werdendem Nationalismus zu tun haben, der sich u. a. daran bemerkbar macht, dass überall kleine oder große Nationalfahnen aufgehängt werden, dass auf der Straße lauthals gegrölt wird, wild hupende Autos durch die Straßen fahren - mit der nationalistischen Manie, die sich bei dieser Gelegenheit unter den Türken entfaltet und oft genug durch Aggressivität und Gewalt ausdrückt, kommt das nicht mit…

Die Veränderlichkeit von „wir"

„Was verstehen wir unter ‚wir'? Ist unsere Definition von ‚wir' feststehend, oder verändert sie sich je nach unserem Umfeld? Wenn ich mit türkischen Deutschen zusammen bin, fühle ich mich ganz natürlich als eine von ihnen. Aber wenn ich mit nichttürkischen Deutschen zusammen bin, fühle ich mich ihnen ebenso zugehörig."
Die Flexibilität, für die Selin gegen ihre Diskriminierungserfahrungen eintritt, verstehen jedoch, so meint sie, weder die übrigen Deutschen noch diejenigen mit Migrationshintergrund. „Wir" bedeutet für viele eine kollektive Eingrenzung, eine Inklusion. Aber aus dieser Art von Inklusion wird automatisch Exklusion, denn das „Wir"-Gefühl führt zur Ausschließung der „anderen", und das wiederum kann dann leicht zur Diskriminierung führen.
„Meine türkischen Freunde grenzen sich, wenn sie von ‚wir' reden, genauso wie meine deutschen Freunde, immer auch ein. Denn sie vermeiden es, mit ‚wir' Deutsche zu meinen. Vielleicht liegt das daran, dass die Deutschen so etwas auf keinen Fall akzeptieren würden, dass

sie alles, was fremd ist, ausschließen. Sind aber die Immigranten nicht ein Teil der deutschen Gesellschaft? Haben sie denn nicht ein Recht darauf, in Bezug auf Deutschland und Deutschen von ‚wir' zu sprechen? Zumindest, wenn sie rechtmäßig Deutsche sind?"
Diese Diskriminierung wird auch von den Medien nach Leibeskräften unterstützt. Wann immer im Fernsehen etwas über türkische Immigranten in Deutschland gebracht wird, sofort muss auch der radikale Islamismus thematisiert werden, als wäre das alles dasselbe: Deutsche mit türkischer Herkunft, Menschen in der Türkei, Mullahs, Hodschas und Hadschis. Solche Sedmungen verursachen leicht gefährliche Verallgemeinerungen. Selin denkt, dass das Bild des „anderen", das feindliche Gefühle hervorruft, eine große Gefahr in sich birgt.
Darin hat sie wohl Recht. Aber andererseits ist es natürlich unmöglich, die Religions- und Traditions-Einflüsse zu verdrängen, bzw. so zu tun, als gäbe es sie nicht, vor allem, wenn sie für menschliches Leid, für Gewalt und Unterdrückung des Individuums mitverantwortlich sind. Aus diesem Grund bin ich selbst der Meinung, dass z.B. Autorinnen wie Necla Kelek oder Seyran Ateş unbedingt Gehör verdienen, anstatt dass man sie mit dem gehässigen Vorwurf diskriminiert, sie diskriminierten unsere lieben ausländischen Mitbürger. Beide gehören der zweiten Generation der Immigranten an und sind so mutig, von ihren eigenen Lebensgeschichten sowie exemplarischen, von ihnen recherchierten Fallstudien ausgehend, das Problem der Barrieren gegen die Integration, die bei den Migranten selbst zu suchen sind, zu thematisieren.
Ihre Bücher müssten aber endlich auch ins Türkische übersetzt werden. Denn nicht nur in Deutschland, auch in der Türkei ist es schon längst an der Zeit, sich mit diesen Problemen, die seit Jahren nicht genügend beachtet wurden, auseinanderzusetzen und endlich Lösungen zu erarbeiten. Es sind die Probleme, die aus dem Widerspruch von traditionellen, autoritären, patriarchalischen Denk- und Verhaltensmustern und moderner Lebenswelt erwachsen, in der Türkei wie in

Deutschland, auf dem Land wie in den Städten. In den sechziger und siebziger Jahren hatten in der Türkei die Werke von Autoren, die aus ländlichen Gegenden stammen, für große Aufmerksamkeit gesorgt, wie zum Beispiel die Werke von Yaşar Kemal, Mahmut Makal oder Fakir Baykurt. Heute sind es nicht mehr die Romane, die Aufmerksamkeit erregen, sondern eher autobiografische beziehungsweise dokumentarische Bücher. So ist zum Beispiel das Buch „Masalını Yitiren Dev" (Der Riese, der sein Märchen verlor) von Adnan Binyazar, der in diesem Buch von seiner eigenen Kindheit erzählt, in der Türkei eines der in den letzten Jahren meistverkauften Bücher. Aber leider hört man auch heute immer noch zu wenig, vermittelt über Texte von Autorinnen, von Frauen, die aus den ländlichen Gegenden der Türkei kommen. Wenn ich die in Deutschland nacheinander veröffentlichten Biografien und Autobiografien solcher Autorinnen betrachte, fällt mir auf, dass ihre Probleme aufgrund eines Lebens innerhalb der traditionellen Strukturen um ein vielfaches intensiver und komplexer sind, als es bisher bekannt ist.

Sehr problematisch ist m. E. der Standpunkt bestimmter Gruppen in Deutschland gegenüber den Autorinnen, die diese Probleme thematisieren. Dazu gehören jene Türken hier und dort, die sich bei der kleinsten Kritik in ihrem Stolz, in ihren nationalen oder religiösen Gefühlen verletzt zu fühlen behaupten, oder die pseudoliberalen Verfechter von Multikulturalität, die sich hinter einem abstrakten Toleranzverständnis verstecken, aber keine eingreifenden Lösungsvorschläge machen. Diese Leute sagen: „Wir müssen in unserer multikulturellen Gesellschaft unnötige Ab- und Ausgrenzungen vermeiden und andere Denk- und Sichtweisen respektieren. Wir brauchen keine Sorge zu haben, dass Kopftücher unseren lieben Migrantenmädchen, die sie tragen, schaden könnten; arrangierte Ehen bereichern das Repertoire unserer Heiratssitten; wir müssen Ehrenmorde aus einem anderen Rechtsgefühl verstehen; wir sollten Toleranz bekunden, indem wir den Bau von Moscheen vorbehaltlos befürworten und nicht fragen, was in ihnen gepredigt wird. - All das wird jedoch wenig dazu beitragen, dass

Menschen fremder Herkunft hier ohne Einschränkung und Angst leben können, dass die Ausländerfeindlichkeit in Deutschland abnimmt, dass die Probleme der jüngeren Generationen aus dem Migrantenmilieu gelöst werden, die von ihren Familien vielfach immer noch in vormoderne, freiheitsfeindliche Denk- und Verhaltensmuster eingesperrt werden.

Die Diskussionen zu diesem Thema müssen allerdings sehr vorsichtig und sensibel geführt werden. Sie dürfen nicht zu neuen Polemiken werden, vor allem darf man dabei nicht in den Zwiespalt von „wir" und „ihr" geraten. Wenn man nämlich die Immigranten in eine moderne demokratische Gesellschaft wirklich integrieren will, kann man das nicht mit einer ausländerfeindlichen Politik, mit Zwängen und Verboten machen. Man muss sie für die Gesellschaft gewinnen.

„Eigentlich bleibt dein ‚Wir'-Gefühl, das du gern so flexibel wie möglich entwickeln willst, bisher noch in einem Dualismus befangen", halte ich Selin vor. „Gibt es denn nicht, über diese ewige, öde Frage: Deutsch oder Türkisch? hinaus unbegrenzt viele Möglichkeiten für ein ‚Wir'? Wir Jüngeren, Wir Frauen, Wir Intellektuellen, Wir Arbeiter, und so weiter und so fort ... Je nach den Gruppen, für die du dich entschieden hast – denn du kannst dich natürlich in mehreren Gruppen zugleich bewegen -, werden diese Gruppen jeweils zu einem ‚wir'. Und das, was mich zu meinem ‚Ich' macht, ist meine Möglichkeit, mich frei für ein oder mehrere ‚Wir' zu entscheiden und meinen Lebensbau eigenhändig zu errichten. Ist somit nicht die Instanz, die letztendlich die Entscheidungen trifft und mein Leben gestalte, weniger das ‚Wir' als das ‚Ich'?"

Der kulturelle Unterschied

In den Jahren, in denen Selin bei mir studierte, führte ich bei den Immigrantinnen und Immigranten unter meinen Studierenden eine mündliche Befragung durch. Meine Frage war: „Was versteht ihr unter kulturellen Unterschieden?" Um ihnen die Bearbeitung dieser Frage und die Diskussion zu erleichtern, gab ich ihnen eine Reihe von Antwort-Begriffen vor. Dazu gehörten: Sprache, Nation, Religion, Gender, Generationenunterschied, soziale Schichten.

Es war auffallend, dass sich die meisten Teilnehmer nur auf Sprache, Nation und Religion festlegten und die anderen Begriffe kaum beachteten. Die Ergebnisse jedoch von gleichzeitigen Workshops mit ihnen zum kreativen Schreiben zeigten, dass das, was sie schrieben, und das, was sie sagten, kaum miteinander zu vereinbaren waren. Schärfer formuliert: Das Gesagte war Fassade, die Wirklichkeit dahinter kam erst bei den Schreibversuchen heraus. Denn wie sich zeigte, spielten die Problemfelder Generationenkonflikt und Genderdifferenz in Wahrheit eine ganz erhebliche Rolle in ihrem Leben. Der Widerspruch zwischen dem realen Leben der jungen Leute und ihren Allgemeinaussagen zeigte deutlich, wie stark diese Aussagen von religiösen oder nationalistischen Impulsen aus ihrem Milieu, nicht aus ihnen selbst kamen. Welche Faktoren führen zu diesem Widerspruch? Wie kommt es zu einer solch schiefen Einnahme von Positionen und Parolen, und warum werden diese so schnell als unveränderliche Schablonen verinnerlicht? Solche Fragen stellten mit der Zeit eine Grundlage meiner Recherchen dar.

Bei vielen Nachforschungen und Umfragen wird generell von einer Vorstellung von „Getto" ausgegangen, die dieses homogen als vormodern-traditionell sieht. Meiner Meinung nach ist es jedoch sehr problematisch, von diesem Begriff ausgehend verallgemeinernd bestimmte Schlussfolgerungen über Immigranten zu ziehen. Eine deutsche Universitätskollegin von mir beispielsweise, die als ‚Migrationsforscherin' eine starke Verfechterin von Multikulturalität ist, hatte eine sogenannte empirische Studie über Studentinnen mit türkischem Migrationshintergrund gemacht. Auf die Ergebnisse von Befragungen sich berufend, stellt sie nun die Behauptung auf, diese Studentinnen hätten ein völlig anderes Wertesystem als die deutschstämmigen Studentinnen. So wurden die Studentinnen von ihr z. B. gefragt, was sie von vorehelichem Sexualverkehr hielten. Fast alle

Studentinnen hätten bekundet, dass sie dazu ablehnend stünden, weil in der türkischen Kultur und also auch für sie Jungfräulichkeit eine bedeutende Rolle spiele. Meine gute Kollegin, die u. a. daraus auf das ‚andere Wertesystem' schließt, ist diesen Bekundungen also einfach auf den Leim gegangen, in der absurden Annahme, ihre Probandinnen würden ihr mehr enthüllen als ihren eigenen Eltern. Dabei führen die meisten von ihnen ein Doppelleben. Sie trennen strikt und sorgfältig ihr Leben mit ihren traditionsgebundenen Familien und ihr privates Leben mit ihren Freunden und Liebespartnern. Somit können viele dieser jungen Mädchen und Frauen, genauso wie Selin, ein traditionelles Leben und ein modernes Leben gleichzeitig führen. Bei einer solchen Umfrage jedoch sagen die Probanden üblicherweise kaum das, was sie wirklich tun und denken, vielmehr überwiegend etwas, was von ihnen erwartet wird oder wovon sie meinen, es werde von ihnen erwartet – ganz wie bei meiner Befragung über kulturelle Unterschiede!

Kopftuch tragende Mädchen und die anderen

Diese These trifft selbstverständlich nicht auf jeden zu. Bei vielen der jungen Frauen zum Beispiel, die das religiöse Kopftuch nicht bloß, wie wohl mindestens ebenso viele andere, aufgrund von Druck ihrer Familie und ihres Milieus, sondern freiwillig und bewusst tragen, lässt sich Übereinstimmung ihrer Aussagen mit ihrem Verhalten denken. Indem sie diejenigen ausschließen, die nicht wie sie selbst sind, stecken sie ihre eigenen Grenzen fest und leben ihr Leben innerhalb dieser Grenzen. Und in dieser Hinsicht verspüren sie auch keine inneren Konflikte. Manche dürften jedoch ihr Kopftuch genauso als Fassade tragen wie die Probandinnen meiner Kollegin ihr Bekenntnis zur Jungfräulichkeit und meine Studierenden ihre Allgemeinplätze über kulturelle Unterschiede...
In einem Theaterstück, das aus einem Akt bestand, stellte eine Gruppe von jungen Frauen mit Kopftuch die unglückliche Ehe eines Türken mit einer Deutschen dar. Der Mann ist ein guter Familienvater, der sehr

an seinen Kindern und an seiner Frau hängt. Er hat sämtliche Eigenschaften, die seine Familie glücklich machen könnte: er ist erfolgreich in seinem Beruf, zuhause immer freundlich und lieb. Er unternimmt alles nur Erdenkliche für seine Kinder und seine Frau. Aber trotzdem entfremdet er sich ungewollt immer mehr seiner Familie, nämlich aufgrund des eigenmächtigen und verantwortungslosen Verhaltens dieser deutschen Frau. Sie verbringt den ganzen Tag entweder beim Friseur oder beim Einkaufen, anstatt sich um die Kinder zu kümmern. Sie ist ständig mit ihren deutschen Freunden unterwegs und vernachlässigt sowohl den Haushalt als auch die Kinder. Die Wohnung ist verstaubt und verdreckt. Wenn der Mann abends erschöpft nach Hause kommt, findet er zum Essen noch nicht einmal einen Teller Suppe vor. Weil die Kinder von ihrer Mutter vernachlässigt werden, geraten sie immer mehr außer Rand und Band. Keiner weiß, wann sie nach Hause kommen, wann sie gegangen oder mit wem sie zusammen sind. Schließlich entfernt sich der Mann wegen des verantwortungslosen Verhaltens der Frau innerlich so sehr von seiner Familie, dass er Zuflucht im Alkohol sucht. Und dann betrügt er seine Frau auch noch mit seiner deutschen Sekretärin, die ihn schon seit längerer Zeit zu verführen versucht, und gerät somit völlig vom rechten Weg ab.

Dieses Theaterstück behandelt Probleme von Mischehen durch Anhäufung von typischen und verbreiteten Klischees. Die Moral von der Geschichte: Eine Mischehe hat wegen der kulturellen Unterschiede auf keinen Fall Bestand. Und die verlogene Ideologie dahinter ist, eine ‚gute' Frau müsse sich ganz und nur ihrer Familie widmen; tue sie das nicht, bringe sie den Mann vom rechten Weg ab, womöglich sogar in die Arme einer anderen ‚schlechten' Frau. Alles Negative wird in diesem Stück den „anderen", also hier sowohl der „Frau" als auch dem „Fremden" aufgebürdet. Denn schließlich ist es die deutsche Ehefrau, die die Familie in die Misere zieht. Und die andere Frau, mit der dieser arme türkische Mann fremdgeht, kann natürlich auch nur eine Deutsche sein!

Das Stück artikuliert und propagiert Ressentiments, die im türkischen Migrantenmilieu leider verbreitet sind. Studierende türkischer Herkunft, die gleichfalls diese Vorstellungen vertreten, bevorzugen es meistens, sich in ihrem Studium von mir fernzuhalten. Die wenigen unter ihnen, die sich verirren und bei mir landen, sind oft spätestens dann wieder weg, wenn wir im Hochschulunterricht beginnen, die Klischees, die ihr Weltbild bestimmen, gemeinsam zu analysieren und zu hinterfragen.

Wenn ich die intelligentesten und kreativsten unter den jungen Frauen mit Kopftuch beobachte, die dennoch, sei es vertrauensvoll, sei es skeptisch, in meinen Seminaren mitmachen, so komme ich schon seit Jahren nicht umhin, mich zu fragen, welche Kraft oder Kräfte sie wohl dazu veranlassen, das Kopftuch zu tragen. Eine von ihnen zum Beispiel hatte im Rahmen unserer Arbeit mit dem Konzept des Forum-Theaters (Boal) ein Stück über Ehrenmorde entworfen und mich damit sehr nachdenklich gestimmt. In dem Stück hat sich eine junge Frau von ihrem Mann getrennt, weil sie sich nicht mehr verstanden. Sie hat beschlossen, allein zu leben. Ihre Familie hat das im ersten Moment zwar nicht begrüßt, aber ihr Vater hat sie trotzdem nach allen Kräften unterstützt. Das ist die Ausgangslage des Stücks. Das Problem entsteht nun durch den größeren Familienverband und das ganze soziale Umfeld, denen die Familie der Protagonistin angehört. Denn diese Menschen tun sich jetzt alle zusammen, um rückgängig zu machen, dass der Vater seiner Tochter erlaubt, allein zu leben. Sie gehen sogar so weit, dem Vater anzudrohen, wenn er seiner Tochter ihre Freiheit gewähre, würde das bedeuten, dass er das Todesurteil über sie verhänge. Mit ihrem Stück-Entwurf hat es diese Studentin, deren Kopftuch zeigt, dass sie ihrem Herkunftsmilieu keineswegs unbekümmert den Rücken gekehrt hat, sehr mutig und authentisch vorgeführt, welche Spannungen die Individuen in diesem Milieu aushalten müssen. Denn tatsächlich ist es mehr diese übergreifende, kollektive Mentalität, die sich über die Familienverbände bis in die Kleinfamilie hinein auswirkt, als ein patriarchalischer Konservatismus in dieser selbst, die dazu führt, dass Menschen inmitten des modernen Europa mit solchen Problemen konfrontiert sind. Auch deshalb ist die Beschwichtigung, das seien doch nur bedauerliche Ausnahmefälle, nur ganz wenige Immigranten seien davon betroffen, nicht nur falsch, sondern auch ungerecht gegenüber denjenigen, die diese Probleme öffentlich und kritisch thematisieren. Wenn das von Religion, Patriarchat, Traditionalismus geprägte kollektive Gedächtnis weiter Migrantenkreise diese Mentalität, die den Frauen unwürdig wenig individuellen Spielraum einräumt, nicht permanent reproduzieren würde, dann kämen solche Ereignisse nicht mehr so oft, so leicht und für die betroffenen Individuen so schmerzhaft vor.

Viele der Kopftuch tragenden jungen Frauen, die bei unseren Theaterworkshops mitmachen, zunächst gern, eifrig, geradezu aufgeregt, bleiben nach einiger Zeit von den Proben weg, und zwar aufgrund des Drucks, den ihre Familien, die von dieser ‚unanständigen' Arbeit Wind bekommen haben, auf sie ausüben. Ich weiß, dass ich, egal wie sehr ich mich auch anstrenge, in solchen Fällen schließlich nicht sehr viel ausrichten kann. Wenn es aber immer wieder einzelne unter ihnen gibt, die sehr offen und engagiert sind und bleiben, dann führen auch sie meistens ein Doppelleben. In ihrem Studium vollbringen sie zwar die von ihnen erwarteten Aufgaben dank ihres Fleißes und ihrer Intelligenz oft sehr gut, sie entwickeln dabei die Fähigkeit zu distanziertem, objektivierendem und kritisch reflektierendem Denken, also den Grundstein aller wissenschaftlichen und geistigen Arbeit, auch die Fähigkeit, ein Problem von verschiedenen Perspektiven aus zu bewerten, aber sie wenden diese Fähigkeiten dann leider nicht konsequent auf ihr eigenes Leben an. Dieses hinkt hinter ihrem Denken hinterher.

So scheinen diese Frauen nicht wirklich ihren eigenen Weg gewählt zu haben, denn sie bewegen sich aufgrund ihrer Herkunfts- und Lebensbedingungen weiterhin auf Bahnen, zu denen sie sich mehr oder weniger gezwungen sehen. Diejenigen unter ihnen jedoch, die ihren Weg noch nicht gefunden haben, die noch in Widersprüchen und

Konflikten leben und von ihnen wie von Sturmwellen mal hierhin, mal dorthin gezogen werden, finden vielleicht noch eine Chance, in ihrem Leben einiges zu ändern und selbst zu bestimmen.

Familienunterschlupf in einer kalten Welt

Als Selin mit ihrem Studium anfängt, kommt sie überhaupt das erste Mal mit Menschen in Berührung, die wie sie eine Migrationsherkunft haben. Zunächst hat sie einen positiven Eindruck von ihnen. Denn diese jungen Menschen, die sie jetzt erst kennenlernt, sind fast alle sehr hilfsbereit, offen und freundlich. So spürt sie eine Aufrichtigkeit und Wärme, die sie von ihren deutschen Freunden so nicht kennt. Das alles gefällt ihr sehr.
Tatsächlich unterscheidet sich das kommunikative Verhalten der Immigranten, die sofort Zugang zueinander finden und viel miteinander lachen, plaudern, Spaß haben, von dem sehr viel zurückhaltenderen Kommunikationsverhalten der deutschstämmigen Studierenden. Wahrscheinlich liegt das auch daran, dass viele, die aus dem Migrantenmilieu kommen, in Großfamilien und großen Kleinfamilien, also mit vielen Geschwistern, aufwachsen. Somit werden sie in einem ganz anderen Umfeld sozialisiert als viele deutsche Kinder, die oft in sehr kleinen oder sogar getrennten Familien aufwachsen.
Vielleicht gehört zu den Barrieren, die zwischen Migranten und übrigen Deutschen bestehen, eine Art von fortgeschrittener kommunikativer Verkümmerung bei letzteren, die dazu führt, dass ihre alltäglichen Beziehungen nicht unbefangen, leicht, freundlich, freigiebig sind und dass sie zu sehr mit sich selbst beschäftigt sind. Diese aus verschiedenen Ursachen kommende Egozentrik gehört ja zu den grundsätzlichen Problemen des modernen und postmodernen Lebens, in dem sich alles immer mehr um Selbstinzenierung, Geld und Medien dreht und die Menschen mehr mit ihren elektronischen Geräten kommunizieren als face to face. All das spielt mittlerweile sogar in Freundschaften und Familien mit hinein.

Vielleicht ist das auch einer der Gründe, warum sich Selin bei ihren deutschen Freunden immer ein wenig ausgeschlossen fühlt, mit ihnen nicht richtig warm wird. Deshalb bleibt ihre Familie für sie so wichtig, da sie ihr eine Art von Sicherheit und Wärme in einer unsicheren, kalten Welt anbietet. Diese Familienverbundenheit kann ich bei fast allen jungen Menschen mit türkischer Migrationsherkunft beobachten, selbst bei denen, deren Kleinfamilien zerrüttet sind, denn da gibt es am Ende immer noch die Halt gebende Großfamilie.

Es gibt ein Experiment, das ich im Rahmen eines Workshops über das kreative Schreiben mit verschiedenen Gruppen durchgeführt habe. Dabei muss jeder die verschiedenen Rollen, die er im Leben verkörpert – zum Beispiel Student, Arbeiter, Tochter, Schwester, Sozialberater, Kellner, Verkäufer, Sportler, etc. - auf jeweils einen Zettel schreiben. Danach werden diese Zettel einzeln, in der Reihenfolge von der unwichtigsten bis zur wichtigsten Rolle, auf den Boden geworfen, um zu symbolisieren, wie man sich von den Rollen nach und nach befreien könnte. Dieses Spiel bereitet einem aus psychologischer Hinsicht große Schwierigkeiten. Denn so einfach es ist, die verschiedenen Rollen auf das Papier zu schreiben, so schwierig ist es, sich von ihnen loszusagen. Wir verinnerlichen jede Rolle, die wir in unserem Leben spielen, mehr oder weniger. Deswegen fällt es uns so schwer, auch nur eine von diesen Rollen aufzugeben. Sogar der Gedanke daran, wie unser Leben wäre, wenn wir nur diese oder jene Rolle aufgeben würden, verunsichert uns.

In diesem Spiel, das ich mit vielen Immigrantengruppen und Studenten-Jahrgängen gespielt habe, dominierte bis heute immer dasselbe Ergebnis. Die Rollen, die zuletzt übrig bleiben, die am wichtigsten sind, das sind immer die Rollen der Tochter, des Sohnes, der großen oder der kleinen Geschwister. Sogar bei denen, die schon verlobt oder verheiratet sind, ist das Ergebnis immer dasselbe, d. h. die Rolle als Lebenspartner rangiert erst nach diesen Rollen. Aber noch interessanter hierbei ist, dass ein nicht geringer Teil derjenigen, die verheiratet oder verlobt sind, sich dieser Rollen-Zettel schon relativ früh entledigen. Das mag etwas damit zu tun haben, dass heute allgemein Partnerschaften und Ehen immer weniger als ‚ewige Bindungen' aufgefasst werden. Aber es kann, bei dieser Gruppe, auch darauf hindeuten, dass ihre Partnerschaften erzwungen, aufgenötigt, nicht ganz und gar ihre eigene, persönliche freie Wahl sind, in jedem Fall nicht so eng zu ihrem Identitätsverständnis gehören wie die Bindungen in der Kleinfamilie.

Das Ergebnis dieses Experiments zeigt eine innere Abhängigkeit von der Familie. Diese mag eine Art von Geborgenheit anbieten, stellt aber auch ein großes Hindernis dar, denn dadurch gelingt es sehr vielen jungen Menschen nicht, sich gegenüber ihrer Herkunft selbständig zu machen und ihren jeweils eigenen Weg zu gehen. Selbstverständlich ändert sich der Grad dieses Hindernisses je nach der Familienstruktur, Ausbildung und Erziehung der Kinder. Wenn die Familie extrem konservativ ist und aus einer ländlichen Gegend kommt, wenn das Wertesystem der Familie von jahrzehntelang bestehenden Ritualen und Traditionen geprägt wurde, dann kann das sogar zu tragischen Ereignissen wie z.B. Ehrenmorden führen. Doch gibt es, vergleichbar den Protagonisten dieses Buches, inzwischen viele junge Menschen, denen es gelingt, sich trotz der Hindernisse einen Weg ins Freie zu bahnen.

Der / die Andere sein

Selins erster positiver Eindruck von ihren gleichaltrigen Freunden mit Migrationsherkunft relativiert sich mit der Zeit, denn es bereitet ihr Schwierigkeiten, individuelle Freundschaften mit ihnen zu schließen. Sie beobachtet und erfährt, dass die Immigranten sich meist in kleinen oder großen Gruppen bewegen. Dabei treffen sie sich auf einer gemeinsamen Werteplattform, die sie zusammenbringt und -hält. Das gleiche Band, das sie an die Traditionen bindet, scheint sie auch miteinander zu verbinden. So kommt es nie zu einer Meinungsverschiedenheit oder zu einem Konflikt. Jeder kommt mit jedem bestens aus.

Dabei will Selin Freundschaften schließen, ohne damit einer Gruppe angehören zu müssen. Aber das schafft sie einfach nicht. Vielleicht liegt das auch an ihrer Schüchternheit und Reserviertheit oder daran, dass ihr Leben sich von dem Leben vieler anderer Immigranten ziemlich deutlich unterscheidet. Wann immer sie eine Freundschaft mit jemand Einzelnem zu schließen glaubt, findet sie sich schon in einer Gruppe wieder. Aber gerade davon will sie nichts wissen.

Vor allem überrascht sie, dass diese neuen Freunde jetzt die Deutschen zu den „anderen" machen. Genauso hatten sich doch, in ihren Schuljahren, auch ihre deutschen Freunde zu den Türken verhalten. Auch das ist für sie eine neue Erfahrung, denn sie kann sich nicht erinnern, von ihren Eltern jemals ein schlechtes Wort über die Deutschen gehört zu haben.

Auch in diesem Punkt kann ich Selin nur zustimmen. Eine Zeit lang sammelte ich Schlagwörter, Klischees und Anekdoten von Immigranten, mit denen die Deutschen als die „anderen" abgestempelt wurden. Die darunter, die mich wohl am meisten schockierten, waren die klagenden Geschichten, die ich einmal während eines ganzen Fluges von Istanbul nach Köln zu hören bekommen habe. Sie nahmen ihren Anfang, als einer der vielen Arbeiter, die in dem Flugzeug saßen, sagte: „Der beste Deutsche ist weniger wert als der schlechteste Türke!" Keiner im Flugzeug hat daraufhin etwas gesagt wie: „Was soll denn der Quatsch!" Nein, umgekehrt, er wurde in seiner Aussage nur bestärkt, denn jeder hatte irgend etwas Schlimmes über die ekligen Deutschen zu erzählen..

Bei einem Flug in umgekehrter Richtung wurde ich bei der türkischen Passkontrolle Zeuge, wie ein Beamter von den vielen mitgefahrenen Migranten gefeiert wurde, weil er einen überraschten deutschen Touristen, der kein gültiges Visum hatte, sehr ruppig behandelte. Alle beglückwünschten ihn dafür, dass er es diesem Ungläubigen einmal so richtig gezeigt habe. Ich könnte viele ähnliche Beispiele nennen. So ist es kein Wunder, dass noch die dritte Generation, die in einer solchen Atmosphäre groß wird, davon nicht unbeeinflusst bleibt. Sie sind in

Deutschland geboren, sie wachsen hier auf, sie haben einen deutschen Pass, und sie wollen auch ihr weiteres Leben hier zubringen – aber die Deutschen sind für sie die „anderen". Sogar diejenigen unter ihnen selbst, die dieses Spiel des Othering nicht mitmachen, verdächtigen sie eben deswegen, zu diesen „anderen" zu gehören.
Selin erlebt, wie leicht es auch ihr passieren kann, dass sie zur „Anderen" stigmatisiert wird. Eine Kommilitonin, die sich den einen Tag noch sehr freundlich mit ihr einzeln unterhalten hat, hält sich am nächsten Tag gerade in einer Gruppe auf, als sie ihr wieder begegnet: Das hat zur Folge, dass sie sie noch nicht einmal auch nur anblickt, geschweige denn mit ihr spricht. Das kommt vor allem bei islamischen Gruppierungen vor, die offenbar ein besonders starkes Inklusions- und Exklusionsverhalten kultivieren. Das alles überrascht und widerstrebt Selin sehr. Was sie vor allem befremdend findet, ist, dass diese konservativen oder religiösen Gruppen, die sehr an die Traditionen gebunden sind, ihre eigenen Gruppenvorstellungen unzulässig verallgemeinern und dann z. B. von einer gemeinsamen türkischen Kultur sprechen. Und dass die Deutschen diese Vorstellungen entweder bewusst (weil das ihnen gerade recht kommt) oder unbewusst (weil sie es nicht besser wissen) verinnerlichen und alle Türken in die gleiche Schublade stecken.
Aber wer weiß, vielleicht hat ja gerade diese Stigmatisierung als „andere" Selin dabei geholfen, ihren eigenen Weg zu finden. Während ihres gesamten Studiums war sie nicht nur eine gute Studentin, sie strengte sich auch sehr an, sich über das bloße Fachstudium hinaus weiterzubilden. So erarbeitete sie sich einen beachtlichen Einblick in die moderne türkische Literatur. Ihre gut entwickelte Fähigkeit zu analytischem Denken, ihr Interesse am Lesen und Recherchieren und ihre ordentliche und disziplinierte Arbeitsweise sind Eigenschaften, die sich gut für eine akademische Karriere eignen würden. Wenn sie in der Türkei leben würde, hätte sie sicherlich diesen Weg gewählt. Aber da es in Deutschland sehr viel schwieriger ist, an der Universität zu bleiben, hat sie sich entschieden, Lehrerin zu werden.

Zwischen zwei Welten

Selin fühlt sich heute beiden Welten verbunden. Dieser Dualismus bestärkt ihre kritische Haltung, Probleme distanziert zu betrachten. Das wird sie wohl immer davor bewahren, in einem streng definierten und einseitigen „Wir"-Gefühl haften zu bleiben.
Solange sie diese Dualität bewusst lebt, wird sie gegen Versuche, ihr irgendwelche Dogmen und Ideologien aufzuzwingen, immun sein. Deswegen denke ich, dass das Märchen von der Trauerweide wirklich zu ihr passt. Anders zu sein, ist kein Mangel, es ist eine Bereicherung.
Sie entschied sich dafür, Türkisch zu studieren, weil sie die „andere" Türkei mit ihrer Geistswelt, ihrer Kunst und ihrer Literatur entdecken wollte. Also die Türkei, die mit dem in Deutschland dominierenden extrem reduzierten Türkeibild so gut wie nichts zu tun hat. Deshalb lebte sie bewusst auch einige Zeit in der Weltstadt und Kulturmetropole Istanbul und nahm dort und von dort aus sowohl die Türkei als auch Deutschland anders wahr.
Sie will sich aber nicht auf die türkische Literatur und das türkische Theater spezialisieren, da die späteren Berufschancen in dieser Richtung begrenzt sind. Diese Einschätzung ist sehr realistisch. Denn leider hat die deutsche Öffentlichkeit nicht sehr viel Interesse an der Türkei, obwohl die Deutschen seit vierzig Jahren mit keinem anderen Volk so eng zusammen leben wie mit den Türken – eine eigentlich unvorstellbare Reduktion ihrer sozialen Wahrnehmung! So ist z. B. auch die Anzahl der Werke aus der modernen türkischen Literatur, die ins Deutsche übersetzt sind, sehr begrenzt – in Unterschied zu denen aus der zeitgenössischen deutschen Literatur, die sich übersetzt auf dem deutschen Literaturmarkt wiederfinden. Selbst weltbekannte Autoren wie Aziz Nesin und Nazım Hikmet, deren Werke in zahlreiche Sprachen übersetzt wurden, sind in Deutschland vergleichsweise spärlich präsent wenig. Und selbst der große alte Mann der türkischen Erzählkunst Yaşar Kemal, der auch viele deutsche Leser gefunden hat, ist mit seinem Werk in Deutschland viel weniger übersetzt und präsent

als z. B. in Frankreich, England oder Schweden.
Selin interessiert sich inzwischen mehr für empirische Soziologie, vor allem in dem Bereich der Studien über die Immigrantenkultur. Die Genderproblematik und die Probleme der Jugendlichen interessieren sie am meisten. Sie vertritt allerdings die Meinung, dass die empirische Soziologie im Vergleich beispielsweise zur theoretischen Soziologie viel wissenschaftlicher sei, denn sie stütze sich auf Zahlen, Daten, Umfragen. Diese Sicht hat vielleicht auch etwas mit Selins Abneigung gegen Diskurse zu tun, in denen Vorurteile, Ideologien, Ressentiments eine unangenehme Rolle spielen. Davon hat sie genug. Ob sie all dem in der Welt soziologischer Umfragen und Statistiken jedoch ganz entgehen könnte, ist eine andere Frage. Verwiesen sei auf unsere oben erwähnte Migrationsforscherin mit ihrer absurden Umfrage-Auswertung!
Selin hofft, dass sich ihr weiterhin neue Wege öffnen werden. Von der Zukunft erwünscht sie sich, irgendwo Wurzeln schlagen, ein angenehmes Leben zu führen zu können sowie Freundschaften und Beziehungen zu haben, die stabil und differenziert sind und die sie nicht in die Rolle der „anderen" pressen.

Heute

Heute ist Selin eine erfolgreiche Lehrerin. Außerdem hat sie in Zusammenarbeit mit ihrem Kollegen Ali, dessen Lebensgeschichte gleichfalls in diesem Buch vorgestellt ist, ein Lehrbuch geschrieben. Aus einer Anthologie, die vor kurzem in Deutschland veröffentlicht wurde, haben sie sieben Geschichten herausgesucht, die sie für kindgerecht halten, und für diese Geschichten im Rahmen des kreativen Lernens Begleitmaterial herausgearbeitet.
Nachdem Selins Studium, das sechs Jahre umfasste, abgeschlossen war, hat sich ihre Stellung in der Familie und unter ihren Freunden grundlegend geändert. Die Konflikte, die sie während ihres Studiums mit ihrer Familie hatte, hat sie heute überwunden. Ihr wird mittlerweile

das Recht eingeräumt, ihr Leben so zu gestalten, wie sie allein es für richtig hält. Ihre türkischen Bekannten, selbst wenn sie um Jahre älter sind, haben großen Respekt vor Selin. Jeder, der irgendein Problem hat, fragt sie um Rat. Sie hat viele deutsche und türkische Freunde. Aber am nächsten fühlt sie sich denjenigen, die wie sie einen Migrationshintergrund haben und ähnliche Probleme zu bewältigen hatten.

Als wir uns zwei Jahre nach unserem grundlegenden Interview noch einmal trafen, habe ich die Distanziertheit in unserer Beziehung noch stärker empfunden. Sie war wieder ruhig und still wie immer und lächelte. Wieder stand zwischen uns ein unsichtbarer Nebelvorhang. Ich sagte ihr, das Projekt Wege ins Freie stehe nun kurz vor dem Abschluss und werde bald, zunächst auf Türkisch in der Türkei, später auch in einer deutschen Fassung, als Buch herauskommen. Für einen Moment schienen ihre Augen aufzuleuchten. Doch danach sagte sie nachdenklich etwas, das vielleicht gerade einen für sie geltenden interessanten Gesichtspunkt darstellt: „Wir, also diejenigen, die sich der Gesellschaft erfolgreich angepasst haben, sind unsichtbar, wie Schattenwesen. Keiner kennt uns oder unsere Geschichte. Und ist das nicht das Ziel dieses Buchs? Unsichtbare Menschen sichtbar zu machen?" Ich denke, dass diese Aussage den Kern dieses Buches sehr schön trifft. Aber wie weit ist mir das Sichtbarmachen gerade bei Selin gelungen? Wenn ich ihre Geschichte, wie ich sie hier ausgearbeitet habe, mit den anderen vergleiche, kommt sie mir manchmal wie ein etwas blasses Schwarzweißfoto unter vielen Farbfotos vor. Aber auch das könnte auf ein Stück der hiesigen Wirklichkeit verweisen. Manche der Wege ins Freie müssen teuer erkauft werden, sei es mit Wunden, die weiter schmerzen, sei es mit Praktiken, die unempfindlich gegen Schmerz machen sollen, dadurch jedoch einen Schatten auf das bunte Leben werfen können.

Einiges zur Enstehungsgeschichte dieses Buches

„Es gibt Berge, die überwunden werden müssen. Ansonsten endet der Weg hier."
(Ein indisches Sprichwort)

„Man hat Arbeitskräfte gerufen, aber es kamen Menschen." So definierte Max Frisch das Phänomen der Immigration, das vor vierzig Jahren seinen Anfang nahm. Mit dem Stand von heute ist keiner zufrieden. Die Ergebnisse der PISA-Studien aus den letzten Jahren, die das niedrige Lehr- und Bildungsniveau des heutigen Deutschland beweisen, hat man unter anderem auch auf die Probleme der Immigrantenkinder zurückgeführt. Heute zahlt man die Rechnung dafür, dass man jahrelang nicht in diese Leute investiert hat. Viele der Jugendlichen, die, ausgeschlossen aus der deutschen Gesellschaft, in Wohngebieten eingeschlossen waren, in denen nur türkische Arbeiter lebten, können heute weder Türkisch noch Deutsch richtig sprechen. Die Bildung von Gangs, von faschistischen Gruppierungen, ein radikaler Islamismus, der sich wie eine Epidemie ausbreitet, Gewalttaten, die bis hin zu Ehrenmorden reichen, sowie Rassismus und Fremdenfeindlichkeit gehen Hand in Hand. In den letzten Jahren wurden die Wurzeln dieser Probleme eingehend untersucht. Bücher von Intellektuellen aus der zweiten Generation mit Migrationshintergrund wie Necla Kelek oder Seyran Ateş, deren Arbeiten meine volle Zustimmung gilt, stechen hier als die wichtigsten heraus. Doch werden diese Probleme in Deutschland sehr einseitig diskutiert. Meist werden die Probleme nur auf kulturelle Unterschiede reduziert. Die ihnen zugrunde liegenden wirtschaftlichen, sozialen und politischen Gründe werden gar nicht beachtet. Und in den öffentlichen Diskussionen werden nur Gänsehaut erregende Ereignisse dargestellt, die die Primitivität der Menschen vor Augen führt. Damit wird selbstverständlich lediglich die Fremdenfeindlichkeit geschürt, die schon immer in der deutschen Gesellschaft existierte.

Aber man darf auch nicht vergessen, dass es eine nicht zu unterschätzende Anzahl von Immigranten gibt, die sich nach vierzig Jahren des Zusammenlebens an die moderne Gesellschaft angepasst haben und sich in wichtigen Positionen behaupten konnten. Von einzelnen Schriftstellern, Regisseuren, Künstlern, Wissenschaftlern oder Politikern hören wir ab und zu etwas in den Medien. Da gibt es aber auch noch viele andere, die nicht im Rampenlicht stehen. Wer weiß unter welchen Bedingungen und in was für einem Umfeld diese Immigranten groß geworden sind? Mit welchen Problemen hatten sie zu kämpfen? Welche Hindernisse mussten sie überwinden? Wer hat sie wie unterstützt? Das wurde bisher nicht genügend wahrgenommen. Dabei denke ich, dass es für diese Menschen nicht leicht gewesen sein kann, an den Punkt zu kommen, an dem sie heute stehen.

So entstand mein Buch über junge Menschen, die es geschafft haben, einen Großteil der Hindernisse eines Immigrantenlebens zu überwinden. Seit ungefähr zehn Jahren unterrichte ich am Fachbereich für Türkisch an der Universität Duisburg-Essen Studenten mit Migrationshintergrund in den Fächern Literatur, Theater und kreatives Schreiben. Aus einer großen Anzahl von Studenten, die ich in dieser Zeit beobachten, kennenlernen und an deren Leben ich ein wenig teilhaben konnte, beschränkte ich mich auf wenige, deren Lebensgeschichten ich in diesem Buch als Dokumentarmaterial benutzt habe.

Manche von diesen jungen Menschen haben ein Leben zwischen Deutschland und der Türkei geführt, andere sind erst spät nach Deutschland gekommen, sie kamen also erst als Oberstufenschüler oder Studenten nach Deutschland, und wieder andere sind in Deutschland geboren und aufgewachsen – sie kennen die Türkei noch nicht einmal. Was meine Auswahl erheblich mitbestimmt hat war, dass sie trotz ihrer schweren Lebensbedingungen eine Lösung gefunden hatten, ihre Probleme zu überwinden. Ich spürte, dass das für sie nicht leicht gewesen sein konnte. Denn sie sind die Kinder einer Generation, die durch verschiedene Arten von Leid, Enttäuschungen und Verletzungen geprägt wurde. Egal wie konservativ ihre Familien auch sind, sie hängen sehr an ihnen. Doch möchten sie auf der Suche nach ihrer Unabhängigkeit keine Kompromisse eingehen und ihr Leben selbst bestimmen können. Diesen Zwiespalt erleben sie in ihrer Kindheit und ihrer frühen Jugend immer wieder. Ein jeder von ihnen hat seine ihm eigene Stimme. Und dieser wollte ich Gehör schenken.
In ihrer Geschichte „Der Rosa Montag", die eines der schlagkräftigsten Ergebnisse der Workshops zum kreativen Schreiben darstellt, die ich jahrelang geleitet habe, beschreibt deren Autorin Deniz eine ungewöhnliche Persönlichkeitsspaltung zwischen dem „Ich" und dem „Selbst". Ihr Ich ist fest umzingelt von den Traditionen, aber ihr Selbst ist frei, geht seinen eigenen Weg und macht was sie will. Während sich ihr *Ich* traurig zuhause einschließt, ist ihr *Selbst* so verrückt, dass sie auf niemanden hört und so lebt, wie sie es will. Ihr *Selbst* hat einen italienischen Freund, geht immer mit ihm aus und schließlich heiratet ihr *Selbst* ihn heimlich, ohne darauf zu achten, was andere wohl sagen werden. Ihr *Selbst* ist unglaublich glücklich. Ihr *Ich* nimmt das ihrem Selbst sehr übel und ist wütend, aber bewundert ihr *Selbst* auch, und ist neidisch auf die Gleichgültigkeit und den Mut des *Selbst*. Ich denke, dass diese Geschichte die inneren Konflikte der jungen Immigranten aus der dritten Generation sehr treffend darstellt. Denn sie sind alle von dem Unglück und der Unsicherheit umzingelt, die sich aus den Konflikten zwischen dem was sie machen wollen, aber nicht machen

können, den Konflikten zwischen ihren Träumen und ihrer Realität, dem Freiheitswunsch und ihren Zwängen und den Konflikten zwischen ihrer individuellen und kollektiven Identität ergeben. Das Hauptproblem vieler ist, dass ihre kollektive Identität, also die verschiedenen Rollen, die ihnen aufgezwungen werden, verhindert, dass sie ihren eigenen Weg finden können.
Der Konflikt zwischen patriarchalischen Familienstrukturen und der modernen Welt bilden die Basis dieses Buchs. Jede Gesellschaft hat diesen Konflikt im Laufe ihrer geschichtlichen Entwicklung erlebt. In Deutschland wurde man sich im neunzehnten Jahrhundert der Probleme, die durch die Modernisierung entstehen, bewusst. Von Theodor Fontane bis Gerhart Hauptmann haben viele Autoren dies in ihren Werken thematisiert. Im ereignisreichen zwanzigsten Jahrhundert werden all diese Probleme und Konflikte in verschiedenen sozialen Schichten unterschiedlich ausgetragen. Doch als hätte es diese Entwicklung in der eigenen Geschichte nicht gegeben, werden in Deutschland all die Probleme, die mit Migranten zu tun haben, nicht auf diese allgemeinen Probleme der gesellschaftlichen Modernisierung, sondern einspurig und unhistorisch allein auf kulturelle Unterschiede festgelegt.
Die jungen Menschen, die in diesem Buch vorkommen, stammen aus verschiedenen sozialen, regionalen, ethnischen, kulturellen und religiösen Gruppen der Türkei. Zwei von ihnen sind alewitischen, eine kurdischen, und eine tscherkessischen Ursprungs. Mein Ziel war es, die einzelnen Porträts dieser Personen in ihren sozialen Umfeldern zu zeichnen und somit auf ein gesellschaftliches Problem aufmerksam zu machen. Dabei versuchte ich, auch wenn der Schwerpunkt auf den individuellen Geschichten lag, meine eigenen Beobachtungen und Erfahrungen mit einfließen zu lassen, um eine möglichst umfassende Betrachtungsweise zu ermöglichen. Dieses Buch bringt zwar eine intensive Auseinandersetzung mit gesellschaftlichen Problemen zur Sprache, aber es ist auch stark autobiografisch beeinflusst. Das liegt daran, dass mein Leben durch meine Arbeit seit vielen Jahren mit dem

Leben der Immigranten verflochten ist. Als ich in den siebziger Jahren in Berlin studierte, gab ich in einer Schule Deutschunterricht für Kinder und Jugendliche zwischen sechs und sechzehn Jahren. Das waren die Eltern meiner heutigen Studenten, also die zweite Migrantengeneration. Deren Probleme, die ich damals schon beobachtete und deren Gründe ich zu verstehen versuchte, sind heute zu unüberwindbaren Bergen angewachsen. Ende der siebziger Jahre schrieb ich die Film-Geschichte „Die Arbeiterkinder" (İşçi Çocukları). Die Geschichte von Murat, der zwar ein brillanter Junge ist, aber aufgrund seiner Lebensumstände in die Sonderschule kommt, bekam in der Türkei einen Preis und traf in dieser Zeit sowohl in der Türkei als auch in Deutschland auf großes Interesse.(Die Theaterversion deser Geschichte in Anadolu Verlag unter dem Titel "Alamanya, Alamanya" Dotschland, Dotschland 2008 erschienen) Aber leider hat es danach nicht weniger, sondern mehr Murats gegeben. In den achtziger Jahren habe ich meine Arbeiten über Immigranten mit Studenten aus Rückkehrerfamilien an der Universität Istanbul weitergeführt. So haben meine jahrzehntelangen Erfahrungen mit den Migranten dieses Buch stark geprägt.

Anfangs, als sich dieses Projekt Schritt für Schritt entwickelte, hatte ich vor, so vorzugehen, wie ich es bei meinen zuvor erschienen biografischen Büchern Bugünden Düne (Heute und Gestern) Istanbul 2003, Yapıcılığın Gücü, Türkan Saylan'la Söyleşiler (Gespräche mit Türkan Saylan) Istanbul 2006 gemacht hatte. Ich wollte mich im Hintergrund halten und einfach meine Interviewpartner reden lassen. Ich wollte ein Buch schreiben, das nur aus Interviews bestand. Aber die Probleme dieser Immigrantengeneration sind so komplex und vielschichtig, dass ich immer mehr daran zweifelte, ob es genügen würde, die Geschichten von Einzelnen hervorzuheben und nur die Interviewpartner reden zu lassen, wenn ich die zur Sprache gebrachten Probleme in ihrem vollen Umfang darstellen wollte. So entschied ich mich, Autobiografisches, eigene Beobachtungen und Erfahrungen mit einfließen zu lassen. Reichhaltiges Material zu diesem Buch boten also, außer

Lebensgeschichten und autobiografischem Material, auch die Ergebnisse meiner jahrelangen Arbeit an der Universität mit kreativen Techniken und Methoden wie z.B. dem kreativen Schreiben, dem darstellenden Spiel oder dem Forum-Theater.

Nach einem langen Prozess des Suchens wurde "Wege ins Freie" schließlich als ein Buch konzipiert, das seinen Schwerpunkt in der Dokumentation hat, aber auch Fiktives mit einschließt und das sowohl als Biografie, als auch als auch Autobiografie zu verstehen ist.

Eine andere interessante Arbeit, die sich im Laufe des Entstehungsprozesses dieses Buchs aus dem Interviewmaterial entwickelt hat, war ein dokumentarisches und biografisches Theaterstück. Nach der Entstehung des Grundkonzeptes zu diesem Stück, wurde es während der Improvisationsübungen in Theaterworkshops weiterentwickelt. So entstand unter der Leitung des Theaterpädagogen Bernhard Deutsch nach einer zweijährigen Vorbereitungszeit eine beeindruckende Inszenierung, die am Theater an der Ruhr uraufgeführt wurde. Es folgten weitere Aufführungen in den umliegenden Städten wie zum Beispiel in Essen und Paderborn. Das wahrscheinlich Effektivste an diesem Projekt war, dass alle Schauspieler des Projekts Immigranten gewesen sind. Jeder Darsteller konnte bei den Improvisationen aus seinen eigenen Erlebnissen und Erfahrungen schöpfen und damit seinen Teil zu dem Stück beitragen. Ein während der Vorbereitungen zu diesem Buch entstandenes weiteres Projekt war, ausgehend von diesen Lebensgeschichten einen Dokumentarfilm zu drehen. Dieses Projekt ist zurzeit noch ein Konzept, das darauf wartet, umgesetzt zu werden.

Mich verbindet mit jedem, der an dem Projekt "Wege ins Freie" teilgenommen hat, eine persönliche Beziehung. In dieser Zeit, die wir miteinander verbracht haben, waren mir manche sehr nah, andere wiederum fern. Manche kenne ich besser, andere weniger. Mit einigen habe ich eine haltbare Freundschaft geschlossen, andere habe ich schon längst aus den Augen verloren. Aber allen ist gemeinsam, dass da eine Kommunikation stattgefunden hat, die auf gegenseitigem Vertrauen basierte. Die Interviews, die ich geführt habe, habe ich auf Tonband aufgenommen und manchmal auch gefilmt. So hatte ich aus dem, was ich mit ihnen erlebt habe und dem, was sie mir erzählt hatten, sehr viel Material sammeln können. Das Buch konzentriert sich auf acht Personen. Ich habe jedoch mit sehr viel mehr Interviews geführt. Aber manche Interviews fand ich nicht aufrichtig. In manchen Interviews gerieten wir ins Stocken und kamen nicht weiter. Andere Interviewpartner glaubten selber nicht an das, was sie mir erzählten. Einige erzählten mir nicht das, was sie selbst erlebt hatten, sondern etwas, das sie gerne erlebt hätten. Manche haben stundenlang erzählt, aber nichts gesagt, und andere haben sehr viel geweint.

Eine meiner Interviewpartnerinnen, zum Beispiel, war eine sympathische junge Frau, die ein großes Kreativpotenzial hat, an allem interessiert und sehr erfolgreich ist. Sie redete stundenlang mit mir und erzählte von ihren ersten Kindheitsjahren in einem armen Dorf und, wie sie unter sehr schwierigen Umständen nach Deutschland gekommen sei. Ihre Familie sei sehr konservativ, sie hätte es noch nicht einmal erlaubt, dass die Tochter mit den Deutschen in ihrer Klasse sprach. Aber so viel sie auch redete, ihre Wörter drangen nicht in die Tiefe. Was sie erzählte, wurde einfach nicht lebendig. Ich spürte, dass sie viel durchgemacht hatte und viel erzählen wollte, aber sie fand einfach nicht die richtigen Worte dafür. Das ist so, als ob man in einem Traum sprechen will, aber es kommt einem kein Ton über die Lippen. Ich habe das darauf zurückgeführt, dass sie den Prozess ihrer Vergangenheitsbewältigung noch nicht abgeschlossen hat. Wer weiß, vielleicht finde ich in Zukunft eine Gelegenheit, mit ihr unter ganz anderen Bedingungen noch einmal zu reden.

Da gab es eine andere junge Frau, deren Geschichte ich unbedingt in dieses Buch aufnehmen wollte. Als sie dann jedoch das Material sah, das ich aus den mit ihr geführten Interviews zusammengestellt hatte, fühlte sie sich so schlecht, dass ich mich fest dazu entschloss, dieses Material nicht zu verwenden. Sich seiner Vergangenheit zu stellen, tut manchmal weh und ist sehr schwierig. Und diese junge Frau hatte eben eine sehr schwere Kindheit erlebt. Als sie als Migrantenkind auf die Welt kam, arbeiteten sowohl ihr Vater als auch ihre Mutter. Deswegen kam sie zu einer deutschen Pflegefamilie. Sie wuchs so auf als wäre sie ein deutsches Kind. Türkisch hat sie unter großen Schwierigkeiten erst später bei ihrer Familie gelernt, die sie jedes Wochenende besuchen musste, obwohl sie das gar nicht wollte. Als ihre Mutter dann früh starb, musste sie mit ihrer sehr konservativen Familie in die Türkei ziehen und dort, gezwungen von ihrem älteren Bruder, sogar ein Kopftuch tragen. Es war für mich nicht leicht, gerade auf diese Geschichte, die einen so mitnimmt, zu verzichten. Aber ich will, dass die Personen, deren Leben ich erzähle (auch wenn hier meine Vorstellungskraft eine entscheidende Rolle mitspielt), sich in den Geschichten einerseits selbst wiederfinden und andererseits stolz darauf sein können. Schließlich werden hier Erfolgsgeschichten erzählt, die Bewunderung und Respekt verdienen. Und der Schlüssel zu diesem Erfolg liegt in dem Wunsch und dem Mut sich mit seiner Vergangenheit auseinanderzusetzen. Milan Kundera sagt: „Der Kampf des Menschen gegen die Macht ist der Kampf des Gedächtnisses gegen das Vergessen." Die Vergangenheit zu vergessen oder zu verdrängen, anstatt sie aufzuarbeiten und sich, wenn möglich, mit ihr zu versöhnen, bedeutet, dass die lange Reise auf dem Weg ins Freie nur schwer zum Ziel kommen kann …

Durch die Versuche, die jungen Teilnehmer dieses Projekts näher kennenzulernen und sie besser zu verstehen, hat sich auch meine Lebenseinstellung verändert. Die mir seit Jahrzehnten so gut bekannte und gewohnte Welt der Migranten fing an sich zu verändern. So öffnete sich mir nach und nach eine neue Welt, die ich bisher nie so wahrgenommen hatte. Es ist unglaublich spannend, das Besondere und Einzigartige hinter etwas zu entdecken, das einem auf den ersten Blick allzu bekannt vorkommt.

Das vielleicht interessanteste an diesem Buch ist die Vielfalt der Geschichten, obwohl die grundlegenden Probleme immer ähnlich sind. So unterscheiden sich die Geschichten nicht nur inhaltlich voneinander, sondern auch vom Erzählstil her. Manche Geschichten sind sehr anschaulich, manche eher abstrakt und reflektierend, andere wiederum stark subjektiv und emotional gefärbt. Wenn z.B. soziale Probleme den Schwerpunkt der Lebensgeschichte bilden, entwickelte sich ein vielschichtiger und reichhaltiger Aufbau, der auch viele andere Geschichten einschloss. So entstanden Geschichten in den Geschichten. Ganz anders verliefen aber die Geschichten, die durch die Konzentration auf die inneren Konflikte versuchen, mit Bildern und Metaphern in die Tiefe zu dringen.

Ich denke, dass bei der Sammlung des Materials zu diesem Buch einerseits meine Art der Kommunikation mit den Interviewpartnern ausschlaggebend war, andererseits die Qualität der Beziehungen zu ihrer Vergangenheit. Viele der Teilnehmer artikulierten ihre Erinnerung nicht in anschaulichen Bildern, sondern auf einer eher abstrakt reflektierenden Ebene. Wahrscheinlich ist auch das nichts anderes als eine Art von Vergangenheitsbewältigung. Der rationale Standpunkt, aus dem man die Probleme distanziert betrachten und bewerten kann, kann nämlich einen sicheren Hafen darstellen. Ob er genügt, ist eine andere Frage. Die letzte Geschichte in diesem Buch, die sich im Gegensatz zu den anderen auf einer abstrakten Ebene abspielt, ist ein beeindruckendes Beispiel dafür. Diese Geschichte bildet den Schluss, weil sie uns dazu bringt, über die Gesamtheit der Probleme nachzudenken, die in diesem Buch thematisiert werden.

In den ersten vier Geschichten geht es um die Lebensgeschichten von Jugendlichen, die entweder aus der Türkei nach Deutschland immigriert sind oder ein Leben in einem Hin und Her zwischen der Türkei und Deutschland geführt haben. In den anderen Geschichten kommen junge Menschen zu Wort, die in Deutschland geboren und aufgewachsen sind und dementsprechend die Türkei gar nicht oder nur wenig kennen. Bei diesen sind die Gemeinsamkeiten vielleicht etwas stärker. An ihnen fällt besonders auf, dass sie, je nachdem wo und unter welchen Bedingungen sie aufgewachsen sind und wie ihre Persönlichkeit ist, bestimmte Verhaltensmuster verinnerlicht haben:

eine unsichtbare Mauer um sich herum aufbauen um sich zu schützen, oder sich extrem anpassen, ein Musterkind sein wollen oder, ganz im Gegensatz dazu, sich widersetzen und gar rebellieren. Auch fällt auf, dass die Spontaneität beim Mitteilen von Erfahrungen bei den in Deutschland geborenen und aufgewachsenen Türken nicht so ausgeprägt ist wie bei den Türken, die später nach Deutschland immigriert sind. Aber diese Beobachtung beruht natürlich nur auf meiner persönlichen Erfahrung mit den Personen, die in diesem Buch vorkommen Diese jungen Menschen haben es geschafft durchzukommen. Diejenigen, denen das nicht gelingt, die noch mit sich kämpfen und die vielleicht nie aus ihrem Getto werden ausbrechen können, erleben meist eine herbe Enttäuschung und schließen sich dann oft trotzig einer Gruppe oder Organisation an, die eine starke kollektive Identität anzubieten scheint, z. B. durch nationalistische oder religiöse Ausrichtung, was sie einerseits schützt, ihnen andererseits von Anfang an Wege ins Freie versperrt. Dass sie ihre Wünsche oder Bedürfnisse nicht verwirklichen können oder noch nicht einmal wissen, was sie für ihr persönliches Leben wollen, kann entweder zu resignierter Introvertiertheit oder, im Gegenteil dazu, zu einem aggressiven Verhalten führen. Die Gründe für ihre Probleme suchen sie dann nicht bei sich und ihrer Herkunft, sondern sie beschuldigen alle anderen; sich selbst dagegen können sie weder distanziert sehen, noch kritisch bewerten. Dabei sind sie mit sich selbst absolut nicht zufrieden. Leider stellen diese jungen Menschen eine nicht zu unterschätzende Menge dar.
In diesem Buch habe ich die Namen aller Hauptpersonen verändert. Die Männer waren im Vergleich zu den Frauen entspannter, selbstbewusster und hätten meist keine Probleme darin gesehen, dass ihre Namen genannt werden. Die Frauen waren in diesem Punkt in der Regel zurückhaltender, teilweise auch steifer. Dies bewerte ich als einen selbstverständlichen Ausdruck der Zwänge, die die patriarchalischen Familienstrukturen vor allem auf Frauen ausüben. So habe ich mich entschieden, die wirklichen Namen generell nicht zu benutzen. Denn ich möchte einerseits die Integrität der realen Personen und die

Authentizität dessen, was sie erzählt haben, bewahren, andererseits der Tatsache gerecht werden, dass dieses Buch nicht, wie manche anderen mit ähnlichem Thema, eine einfache Reportagenserie oder Dokumentation ist, sondern literarisch von einer spezifischen Zweistimmigkeit geprägt ist, die durch das Hinzutreten meiner persönlichen, subjektiven Sicht zustandekommt. Außerdem haben die Gespräche in einem bestimmten Zeitraum stattgefunden. Ich musste also berücksichtigen, dass sich Gefühle und Gedanken der Teilnehmer inzwischen geändert haben könnten. Die Gespräche haben wir meist auf Deutsch geführt. Das schuf eine gewisse Distanz. Denn sobald wir Türkisch miteinander redeten, machten sich Tabus, Verbote und Selbstzensur stärker bemerkbar. Die kollektive Identität, die ein großes Hindernis auf dem individuellen Weg in die Freiheit darstellt, tritt dann in den Vordergrund. Die meisten Teilnehmer haben gesagt, sie könnten sich bei diesem Thema auf Deutsch besser ausdrücken. Doch wenn sie Deutsch sprechen, besteht wiederum die Gefahr, dass sie sich verstellen, dass ihr Erzählen seine Spontaneität und Authentizität einbüßt. Das ist ein interessantes sprachliches Dilemma, das ich bei vielen Immigranten beobachten konnte. Ein junger Mann z. B., der sich, wenn er Türkisch spricht, durch seine Sprechweise, Stimme und Körpersprache wie ein anatolischer Bauer verhält (so meine Wahrnehmung, die von meiner Istanbuler Herkunft beeinflusst ist), kann mit Leichtigkeit in die Rolle eines selbstbewussten Intellektuellen schlüpfen, der sehr viel reflektiert und seine Worte mit Bedacht wählt. Diese Verwandlung ist überraschend und muss einen zugleich nachdenklich machen. Zwar wollte ich mich während der Vorbereitungen nicht auf eine Sprache festlegen. Aber damit meine Gesprächspartner eine bestimmte Distanz zu ihrer Vergangenheit aufbauen und sich entspannt und frei fühlen konnten, war die Sprachwahl von Bedeutung. Vermutlich hat diese Methode auch für mich vieles erleichtert. Aber mit denjenigen, die selber aus der Türkei nach Deutschland immigriert sind, habe ich mich selbstverständlich in unserer Muttersprache unterhalten.

Ich habe das Buch "Wege ins Freie" genannt, denn allen Geschichten gemeinsam ist das Motiv der Suche nach Freiheit. Sie unterscheiden sich dadurch, dass jeder seine Suche aufgrund seiner Persönlichkeit, seines Geschlechts und seiner Lebensbedingungen anders erlebt und andere Wege gewählt hat. Die Suche nach Freiheit führt nicht über einen einzigen Weg. Es gibt keinen Schlüssel, der alle Türen öffnet. Jeder muss seinen eigenen Schlüssel finden. Daher ist es so wichtig, dass man auf seine innere Stimme hört. Was will ich in meinem Leben erreichen? Inwiefern stimmen meine Ziele und meine Erwartungen überein, inwiefern tun sie es nicht? Welchen Weg muss ich gehen, um die Hindernisse zu überwinden? Diese und ähnliche Fragen muss man sich stellen und demgemäß sein eigenes Leben gestalten. Die in diesem Buch porträtierten Personen haben sich in ihrem Leben behaupten können. Dennoch hört man aus dem Hintergrund die Stimmen derjenigen, denen das nicht gelungen ist, die unter dem Gewicht und Druck ihrer kollektiven Identität ihren eigenen Weg nicht finden konnten. Auch sie muss man vernehmen, denn mir ging es darum, die Geschichten und Menschen, so wie ich sie erlebt habe, und die Verhältnisse, die ihren Rahmen bilden, ohne Beschönigung darzustellen. Nur wenn dieses Bedingungsgeflecht, in das die Menschen verstrickt sind, nüchtern erkannt wird, lassen sich die Spielräume entdecken, die sie haben und nutzen müssen.

"Wege ins Freie" ist trotz dieses kritischen Ansatzes ein Buch der Hoffnung. Denn es liegt in unserer Hand, sowohl die Freiheitsspielräume zu nutzen und damit unser eigenes Leben selber zu gestalten, als auch in Solidarität denjenigen zu helfen, die uns brauchen. Aus diesem Grund ging es mir darum, bei jeder Geschichte auch sehr aufmerksam solche Spuren der Offenheit, Freundlichkeit und Solidarität zu verfolgen. Unsere Kindheit stellt den Grundstein unseres Lebens dar. Was wir als Kinder erleben, prägt unsere Gegenwart und unsere Zukunft. So wie vergangenes Leid, Enttäuschung und Kränkung sich wie dunkle Wolken noch über unsere Gegenwart ausbreiten können, können der Vergangenheit angehörende liebevolle Worte oder

Blicke, eine freundlich gereichte Hand, eine hilfreiche Handlung unsere ganze Persönlichkeit prägen und Wunder in unserem Leben bewirken. Auch dafür gibt es konkrete Beispiele in den Geschichten. Jede dieser Geschichten ist zugleich eine Geschichte der Hoffnung. Daher denke ich, dass dieses Buch vor allem jungen Leserinnen und Lesern Anregung und Orientierung geben kann. Das gilt vor allem für die Leser, die in ihrem eigenen Selbstfindungsprozess mit ähnlichen Problemen zu kämpfen haben.